GOLF FITNESS
골프 피트니스

GOLF FITNESS
골프 피트니스

저자 | 이재구, 조정우, 허형석

초판 1쇄 발행 | 2025년 11월 20일
발행인 | 양원석
발행처 | DH미디어
디자인 | 최연정
신고번호 | 제2017-000022호
전화 | 02-2272-9731
팩스 | 02-2271-1469

ISBN 979-11-90021-62-3 93690
정가 28,000원

※ 잘못 만들어진 책은 구입처 및 DH미디어 본사에서 교환해 드립니다.

GOLF FITNESS
골프 피트니스

이재구 박사 · 조정우(Coachcho) · 허형석(Paul) 지음

서문

골프 스윙은 단순한 팔과 손목의 동작이 아니라, 우리 몸 전체가 하나의 협응 시스템으로 작용할 때 비로소 완성됩니다. 이 책은 그런 통합된 움직임을 만들어내기 위해 세 가지 핵심 토대를 제시합니다. 첫째, '피트니스 트레이닝 개요'에서는 인체의 해부학적 구조와 운동역학을 바탕으로 골프 스윙을 이루는 근육과 관절의 역할을 깊이 이해하고, 체형별(세장형·비만형·근육형) 맞춤 전략으로 자세와 스윙 기능을 최적화하는 방법을 안내합니다. 둘째, '매트 트레이닝'에서는 별도의 장비 없이 매트 위에서 할 수 있는 기본 움직임 패턴을 통해 코어 안정성, 하체 이동성, 상체 회전 가동성을 강화하여 스윙 동작과 자연스럽게 연결되는 몸의 밸런스를 잡아줍니다. 마지막으로 셋째, '코어 운동 프로그램'에서는 골프 스윙의 핵심 동력원인 복횡근, 내·외복사근, 척추기립근 등 코어 근육군을 체계적으로 활성화·강화하며, 회전력과 안정성을 동시에 높이는 일련의 운동 루틴을 제시합니다.

서문을 통해 먼저 여러분이 얻게 될 통찰을 간략히 말씀드리면, '어떤 운동을 어떻게 하는가' 이전에 '왜 이렇게 움직여야 하는가'를 분명히 알게 됩니다. 인체는 각 평면(시상·관상·횡단)에서 일어나는 동작이 상호작용하며 스윙 궤적을 만들고, 체형별로 다른 근골격 특성이 자세와 힘 전달에 영향을 미치기 때문에 이 모든 요소를 통합적 시각으로 이해하는 것이 스윙 교정과 성능 향상의 출발점입니다. 또한 기초 근력·유연성 훈련을 넘어, 일상 환경에서도 손쉽게 수행할 수 있는 매트 동작과 체계적 코어 훈련을 통해 '현장성 높은' 골프 피트니스 프로그램을 완성할 수 있습니다.

첫째 파트인 '피트니스 트레이닝 개요'에서는 우리의 몸을 세 가지 주요 평면으로 나누어 각각의 면에서 어떤 근육과 관절 움직임이 스윙에 관여하는지 살펴봅니다. 시상면에서는 굴곡·신전 동작을, 관상면에서는 외전·내전 동작을, 횡단면에서는 회전 동작을 구체적으로 분석합니다. 이 분석을 기반으로 하체와 상체의 스윙 메커니즘, 다운스윙 중 몸통의 회전 역학, 엘리트 골퍼의 시퀀싱 원리를 단계별로 해설합니다. 이어서 체형별 특징을 고려하여 세장형(ectomorphs)은 유연성·근지구력 강화 위주로, 비만형(endomorphs)은 전신 안정성·경량화 전략으로, 근육형(mesomorphs)은 동적 파워와 이완 능력 조절 위주로 트레이닝을 설계합니다. 체형과 골프 자세의 상관관계를 이해하고, 맞춤 스트레칭·강화 운동을 통해 이상적인 스윙 포지션을 구현할 수 있도록 돕습니다.

둘째 파트인 '매트 트레이닝'에서는 복잡한 장비 없이 매트 위에서 할 수 있는 움직임 검사와 교정운동을 중심으로 구성했습니다. 먼저 기본 움직임 검사(movement Screen)를 통해 골퍼의 전반적인 코어 안정성, 하체·척추 가동성, 사지 협응성을 평가합니다. 이어서 로우 포지션 힙 스러스트, 싱글레그 데드리프트, 싱글레그 터치 동작 등을 통해 고관절과 척추의 중립 자세 유지 능력을 강화합니다. 각 운동에는 난이도별 변형 동작과 스스로 점검할 수 있는 체크리스트를 제공하여 스윙 전후로 본인의 움직임 변화를 객관적으로 확인할 수 있습니다. 또한 잘못된 스윙 자세 14가지를 예시로 들고, 각 자세의 문제점 분석과 올바른 자세로 수정하는 구체적 드릴을 제시하여 스윙 오류를 근본적으로 개선하도록 안내합니다.

마지막 세 번째 파트 '코어 운동 프로그램'은 골프 스윙의 힘 전달과 회전 안정성 향상을 목표로 합니다. 프로그램은 크게 네 단계로 나눕니다. 첫째, 기본 코어 활성화 단계에서는 복횡근의 호흡 기반 수축 감각을 익히는 브리딩 드릴과 도르래 자세 등척성 유지 훈련을 실시합니다. 둘째, 동적 안정성 단계에서는 플랭크 변형(측면 플랭크에서의 팔·다리 들기)과 버드-도그 동작으로 척추 중립 자세를 유지하면서 사지 확장 능력을 키웁니다. 셋째, 회전 힘 발현 단계에서는 메디신 볼 메이슨 트위스트와 레지스턴스 밴드를 이용한 숄더·힙 분리 회전 훈련을 통해 횡단면 회전 근육을 집중 강화합니다. 넷째, 통합 스윙 연계 드릴에서는 싱글레그 플랭크에서 메디신 볼 패스를 수행하거나, 스탠딩 토 오버 스윙 동작으로 실제 스윙 전이 동작과 코어 연결성을 높입니다. 각 루틴은 주 2~3회, 4주 단위로 강도를 단계별로 높여가며, 트레이닝 전후의 검사 지표로 진행 상황을 점검할 수 있게 구성했습니다.

이처럼 이 책은 해부학적·운동역학적 지식, 현장 적용 가능한 매트 동작, 코어 강화 프로그램을 통합하여 '이론과 실전'이 결합된 골프 피트니스 지침서입니다. 독자 여러분이 자신의 몸 상태를 정확히 진단하고, 단계별 훈련을 통해 꾸준히 발전해나간다면, 골프 스윙의 일관성과 파워가 자연스럽게 향상될 것입니다. 이제 여러분의 골프 여정에 이 책이 든든한 이정표가 되어줄 것을 확신하며, 함께 시작해보시기 바랍니다.

2025년 11월
저자 이재구, 조정우, 허형석

Contents

서문 **5**

PART 1 골프 피트니스 개요 **9**

- **01** 인체의 면과 골프 동작 수행 **11**
- **02** 체형과 골프 자세 **16**
- **03** 골프 스윙동작 **21**
- **04** 백스윙의 운동역학적 관측 **23**
- **05** 골프 스윙의 4단계 국면 및 주요 근육 활성도 **35**
- **06** 골프 파워 스윙에서의 근육·근막 메커니즘 **44**
- **07** 골프 선수의 근력 평가 **47**
- **08** 골프 기능성 트레이닝 **49**
- **09** 트레이닝 원리 **52**
- **10** 운동검사의 개요 **56**
- **11** 골퍼의 기능성 운동검사 **58**
- **12** 골퍼의 움직임 검사 항목 **60**
- **13** 골프 스윙의 잘못된 자세 **72**

PART 2 매트 트레이닝 **81**

- 1 힙 릴리즈 **83**
- 2 싱글레그 리프트 & 로우 **84**
- 3 싱글레그 서클 **85**
- 4 토우 터치 **86**
- 5 힙 롤 **87**
- 6 숄더 브리지 **88**
- 7 하프 롤 다운 업 **89**
- 8 하프 롤 다운과 회전 **90**
- 9 롤 다운 업 **91**
- 10 넥 풀 **93**
- 11 싱글레그 스트레칭 **94**
- 12 시저스 **95**
- 13 더블레그 스트레칭 **96**
- 14 크리스크로스 **97**
- 15 헌드레드 **98**
- 16 롤오버 **99**
- 17 사이드 라잉 레그 시리즈: (1) 업 & 다운 **100**
- 18 사이드 라잉 레그 시리즈: (2) 서클 **101**
- 19 사이드 라잉 레그 시리즈: (3) 로어 레그 리프트 **102**
- 20 사이드 라잉 레그 시리즈: (4) 킥 **103**
- 21 사이드 라잉 레그 시리즈: (5) 니 오픈 **104**
- 22 스파인 스트레칭 **105**
- 23 쏘우 **106**
- 24 머메이드 **107**
- 25 롤링 라이크 어 볼 **108**
- 26 오픈 레그 락 **109**
- 27 힙 서클 **110**
- 28 사이드 싯업 **111**
- 29 밴드 **112**
- 30 백 익스텐션 **113**
- 31 싱글/더블레그 익스텐션 **114**
- 32 스완 **115**
- 33 스완 다이브 **116**
- 34 스위밍 **117**
- 35 싱글레그 킥 **118**
- 36 캣 스트레칭 **119**
- 37 레그 & 암 리치 **120**
- 38 플랭크 **121**
- 39 푸시업 **122**

PART 3 코어 운동과 기능성 동작 프로그램 **123**

- **A** 가동성 트레이닝 **125**
- **B** 안정성 & 밸런스 트레이닝 **177**
- **C** 힘 전달 트레이닝 **204**
- **D** 코어 트레이닝 **235**
- **E** 리듬 & 템포 트레이닝 **272**

참고문헌 **284**

PART 1
골프 피트니스 개요

01
인체의 면과 골프 동작 수행

우리 몸은 하나의 영역에서 움직이지 않는다. 만약 한 영역에서 움직인다면, 다리를 몸에서 멀리, 또는 몸 쪽으로, 몸의 앞뒤로 움직일 수 없게 될 것이다. 우리의 몸은 세 가지 영역에서 다차원적으로 움직이게 되어 있다. 따라서 골프 지도를 위해 코치들이 디자인하는 훈련 프로그램은 동작이 일어나는 인체의 면(planes)을 고려해야 한다. 골프 퍼포먼스에서 일어나는 신체활동들을 기능적으로 더 잘 할 수 있도록 하기 위해서는 운동 프로그램을 구성할 때, 동작의 3면을 활용해야 한다.

인체 동작에는 각기 다른 세 가지의 면이 있다(그림 1). 즉, 시상면(sagittal plane), 관상면(frontal plane), 횡단면(transverse plane)이 있다. 각 면에서는 여러 가지 다양한 골프 동작들이 관절 차원에서 일어난다. 다음은 각 면 내에서 발생하는 다양한 유형의 동작에 대한 개요다.

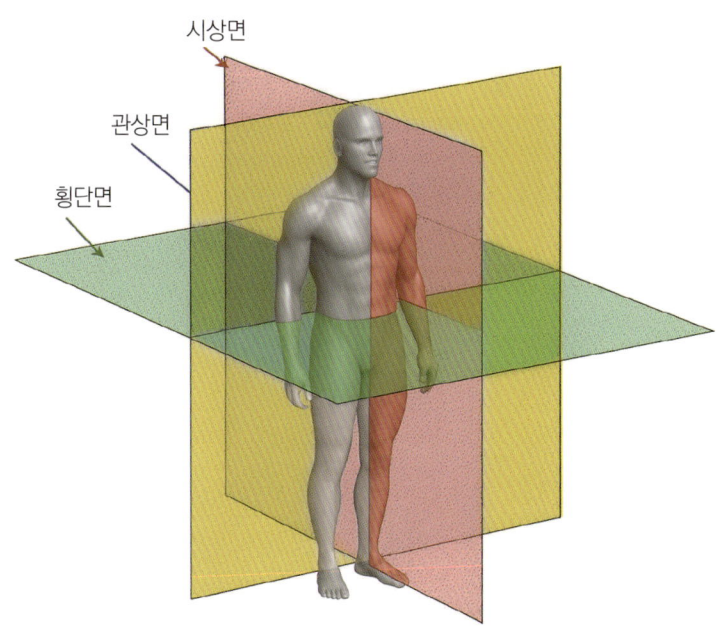

그림 1. 인체의 면

1. 시상면(Sagittal Plane)에서 일어나는 동작

우리 몸을 가상의 선으로 좌측과 우측으로 나누는 면을 '시상면'이라고 하며, 우리 몸 정가운데에서 좌측과 우측으로 나누는 선을 '정중 시상면(mid sagittal plane)'이라고 한다. 이 정중 시상면과 평행한 면에서 발생하는 모든 앞뒤 동작이 시상면 동작이 된다.

이 면에서 발생하는 동작들은 굴곡,[1] 신전,[2] 배측굴곡[3] 및 저측굴곡[4]이 있다. 또한 이 면에서 수행되는 운동은 런지, 암컬 등이 있다. 골프의 경우에서는 어드레스 동작이 시상면에서의 동작이라고 볼 수 있다.

그림 2. 시상면에서 이루어지는 운동 동작들: 런지, 스쿼트, 어드레스

---

1 **굴곡(Flexion):** 두 뼈 사이의 각도가 좁아지는 동작으로 암컬 등이 해당된다.
2 **신전(Extension):** 두 뼈 사이의 각도가 커지는 동작으로 무릎펴기 등이 해당된다.
3 **배측굴곡(Dorsiflexion):** 발이 발등(경골) 쪽으로 향하는 동작이다.
4 **저측굴곡(Plantarflexion):** 발이 지면을 향하는 동작이다.

2. 관상면(Frontal Plane)에서 일어나는 동작

가상의 선으로 우리 몸을 전면과 후면으로 나누는 면을 '관상면'이라고 한다. 이 관상면과 평행을 이루는 모든 측면에서 일어나는 동작들이 관상면 동작이다. 이 면에서 발생하는 동작들은 내전,[5] 외전,[6] 거상,[7] 하강,[8] 내번,[9] 외번[10]이 있다. 또한 이 면에서 이루어지는 운동은 사이드 런지, 래터럴 레이즈 등이 해당되며, 골프의 경우에는 백스윙 측면 자세가 관상면에서 이루어진다고 할 수 있다.

그림 3. 관상면에서 이루어지는 운동 동작들: 래터럴 레이즈, 골프의 하프스윙 자세

---

5 **내전(Adduction):** 몸의 정중선을 향하여 움직이는 동작이다.
6 **외전(Abduction):** 몸의 정중선으로부터 멀어지는 동작이다.
7 **거상(Elevation):** (견갑골) 상위 방향으로 움직이는 동작이다.
8 **하강(Depression):** (견갑골) 하위 방향으로 움직이는 동작이다.
9 **내번(Inversion):** 발끝의 내측 선으로 발을 회전시키는 동작이다.
10 **외번(Eversion):** 발끝의 외측 선으로 발을 회전시키는 동작이다.

3. 횡단면(Transverse Plane)에서 일어나는 동작

몸을 위쪽(상위)과 아래쪽(하위)으로 나누는 선을 '횡단면'이라고 한다. 이 횡단면과 평행을 이루는 모든 상하에서의 동작들, 즉 회전 운동은 횡단면에서 발생한다.

이 면에서 발생하는 동작들은 회전,[11] 회내,[12] 회외,[13] 수평굴곡[14]과 수평신전[15]이 있다. 또한 이 면에서 이루어지는 운동은 다이아고날 우드 촙, 트렁크 트위스트 등이 해당되며, 골프의 경우에는 백스윙에서 톱스윙까지의 동작이 해당한다고 할 수 있다.

그림 4. 횡단면에서 이루어지는 운동 동작들: 트렁크 트위스트, 백스윙

일단 인체의 3개 면 내에서 동작의 개념을 파악할 수 있게 되었다면, 각 골프 퍼포먼스를 위한 트레이닝에서 특정 면에서만 운동을 수행시키지 않고, 균형 있는 다면성 운동을 적절하게 할 수 있을 것이다.

---

11 **회전(Rotation):** 뼈의 수직축을 기준으로 내측/외측으로 돌리는 동작이다.
12 **회내(Pronation):** 전완을 기준으로 손과 손목을 내측으로 회전시키는 동작이다.
13 **회외(Supination):** 전완을 기준으로 손과 손목을 외측으로 회전시키는 동작이다.
14 **수평굴곡(Horizontal Flexion; adduction):** 외전된 90°의 팔 위치에서 상완을 횡단면에서 몸 중앙선을 향하여 굴곡시키는 동작이다.
15 **수평신전(Horizontal Extension; abduction):** 수평굴곡 동작에서 상완을 원 상태로 되돌리는 동작이다.

4. 다면성 통합 훈련의 설계 원칙

개별 면 훈련만으로는 골프 스윙의 복합성을 온전히 개선하기 어렵다. 따라서 각 평면의 운동 특성을 연결하는 복합 동작을 프로그램에 필수로 포함해야 한다. 예를 들어, 시상면의 런지 동작에 횡단면 회전을 추가한 '런지 투 트위스트'는 하체 안정성과 함께 체간 회전 능력을 동시에 강화해준다. 관상면 플랭크에 밴드 로테이션을 결합한 '사이드 플랭크 로테이션'은 옆구리 근육과 견갑골 주변 근육을 통합적으로 단련하여 스윙 중 상체 흔들림을 최소화할 수 있다. 마지막으로 싱글레그 데드리프트는 시상·관상면의 하체 안정성뿐 아니라 횡단면의 균형 감각까지 한 번에 길러준다.

이처럼 시상면, 관상면, 횡단면의 운동 원리를 이해하고, 이를 골프 동작과 연결한 복합 훈련을 설계하면, 선수와 동호인 모두가 더욱 안정적이면서도 파워풀한 스윙을 구사할 수 있을 것이다.

02
체형과 골프 자세

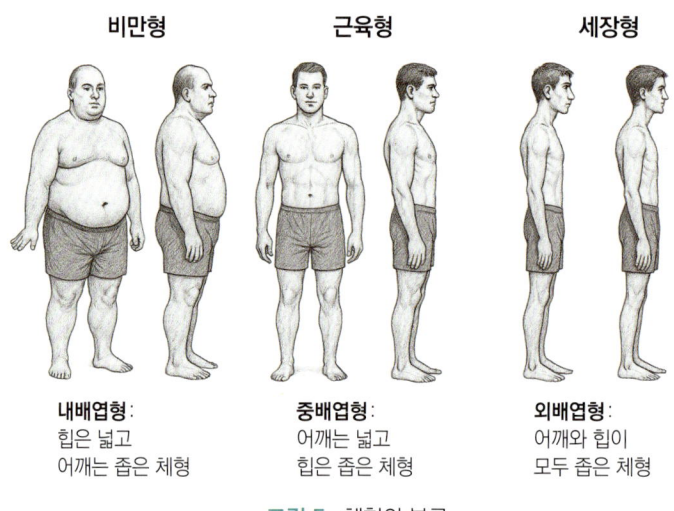

그림 5. 체형의 분류

■ 체형과 자세(body types and posture)

이러한 세 가지 범주는 다인종 사회, 식이요법, 운동과 건강에 대한 인식, 세계 기후 변화와 생활 방식 변화로 인해 지난 수십 년간 많은 영향을 받아왔음을 인지해야 한다. 여기에서는 이 세 가지 범주의 체형과 골프 경기력과의 관련성에 대해 간략히 서술하겠다.

1. 세장형(Ectomorphs)과 골프

이 범주의 사람들은 일반적으로 키가 크고 말랐으며, 척추후만증(kyphosis)을 일으킬 수 있다. 키가 큰 탓에 몸을 앞으로 숙이는 경향이 있고, 습관적으로 자세가 좋지 않은 경향이 있다.

1-1. 골프에서 세장형의 장점

- 키가 크면 더 긴 지렛대를 지닐 수 있게 된다. 따라서 스윙을 정확히 한다면 공의 비거리가 길어질 수 있다.
- 또한 키가 크고 마르면 근육량이 적기 때문에 척추의 회전을 더 많이 이끌어낼 수 있다.

1-2. 골프에서 세장형의 단점

- 장시간 연습(예: 퍼팅)하면 허리가 굽고 자세가 나빠져서 스윙이 뻣뻣해지고 턴이 잘 안 될 수 있다.
- 장시간 잘못된 자세가 지속되면 몸 앞부분의 근육들은 경직되고, 뒷부분의 근육들은 약해질 수 있다. 이렇게 되면 턴이 줄어들게 되고, 좋은 어드레스 포지션에도 나쁜 영향을 줄 수 있다.
- 클럽 헤드 스피드로 생긴 힘을 흡수하고 조절하기에는 근력이 부족하기 때문에 코어 근육의 안정성이 떨어지면서 부상을 당할 수 있다.

<권장사항>

세장형은 자세 운동, 경직된 근육의 스트레칭, 장기간 고정된 자세에 따른 약화된 근육의 강화에 중점을 두어야 한다.

2. 비만형(Endomorphs)과 골프

비만형의 사람들은 일반적으로 키가 작고 둥글게 묘사된다. 일반적으로 유산소성 능력이 낮으며, 체력이 좋지 않은 것으로 인식되어왔다. 유산소성 능력은 18홀 내내 집중하면서 경기력을 유지하거나 또는 집중력 있게 연습하는 데도 매우 중요하다. 이 체형의 전형적인 자세는 배가 튀어나왔고, 골반이 앞으로 기울어져 있다는 것이다.

2-1. 골프에서 비만형의 단점

- 골반의 전방경사와 배가 볼록 튀어나와서 복부의 근육들이 약해지고 힙 주변의 근육들이 타이트해질 수 있다. 이는 전방회전을 억제할 수 있는데, 그로 인해 백스윙과 폴로스루 국면에서 회전하는 데 영향을 미칠 수 있다.
- 과도한 체지방은 앞에서 언급한 문제를 악화시키고, 스윙할 때 몸통의 회전과 몸의 턴 동작을 감소시킬 수 있다.
- 과체중이 되면 골프 경기 중에 피로를 더 많이 느낄 수 있다.
- 고관절 주변 근육이 타이트하고 복부 근육의 힘이 약해지면, 척추에 대한 스트레스가 가중되어 척추 부위가 다칠 수 있다.

<권장사항>

비만형은 힙 부위의 타이트한 근육을 스트레칭하는 데 중점을 두어야 하며, 특별한 복부 근력 강화 프로그램을 수행해야 한다. 비만형의 경기력을 향상시키기 위해 체중 감소 및 유산소성 운동 프로그램이 처방될 수 있다.

3. 근육형(Mesomorphs)과 골프

이 체형은 일반적으로 신체적 외모에서 근육질과 운동선수 체형으로 묘사된다.

3-1. 골프에서 근육형의 장점

- 이 체형은 골프에서 좋은 성적을 내는 것과 동의어다. 골프 선수의 체형 중에서는 최고다.
- 이 체형은 보통 우수한 유산소성 능력을 가지고 있고, 고강도의 훈련을 소화할 수 있으며, 18홀 경기 내내 집중력을 발휘할 수 있다.
- 근육형은 타고난 힘이 좋기 때문에 최고의 클럽 헤드 스피드를 낼 수 있어 상당히 먼 비거리를 달성할 수 있다.

3-2. 골프에서 근육형의 단점

- 근육질 체격이어서 유연성이 떨어지는 문제를 보일 수 있는데, 특히 과도한 웨이트트레이닝이나 부족한 스트레칭 후에 나타날 수 있다. 또한 스윙의 회전과 턴 동작에 영향을 미칠 수 있다.
- 골프 스윙에서 파워를 생성하기 위해 신전이 되어야 할 때, 타이트한 근육은 감기고 반동(탄성)을 일으키는 데 영향을 미칠 수 있다. 반동 중에 근육이 타이트하면 특정 근육이 파열되고 부상을 당할 수 있다.
- 과도한 근육 부피는 관절의 가동범위를 제한할 수 있으며, 기하학적으로 부드러운 스윙에 영향을 미치면서 스윙 궤도에 편차를 유발할 수 있다.

<권장사항>

근육형은 유연성을 유지하기 위해 스트레칭 프로그램에 중점을 두어야 하며, 특히 근육이 더 쉽게 타이트해질 수 있는 추운 날씨에 웨이트트레이닝 프로그램이나 연습할 때는 반드시 스트레칭을 해야 한다.

<참조>

다시 한번 주목해야 할 것은 고도로 숙련된 골퍼들은 세장형, 비만형, 근육형, 그리고 식이요법과 영양 처방과 함께 컨디셔닝 프로그램, 특정한 근력, 유연성 프로그램들로 크로스오버한다.

4. 체형분석의 실제

[체형분석 차트로 분석하는 인체계측 변인들]

1. 체중, 신장
2. 신체조성: 상완삼두, 견갑하부, 장골능의 피하지방 두께
3. 골폭: 상완골단, 대퇴골단
4. 둘레: 상완둘레, 하퇴둘레
5. 조정된 둘레: * 둘레 − (측정 위치의 피지후 두께 ÷ 10)
   * 예: 15mm/10 = 1.5. 만일 둘레가 34라면 34 − 1.5 = 32.5
6. HWR: 키/$\sqrt[3]{x}$ =?   * 여기서 x는 체중

[예제]

인체 계측표

측정항목	기록	
1. 신장		cm
2. 체중		kg
3. 피하지방: 상완		mm
견갑하		mm
장골능		mm
하퇴		mm
4. 상완골단 폭		cm
5. 대퇴골단 폭		cm
6. 상완 둘레(조정된)		cm
7. 하퇴 둘레(조정된)		cm
8. HWR(지수)		
9. 내배엽 I		
10. 중배엽 II		
11. 외배엽 III		
12. X / Y 값		

1) 내배엽 = − 0.7182 + (0.1451 × sumSF) − (0.00068 × sumSF2) + (0.0000014 × sumSF3)

   * sumSF = (상완삼두, 견갑하부, 장골능의 피하지방 두께의 총합) × [170.18/키(cm)]

2) 중배엽 = [(0.858×상완골단 폭) + (0.601 × 대퇴골단 폭) + (0.188 × 조정된 상완 둘레) + (0.161 × 조정된 하퇴 둘레)] − (키 × 0.131) + 4.5

   * 조정된 값 = [둘레 − (둘레 부위 피하지방 두께/10)]

3) 외배엽 = 키/신장 비에 따른 차이(HWR = 키/3제곱근의 체중)

   • HWR > 40.75일 경우, 외배엽 성분 = 0.732 × HWR − 28.58

   • 38.25 < HWR < 40.75일 경우, 외배엽 성분 = 0.463 × HWR − 17.63

   • HWR < 38.25일 경우, 외배엽 성분 = 0.1

체형 차트에 표시되는 X,Y 값 산출식

• X = 외배엽 성분 − 내배엽 성분

• Y = (2 × 중배엽 성분) − (내배엽 성분 + 외배엽 성분)

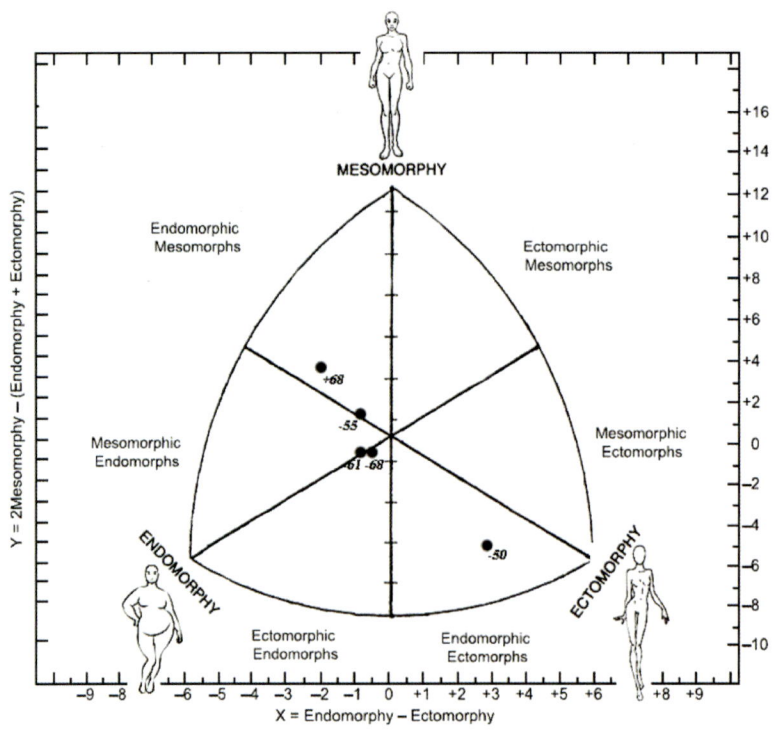

그림 6. 히스-캐터 체형분류 좌표

03
골프 스윙 동작

세상의 모든 아마골퍼와 프로골퍼들은 '이상적인 스윙'을 추구하지만, 코치들이나 과학자들에 따르면 단일한 완벽한 스윙 모델은 존재하지 않는다고 주장한다. 다만, 세계적인 선수들의 스윙에는 공통된 퍼포먼스 지표들이 있다는 것이다. 따라서 그것을 바탕으로 경기력을 극대화하는 것이 진정한 의미의 완벽한 스윙이라 할 수 있을 것이다. 그들의 주요 공통점은 다음과 같다.

① 높은 샷 정확도
② 재현성 높은 퍼포먼스
③ 최적의 비거리
④ 비행 궤적의 다양성
⑤ 부상 없는 컨디션 관리

그림 7. 안정적인 골퍼들의 스윙 폼

1. 완벽한 스윙의 정의

- **퍼포먼스 중심**: 교과서적 포지션이 아닌, 실제 경기에서 반복 가능한 최고의 결과를 만들어내는 동작이다.
- **파워의 생성과 전달**: 스윙 동작의 핵심은 '힘(force)'이며, 이를 다관절·다면체로 효율적으로 연결하는 메커니즘이 중요하다.

2. 세계적 선수들의 공통 특성

- **샷 정확도(Shot Accuracy)**: 임팩트 순간 클럽 페이스와 볼의 정렬 불일치 오차가 ±3° 이내임
- **재현성(Reproducibility)**: 신체 다자유도 제어를 통해 스윙 간 변동을 최소화하여 높은 반복성 달성
- **비거리를 최적화하는 능력**: 다운스윙에서 최대 클럽 헤드 스피드를 만들되, 타이밍과 궤도의 최적화
- **비행 궤적의 적응성(Shot Shape Adaptability)**: 풍속·경사 등 조건 변화에 따라 페이드·드로·로브 등 다양한 궤적 구현능력
- **부상 없는 컨디션(Injury Resilience)**: 적절한 근력·유연성·가동범위 훈련으로 반복된 스윙 스트레스 관리

3. 골프 스윙 메커니즘의 핵심 요소

골프 스윙에서 핵심적인 요소는 다음 네 가지를 고려해야 한다.

첫째, **체중 이동과 힙 회전**: 하체에 파워를 축적한 후 힙 회전을 통해 체간으로 전달

둘째, **상체 분리 회전(X-Factor)**: 흉추 회전과 골반 회전의 각도 차이를 최대화하여 근육의 신전-단축 주기(stretch-shortening cycle) 활용

셋째, **클럽 경로와 릴리스 타이밍**: 스윙 궤도를 인-투-아웃으로 유지하며, 임팩트 전 손목 릴리스 타이밍을 정확히

넷째, **코어 안정성과 신경근 협응**: 데드버그, 플랭크 등으로 코어 안정성을 확보한 후, 고유수용성 감각을 통한 정교한 동적 제어

4. 단계별 스윙 최적화 접근법

- **어드레스 & 셋업 점검**: 척추 중립, 무게중심, 그립 포지션 확인
- **백스윙 메커니즘 훈련**: 힙 힌지, 흉추 가동성 강화
- **다운스윙 & 임팩트 드릴**: 체중 전환, 클럽 헤드 경로 제어 훈련
- **폴로스루 & 밸런스**: 충격 흡수 및 피니시 안정화

이처럼 '완벽한 골프 스윙'은 하나의 정해진 형태가 아니라, 개별 선수의 신체 특성, 조건 변화, 퍼포먼스 목표를 반영해 반복 가능하고 효율적인 동작을 구축하는 과정이다.

04
백스윙의 운동역학적 관측

1. 하체의 스윙

현대 골프에서 백스윙 중 체중 이동은 여전히 뒷발 65~85%로 로드(load)하지만, 하체와 골반이 만드는 사전 에너지 저장(pre-loading) 방식에 변화가 나타났다.

과거에는 뒷무릎을 펴고 앞무릎을 굽혀 오른쪽 힙이 왼쪽보다 높아지는 '역(逆)로테이션'을 권장했으나, 이는 위치 에너지를 효과적으로 저장하지 못하고 부상 위험만 높였다. 따라서 최근에는 오른쪽 무릎의 굴곡을 유지하며, 셋업부터 왼쪽 다리 변위를 최소화하여 양 힙이 수평에 가깝도록 로드를 준다. 이 방식은 백스윙 톱에서 하체 근육(대퇴사두근·햄스트링·대둔근)이 신전-단축 주기(stretch-shortening cycle)를 최대화해서 다운스윙 출발 시 폭발적인 힘을 만들어준다.

<고려사항>

교과서적 자세보다 내 몸에 최적화된 하체 로드 자세를 찾아보라. 두 발의 압력 분포와 무릎 각도를 다양하게 실험해보면서, 자신만의 '프리로드(Pre-load)' 포지션을 개발하는 것이 관건이다.

■ 고관절 회전의 개인차

10~15년 전에는 '힙을 잠그고 상체만 분리 회전'이라는 접근이 유행했으나, 이는 부상 위험을 높이고, 하체의 신전-단축 효과를 감소시킨다. 오늘날 코치들은 백스윙 중 힙 회전을 적극 권장하며, 골반이 뒤꿈치 쪽으로 살짝 기울어지는 체중 이동 감각을 강조하고 있다.

이상적인 백스윙 범위는 스윙 크기, 관절 가동범위, 근력, 유연성의 개인차에 따라 다양하다. 코치와 선수는 일률적이고 교과서적인 포지션 대신, 각자의 신체 특성에 맞춘 역학적이고도 최적의 백스윙을 찾아야 한다.

<고려사항>

하체 중심을 확고히 유지하되, 힙의 자연스러운 회전을 허용하라. 교과서적 각도에 집착하기보다 골반·허벅지·종아리 근육의 반응을 느끼면서 포지션을 조정하자.

2. 상체의 스윙

하체가 충분히 '파워를 장전'한 후, 상체는 흉추 회전(thoracic rotation)을 통해 큰 회전력을 만들어낸다. 이 회전은 흉추 12개의 분절에서 발생하는 복합 근육 수축·이완의 결과로, 골프 스윙의 '스플릿(분리)'을 구성한다.

올바른 셋업 자세가 없으면 움츠린 흉추가 회전을 방해하고, 요추에 과도한 부담을 주게 된다. 엘리트 선수들은 백스윙에서 흉부와 골반의 분리 각도가 평균 70±20°(대체로 50~90°) 범위에 있으며, 나머지 회전은 힙 회전으로 보완해준다. 90°가 넘는 과도한 흉부 회전은 불필요할 뿐 아니라, 부상 위험만 가중시킨다.

<고려사항>
셋업 시 흉추 중립 중시: 등을 펴고 가슴을 열어 흉추 회전 가동범위를 확보한다. 흉부 회전은 50~90° 내에서만 유지하고, 나머지는 힙 회전으로 보완한다. 고관절 가동성과 근력을 동시에 강화해 상체 회전이 하체에 효율적으로 전달되도록 한다.

■ 어깨, 팔 및 손목의 메커니즘

하체와 몸통이 힘을 축적해놓으면, 양팔과 손목이 클럽 페이스 각도와 스윙 궤적 경로를 최종 결정하게 된다.

- **어깨 회전과 전완 회내·회외**

  백스윙 시 오른쪽 팔꿈치 굴곡과 함께 어깨·전완이 회전하며, 클럽이 몸을 중심으로 반원형 아치를 그린다. 이때 더 많은 회전은 백스윙 톱에서 플랫 샤프트 각도(flat shaft)와 레이드 오프(laid off) 현상을 만들어 인-투-아웃(in-to-out) 경로를 유도한다. 반대로, 회전이 적으면 아웃-투-인(out-to-in) 스윙이 발생하기 쉽다.

- **손목 경첩과 각도 조절**

  백스윙 동안 손목의 요측 편위(radial deviation)가 '손목 경첩'을 형성하고, 굴곡(flexion)·신전(extension)은 클럽 페이스 오픈·클로즈 각도에 직접적인 영향을 미친다.
  일반적으로 엘리트 골퍼들은 그립의 핑(gip)과 손목 굴곡·신전 상태를 조합해 자신만의 릴리즈(release) 특성에 맞춘 클럽 페이스 포지션을 완성한다.

<고려사항>
그립을 마스터해 손목 경첩이 자연스럽게 형성되도록 하고, 불필요한 손목 동작을 제거한다. 백스윙 톱의 클럽 페이스 앵글은 셋업 그립+손목 굴곡·신전의 결과물임을 이해하고, 목표 비행 궤적에 맞춰 조절하자.

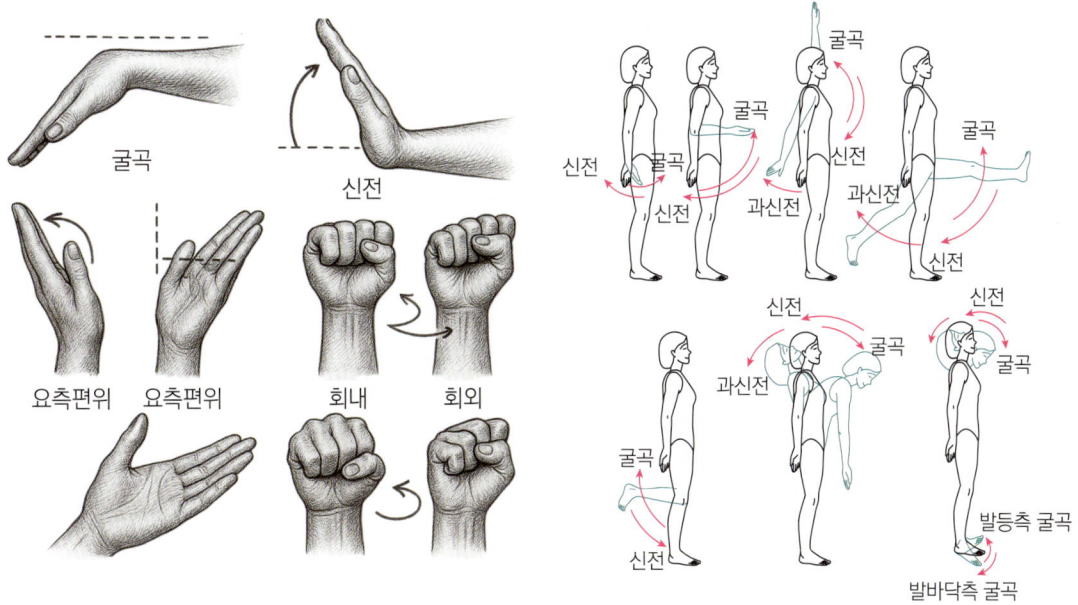

그림 8. 손목의 동작   그림 9. 다양한 동작의 용어

    이와 같이 하체의 사전 에너지 저장(Pre-load) → 흉추 중심의 분리 회전 → 팔·손목을 통한 클럽 페이스 제어가 유기적으로 결합될 때, 비거리·정확도·재현성·부상 방지라는 골프 스윙의 핵심 성과 지표를 모두 달성할 수 있을 것이다. 최고의 골프 트레이너는 각 선수의 신체적 특성과 역학적 요구를 반영하여 이 3단계 메커니즘을 일관되게 연결해주는 맞춤형 훈련지도야말로 '완벽한 스윙'으로 가는 유일한 길임을 이해하기 바란다.

3. 골프 스윙 메커니즘의 변동성

    골프 스윙에서 양팔과 손목은 상대적으로 많은 자유도를 지니기 때문에 시퀀스 단계마다 변동(variability)이 발생하기 쉽다. 일반적으로 변동성은 부정적으로 인식되지만, 최근 연구에 따르면 엘리트 선수들도 기능적 변이를 활용하여 일관된 퍼포먼스를 창출함을 보여주고 있다.

■ 아마추어 vs. 엘리트의 변동률

- 아마추어 골퍼는 스윙 단계마다 큰 변동성을 보이며, 이로 인해 백스윙 포지션이 조금만 달라도 임팩트 포지션이 크게 흔들린다.
- 엘리트 투어 프로는 변동률이 낮으나, 다양한 백스윙 포지션에서도 항상 이상적인 임팩트 지점으로 클럽 헤드를 이끌어온다.

■ **기능적 변이(Functional Variability)**

　엘리트 선수들은 일부 포지션에서 미세한 차이를 허용하되, 임팩트 전 반드시 재현되어야 하는 핵심 메커니즘(예를 들어, 체중 이동 패턴, 손목 경첩, 코어 안정화)은 일관되게 유지한다. 이처럼 '허용 가능한' 변동성과 '필수 불변' 요소를 구분하여 스윙 전반의 유연성과 일관성을 동시에 확보한다.

<고려사항>
핵심 패턴의 고정화다. 임팩트 직전 코어·하체·손목의 포지션은 반드시 재현할 수 있도록 연습해야 한다.

<허용 범위 설정>
백스윙 톱이나 어깨 회전 각도 등 세부 포지션은 개인의 신체 특성에 맞춰 최적 허용 범위를 정하고, 그 안에서 다양성을 실험하며 최상의 감각을 찾아내도록 한다.

4. 다운스윙의 운동역학

　완벽한 다운스윙은 정해진 하나의 패턴이 아니라, 지면 반발력(Ground Reaction Force, GRF)을 어떻게 활용하느냐에 달렸다. 뉴턴의 제3법칙(작용·반작용)에 따라, 우리가 지면을 밀어낼 때 똑같은 크기의 힘이 우리 몸을 밀어 올리며 스윙 동작의 출발 에너지가 된다.

그림 10. 뉴턴의 제3법칙(작용-반작용)

그림 11. 골프 스윙과 지면 반발력의 이용

■ **수직(Vertical) GRF의 역할**

　엘리트 골퍼들은 다운스윙 초기부터 중간 단계에 걸쳐 체중 대비 높은 수준의 수직 GRF를 생성한다. 이는 F=ma(힘 = 질량 × 가속도)에 따라 클럽 헤드의 가속도를 증가시켜 강력한 임팩트를 가능케 한다.

■ **이중 방향성 힘(Couple Forces)**

최신 연구는 전면-후면(antero-posterior) 및 내측-외측(medial-lateral) 방향의 GRF 구성 요소를 분석했다.

- **전면-후면 힘**: 다운스윙 시 앞다리는 뒤쪽으로 밀고, 뒷다리는 앞으로 밀면 두 발이 서로 반대 방향 힘을 발생시킨다.
- **내측-외측 힘**: 체중이 이동하며 무릎과 고관절 사이에 토크를 생성, 골반의 회전을 가속화한다. 이 두 방향의 힘이 클수록(더 큰 impulse), 골반 회전의 가속도(acceleration)가 증가하여 스윙 속도와 일관성이 향상될 수 있다.

<고려사항>
- 대칭적 압력 활용: 다운스윙 시작 시 앞발과 뒷발에 반대 방향의 힘을 동일한 비율로 가할 수 있도록 스쿼트·런지 훈련을 적용한다.
- 개인 최적 포지션 탐색: 각 선수는 힙·무릎 굴곡 각도에 따라 최적의 GRF 발생 지점을 확보한다. 이를 찾기 위해 체중 분포 연습과 포스 플레이트 분석 데이터를 참고한다.
- 컨디션 연계: 하체 근력·파워 훈련뿐 아니라, 지면 반발력 활용 능력을 높이는 플라이오메트릭(plyometric) 운동을 프로그램에 포함한다.

5. 다운스윙 중 몸통 스윙 역학

세계적인 골퍼들의 스윙을 면밀히 살펴보면, 다운스윙 동안 체내 에너지가 몸통을 거쳐 클럽으로 전달되는 순서는 다음과 같이 관측된다.

1) 약간의 체중 이동을 통해 하체가 다운스윙의 시동을 건다.
2) 골반 회전이 빠르게 가속되며, 축 생성에 기여한다.
3) 흉부 회전(thoracic rotation)이 골반보다 약간 뒤에 따르며 회전 에너지를 증폭시킨다.
4) 어깨·전완 회전 및 척골(ulna) 편위가 팔과 클럽을 이상적 위치로 유도한다.
5) 마지막으로 릴리즈(release)가 발생해 클럽 헤드에 최대 속도를 부여한다.

이른바 '골반 → 흉부 → 암(arm) → 클럽' 시퀀스는 각 분절이 신전-단축 주기(stretch-shortening cycle)를 이용해 빠르게 수축하면서 순차적으로 에너지를 가중시키는 동작 순서이며, 이 과정을 정확히 실행하면 임팩트 시 클럽 헤드 속도가 최고에 도달하게 된다.

■ **아마추어 골퍼들이 시퀀스와 투쟁하는 이유**

아마추어 골퍼들은 이 이상적인 메커니즘을 구현하기 위해 자신의 가동성 제한, 근력 부족, 코어 안정성 저하를 '교정'하려 노력하지만, 근본적으로 다운스윙 시퀀스는 지면 반발력에서부터 시작된다는 사실을 간과한다. 위대한 선수들이 보여주는 '골반 회전'은 단순히 동작 모방이 아니라, 두 발을 통해 발생한 GRF(ground reaction force)의 결과물이다. 발로 시작된 힘이 자연스럽게 골반을 돌리고, 이어서 상체와 팔, 클럽으로 전달된다.

<고려사항>

하체에서부터 힘을 발현시키는 연습에 집중한다. 두 발의 압력 분포와 무릎·힙 굴곡 각도를 탐색하며, 그 반작용으로 자연스러운 골반 회전이 일어나도록 해야 '시퀀스 전쟁'에서 벗어날 수 있다.

6. 엘리트 골퍼의 스윙 역학과 시퀀싱

엘리트 투어 프로들은 각자의 신체 조건에 최적화된 '자신만의 시퀀스'를 갖고 있는 것 같다. 로리 맥길로이, 브룩스 켑카, 타이거 우즈 등 정상급 선수들의 스윙을 살펴보면, 시퀀스 패턴은 저마다 다르지만 다음과 같은 공통점들이 관측된다.

- 다운스윙 초기에 빠른 골반 회전 가속도를 일으켜 상체로 강력한 토크를 전달한다.
- 임팩트 직전에는 골반 회전을 일부 감속시켜서 흉부와 팔, 클럽 페이스의 제어에 필요한 여유를 확보한다.

이 두 단계가 결합될 때 '강력한 힘'과 '정밀한 컨트롤'이 공존하는 것으로 생각된다.

<고려사항>

다운스윙은 지면 반발력 → 골반 가속 → 감속을 통한 상체 전달 순으로 이루어진다. 임팩트 직전 골반 감속이 흉부와 팔의 제어력을 높이므로 연습으로 이 타이밍을 체득해야 한다.

6-1. 임팩트를 향해 이동하는 몸통 스윙의 추가 역학

오래전 1960~1970년대 엘리트 선수들은 임팩트 때 발목·힙·척추의 측면 움직임(side bend)이 컸지만, 요즘 활동하는 선수들은 측면 움직임을 최소화하고 회전을 극대화하는 것으로 인식된다.

다운스윙 초기에 공격적으로 골반을 회전시킨 뒤, 임팩트 직전까지 뒷발을 통한 지속적 GRF 생성으로 골반이 멈추지 않고 회전을 이어가는 것이다. 왼쪽 무릎과 힙은 임팩트 존(passage zone)에서 살짝 신전되어 몸통이 왼발을 축 삼아 더욱 회전할 수 있는 공간을 제공한다. 타이거 우즈가 보여준 이 '좌측 고정, 나머지 회전' 패턴은 임팩트 시 클럽 페이스의 컨트롤과 정확성을 유지하는 핵심인 것으로 평가된다.

다운스윙 운동역학 핵심 개념 요약

구분	정의/개념	스윙 내 적용 (오른손 기준)	엘리트 선수 특징
뉴턴 제3법칙	골퍼가 지면에 작용 하는 힘 ↔ 지면이 골퍼에 반작용	발로 지면을 강하게 밀기 → 지면 반력으로 몸통·클럽 가속	하체 주도, 지면 밀기 타이밍 최적화
지면반력	수직(V), 전후(A-P), 좌우(M-L) 3축 반작 용력	다운스윙 초기에 리드 발 GRF 증가 → 파워 ↑	GRF 상승 시점이 일관적이고 빠름
짝힘/모멘트	좌·우 발에 불균형한 힘 → 회전 모멘트 발생	골반 회전가속 → 클럽헤드 속도 증가	체중당 자유모멘트 값 ↑, 회전 효율 ↑
시퀀시	골반 → 흉곽 → 팔 → 클럽 순으로 속도 전달	다운스윙에서 골반 회전 선행	각 분절 최대속도 후 증가 패턴 명확
지면반력-모션 연계	GR를 CoM과 회전 중심으로 전달	"하체 → 상체" 힘의 연속 체인	지면 → 엉덩이 → 척추 → 클럽 전달 효율 극대화
통합 결론	지면 + 회전 + 시퀀스 조화	힘 저장 및 방출 (탄성에너지) 최적화	파워·정확도 ↑, 부상 리스크 ↓

* 출처: www.golfloopy.com/golf-swing-drill-sequence-simple

<고려사항>

임팩트에 가까워질수록 뒷발에 지속적인 압력을 가해 골반 회전을 멈추지 않도록 한다. 좌측 허벅지와 무릎을 살짝 신전시켜 왼발을 중심으로 상체가 매끄럽게 회전하도록 유도해야 한다.

6-2. 릴리즈와 팔의 역학

엘리트 골퍼들의 릴리즈 메커니즘은 아직 생체역학 연구가 충분치 않으나, 코치들은 다음과 같은 패턴을 구축하려 한다.

- 다운스윙 초반에 왼쪽 어깨가 수평 신전되며 클럽이 가슴 앞을 통과하도록 유도하기
- 팔이 몸 회전보다 먼저 '슬롯(slot)'에 진입해 클럽이 임팩트 궤도를 준비하기

아마추어는 팔을 수동적으로 둔 채 몸통 회전에만 의존하는 반면, 프로는 팔과 몸이 매끄럽게 동기화되어 시너지 효과를 낸다. 이 '프리 임팩트', 즉 슬롯 포지션은 클럽 페이스의 각도와 릴리즈 타이밍을 원하는 샷 형태에 맞춰 조율할 수 있는 준비 동작이다.

모든 프로는 완벽히 동일한 포지션이 아닌, 비슷해 보이지만 각자 최적화된 포지션을 통해 자신의 릴리즈 특성과 샷 목적에 맞는 클럽 헤드의 스피드를 만들어낸다.

그림 13. 엘리트 선수들의 릴리즈와 팔 동작
* 출처: Mike Sogavoy Golf Academy: Swing Vs. Swing Analysis (left- Tiger Woods Vs. right-Phil Mickelson).

<고려사항>

클럽 페이스의 컨트롤을 위한 릴리즈는 팔 동작과 몸통 회전의 조화에 달려 있다. 자세·스탠스·체중 배분의 미세 조정을 통해 선수의 최적화된 '슬롯' 감각을 찾아내는 것이 훌륭한 골프 코치의 역할이다.

6-3. 아마추어와 엘리트 선수의 스윙 역학 차이

아마추어 골퍼와 정상급 프로 사이에는 다운스윙 말기 클럽 페이스 제어 메커니즘에서 결정적인 차이가 나타난다.

■ **엘리트 선수의 임팩트 직전 동작**

- 클럽이 다운스윙 후반에 지면과 평행하게 떨어지면, 세계적인 선수들은 전완의 회내·회외(pronation/supination)와 몸통 회전을 결합해 클럽 페이스가 정면으로 자연스럽게 정렬된다.
- 이때 손목 힌지(wrist hinge)는 자동 해제(radial deviation)되어야 척골 변위(ulnar deviation)와 함께 릴리즈(release)가 안정적으로 이루어진다.

■ **아마추어의 문제점**

- 많은 아마추어는 임팩트 직전에 '손목을 꺾어서' 클럽 페이스를 정사각으로 만들려 하지만, 이는 일관된 결과를 얻어내기 어렵고 부상을 유발할 수 있다.
- 실제로 엘리트 선수들은 손목의 굴곡·신전(flexion/extension) 변화가 거의 없으며, 대신 몸통 회전과 전완의 미묘한 회내·회외 조절로 페이스 방향을 완성한다.

- **핵심 포인트**
  - **전완 회전 이해**: 다운스윙 동안 전완의 회내·회외가 클럽 페이스의 오픈·클로즈를 미세 조절하는 원리를 명확히 파악해야 한다.
  - **몸통과 팔의 시너지**: 양팔은 '클럽 페이스 방향 조정기'이지, '주 동력원'이 아니다. 몸통 회전이 주 동력이고, 팔은 페이스 앵글을 미세하게 다듬는 보조 역할을 수행한다.
  - **최소한의 손목 움직임**: 임팩트 직전 손목은 거의 고정된 상태를 유지하되, 자연스럽게 힌지가 풀리도록 그립과 손목 톤을 관리한다.

<고려사항>
아마추어 골퍼일수록 "손목을 써서 페이스를 잡는다"는 잘못된 고정관념을 버리고, 몸통 회전→전완 회전→손목 해제로 이어지는 자연스러운 임팩트 과정을 훈련하자.

8. 완벽한 골프 스윙 만들기

골프 스윙에서 '완벽함'은 교과서적 포지션이 아니라, 실제 경기력 지표(정확도, 재현성, 비거리, 부상 방지)를 모두 달성하는 동작이다. 이론적 이해를 바탕으로, 다음 세 가지 핵심 요소를 훈련에 녹여내면 스윙 감각과 성과가 한층 업그레이드될 것으로 생각된다.

- **백스윙: 회전과 체중 이동의 조화**
  - **회전 중심**: 골반과 흉부 분리 각도를 활용해 자연스러운 스윙 아크를 형성한다.
  - **체중 분포**: 그립과 손목을 중립 위치에 유지한 상태에서 뒷발로 65~75% 체중을 로드(load)하고, 앞발은 가벼운 접촉감을 유지한다.
  - **운동감각 개발**: 자신의 체형과 유연성에 맞춘 '나만의 백스윙 톱 포지션'을 찾아 그립→어깨→팔이 모두 자연스럽게 정렬되도록 연습한다.

- **다운스윙: 몸통 회전과 팔 스윙의 결합**
  - **동작 시작**: 다운스윙 초반, 하체가 생성한 GRF(지면 반발력)를 몸통 회전에 연결한다.
  - **중간 지점 확인**: 스윙이 50% 내려왔을 때, 백스윙 톱과 동일하지는 않지만 프로 선수들과 유사한 '슬롯(slot)' 포지션(클럽 샤프트와 팔이 만든 각도)을 체크한다.
  - **페이스 각도 주의**: 이 시점에서 클럽 페이스가 2~3°만 달라도 방향성이 크게 달라지므로 시야와 거울을 활용해 각도를 미세 조정한다.

- **릴리즈 이후: 반복 가능하고 부상 없는 동작**
  - **대근육 사용**: 임팩트 직전 모든 준비 동작(스퀘어 페이스, 슬롯 포지션)을 마친 뒤에는 하체·몸통·흉부의 대근육을 사용해 회전을 완성한다.
  - **손목 최소 개입**: 릴리즈는 자연스러운 힌지 해제이며, 억지로 손목을 꺾지 않는다.
  - **지속가능성**: 반복 연습 시 부상 없는 동작 패턴을 유지하기 위해 그립 압력, 스윙 템포, 근력 밸런스를 꾸준히 점검한다.

<최종 목표>

완벽한 골프 스윙은 '포지션 암기'가 아니라 '퍼포먼스의 재현성'이다. 교과서적 동작보다 "공을 똑바로 보내고, 반복 가능하며, 부상 없이 오래 칠 수 있는 스윙"을 찾아내고 완성해나간다.

9. 골프 스윙 동작과 근육 활성도

골프 스윙은 전신의 근육이 순차적이고 효율적으로 작용해야만 강력하면서도 일관된 샷을 만들어낼 수 있다. 관중의 시선을 사로잡는 '완벽한 폼'은 단순히 정확한 자세 그 이상으로, 근육들이 정확한 타이밍에 적절한 강도로 활성화될 때 비거리와 방향 안정성을 동시에 달성할 수 있게 한다.

- **근전도(EMG)를 통한 스윙 단계별 근육 활성 분석**

여러 선행 연구에서는 표면 근전도(EMG) 장비를 이용해 드라이버 스윙, 아이언 어프로치, 퍼팅 등 다양한 스윙 국면에서 주요 근육군의 활성 패턴을 평가했다. 그 결과를 종합하면 다음과 같다.

국면	작용 근육	기능
어드레스 → 백스윙(초기)	대둔근, 대퇴사두근	체중 로드와 척추 중립 유지, 백스윙 준비 토크 생성
백스윙 톱	흉추회전근, 승모근	흉추·견갑대 안정화로 백스윙 톱에서의 코어 브레이싱 수행
다운스윙(초기)	대둔근, 햄스트링, 복근	신전-단축 주기 활용한 하체 → 코어 → 상체 에너지 전이 가속
다운스윙(중기)	내외복사근	흉부와 골반 분리를 통한 토크 증폭, 회전 가속도 극대화
임팩트 직전/직후	전완굴근·신근	손목 경첩 해제 및 클럽 페이스 제어
폴로스루	승모근, 소둔근	견갑대·골반 안정화를 통한 스윙 잔류 토크 분산

백스윙	포워드스윙(가속)	폴로스루(초기)	폴로스루(후기)
상체 우측 – 상·중승모근 좌측 – 견갑하근	상체 우측 – 대흉근, 　　　전거근(상부) 좌측 – 대흉근, 　　　견갑거근	상체 우측 – 대흉근, 　　　견갑하근 좌측 – 대흉근, 　　　극하근	상체 우측 – 견갑하근, 　　　전거근 좌측 – 대흉근, 　　　극하근
하체 우측 – 반막양근, 　　　대퇴이두근 　　　(장두) 좌측 – 척추기립근, 　　　복사근	하체 우측 – 복사근, 　　　중둔근 좌측 – 대퇴이두근, 　　　대둔근, 　　　대퇴외측광근	하체 우측 – 복사근, 　　　중둔근 좌측 – 대퇴이두근 　　　(장두), 　　　대퇴외측광근	하체 우측 – 중둔근, 　　　대퇴외측광근 좌측 – 반막양근, 　　　대퇴외측광근, 　　　대내전근

그림 14. 스윙 동작과 근 활성도
* 출처: Nathan Martin(2022); Tiger Woods' ALIF Procedure (Causes and Results).

■ MMT(매뉴얼 근력 검사)와 기능적 근력 훈련

EMG 데이터는 "어떤 근육이 언제 얼마나 작용하는가"를 보여주지만, 골프 스윙 특유의 동적 부하를 견디고 반복 수행하기 위해서는 MMT를 기반으로 한 기능적 근력을 파악해야 한다.

- **코어 안정성 검사**: 복횡근·다열근 등 심부근의 근력을 평가해 골반-흉추-두경부의 정렬 능력을 점검한다.
- **하체 파워 검사**: 둔근·대퇴사두근 중심의 싱글레그 스쿼트·런지 후 최대 근력과 근지구력을 측정해 신전-단축 주기 효율을 높인다.
- **상체·팔 기능 검사**: 전완굴근·신근의 MMT를 통해 임팩트 시 손목 경첩 근력을 확인하고, 메디신볼·케틀벨 로테이션 등으로 릴리즈 근력 운동을 한다.

■ **훈련 적용 방안**

- **EMG 바탕 동작 교정**: 백스윙 톱에서 흉추와 견갑대의 근활성도를 모니터링하며, 플랭크·버드 도그 같은 등척성 운동으로 안정성을 강화한다.
- **기능적 근력 강화**: 하체와 코어의 복합 파워를 키우기 위해 불가리안 스플릿 스쿼트, 케틀벨 스윙, 메디신볼 토스 등을 주 2~3회 실시한다.
- **릴리즈 타이밍 최적화**: 저항 밴드를 이용해 손목 경첩 및 풀 스루 동작을 반복하고, 고속 카메라나 모션 센서로 릴리즈 지점을 분석·피드백한다.

이처럼 근전도(EMG) 데이터, 매뉴얼 근력 검사(MMT), 기능적 파워 훈련을 통합하면, 골퍼 각자의 근육 활성 패턴을 최적화하여 더 멀리, 더 정확하게, 부상 없이 스윙 성과를 극대화할 수 있다.

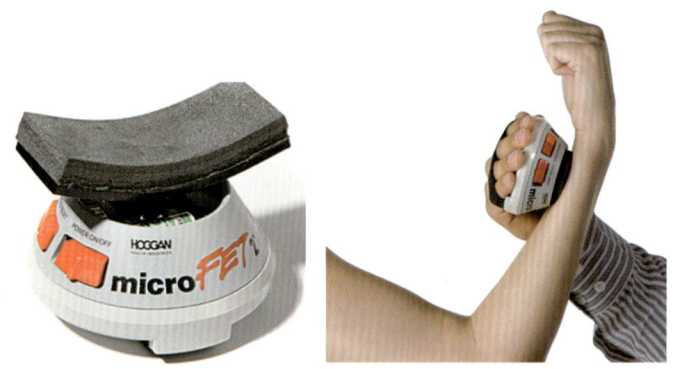

그림 15. MMT측정기를 통한 전완근력 측정

05
골프 스윙의 4단계 국면 및 주요 근육 활성도

골프 스윙은 네 개의 연속된 국면(phase)으로 구분되며, 각 단계에서는 필수적인 동작과 주요 근육의 순차적 활성화가 이루진다. 모든 근육을 다룰 수는 없으므로 각 단계에서 특히 중요한 근육군과 그 기능을 중심으로 살펴보겠다.

■ **국면 1: 어드레스 포지션에서 백스윙에서 톱까지**

골퍼는 어드레스 포지션에서 척추 중립자세를 유지하여 에너지 저장 (spring-loading)을 잘 할 수 있도록 한다. 백스윙을 할 때는 올바른 어드레스에서 시작해야 에너지를 효율적으로 모을 수 있다.

그림 16. 어드레스 및 백스윙 중간 과정

〈주요 동작〉

- 오른쪽 견갑대를 후인(retraction)시키면서 측면 후 상방향 쪽으로 회전하며, 왼쪽 견갑대는 몸 앞쪽으로 전인(protraction)시키면서 안정화를 구축한다.
- 체간은 고정된 하체 위에서 회전시킨다.
- 양팔 중 오른팔은 외회전-외전-굴곡 동작을 수행하며, 왼팔은 내회전-굴곡 동작을 취한다.

〈주요 활성 근육〉

- **상부 견갑거근**: 견갑골 전인 및 위쪽 회전을 통해 왼팔 리프팅의 안정화
- **상부 승모근**: 견갑골 거상·후인 유지, 목·머리 신전 및 반대측으로 측굴
- **중부 승모근**: 견갑골 후인 유지
- **외·내복사근**: 체간 굴곡·측굴·가동화 및 반대측(외)·동측(내) 회전
- **척추기립근**: 척추 중립 유지 및 가벼운 회전 안정
- **반막양근**: 힙 신전과 무릎 굴곡으로 하체 중심 축 형성
- **대퇴이두근 장두**: 무릎 굴곡·고관절 신전 보조

〈EMG 인사이트〉

- 상부 승모근 52%, 중부 승모근 37% 활성도로 어깨·견갑대 안정에 기여
- 왼쪽 견갑거근 33%, 상부 전거근 30% 활성화로 가슴·등근 조율
- 하체는 반막양근 28%, 대퇴이두근 27%로 체간 회전 준비

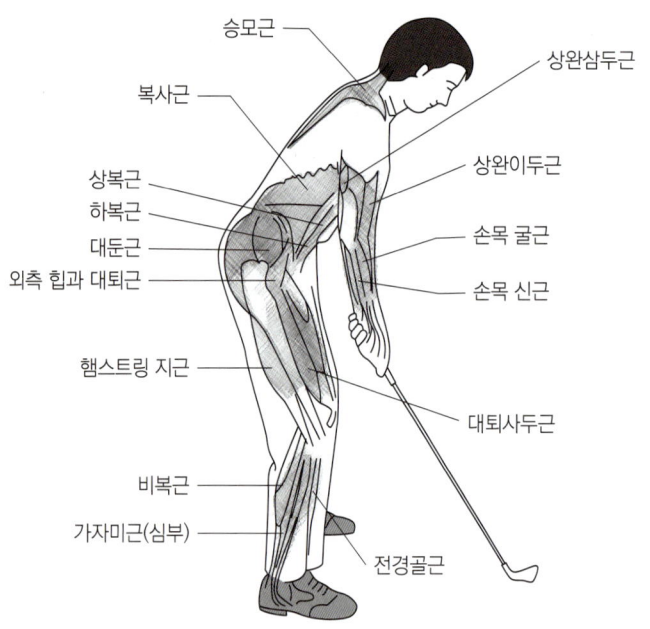

그림 17-1. 어드레스에서 백스윙으로 이동과 관련된 주요 근육들

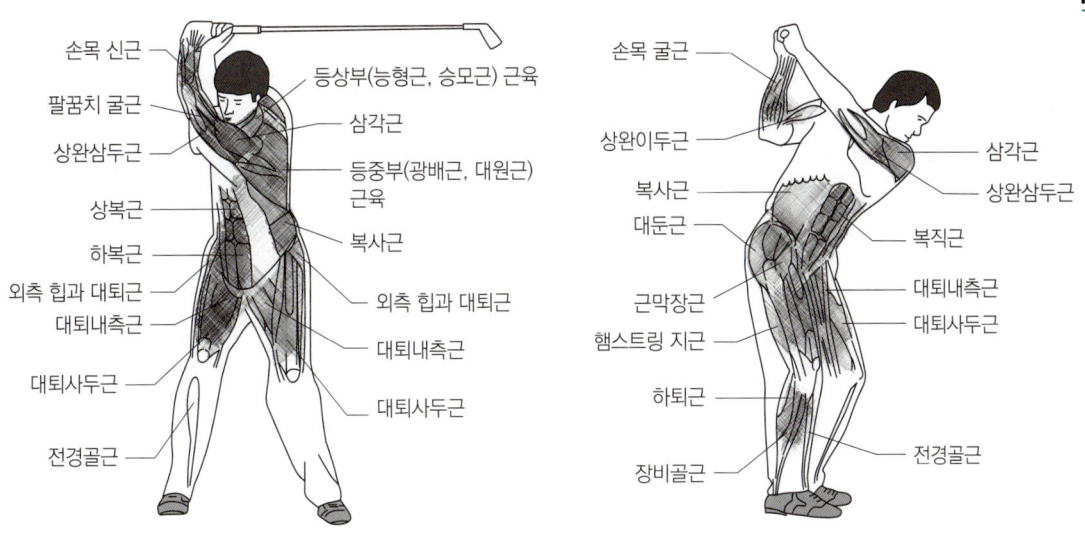

그림 17-2. 어드레스에서 백스윙으로 이동과 관련된 주요 근육들

■ 국면 2: 백스윙의 톱에서 클럽의 포지션에서 다운스윙 시작 과정

클럽이 톱에서 지면과 수평에 가까운 위치로 갈 때까지 하체와 상체가 협력하여 회전력을 발생·유지시킨다. 클럽이 톱에 도달했을 때 신체는 최대 장력을 발생 및 유지시킨다. 다운스윙 초기에 그 장력을 유지하며 체중이동을 먼저 한다.

그림 18. 스윙의 톱에서 클럽 포지션 및 다운스윙 초기 과정

⟨주요 동작⟩

- 골반을 좌측으로 빠르게 회전하며, 우측 대둔근의 신전으로 힙 회전을 가속시킨다.
- 우측 대흉근과 전거근은 상체를 회전시킬 때 동시에 작용하도록 한다.
- 우측 햄스트링 지근 수축을 통하여 체중이 좌측으로 이동되도록 하고, 이때 좌측 대퇴외측광근과 내전근은 체중의 이동을 보조하도록 한다.

⟨주요 활성 근육⟩

- **대흉근**: 어깨 내전·내회전, 쇄골부 섬유는 굴곡, 늑골부 섬유는 신전에 기여
- **견갑하근**: 상완골 내회전·내전, 클럽 당김 시 안정화
- 견갑골 후인·거상·하방 회전 유지
- **상부 전거근**: 견갑골 전인 및 위쪽 회전 보조
- **중부 승모근**: 견갑골 후인 유지
- **대둔근**: 대퇴 신전·외회전, 골반 후경사 및 상반 회전
- **대내전근**: 대퇴 내전·신전, 골반 후경사 보조
- **대퇴외측광근**: 무릎 신전으로 체중 지지
- **대퇴이두근 장두**: 무릎 굴곡·고관절 신전 보조

⟨EMG 인사이트⟩

- 능형근 68%, 중부 승모근 51% 활성화로 상체 분리 회전
- 우측 대흉근 64%, 전거근 상부 58%로 팔 스윙 보조
- 하체는 대둔근 상부·하부 100%·98%, 대퇴이두근 78%로 강력한 GRF 생성

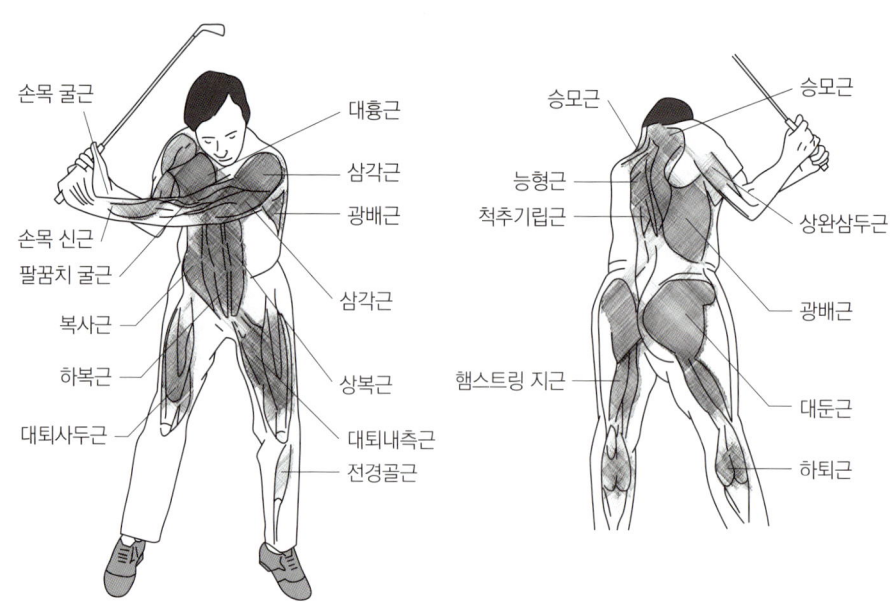

그림 19. 초기 다운스윙과 관련한 주요 근육들

■ 국면 3: 다운스윙 중간 포지션에서 볼 임팩트까지(스윙의 가속 국면)

이 국면은 다운스윙 가속 구간으로, 전신 파워가 최고조에 이르는 지점이다. 백스윙 톱에서 저장한 최대 에너지를 한순간에 폭발하듯 방출시키는 과정이다.

그림 20. 다운스윙 중간 포지션에서 볼 임팩트까지의 동작

⟨주요 동작⟩

- 체간의 회전과 협응하면서 대흉근과 전거근이 다운스윙 속도를 제어하도록 한다.
- 하체는 전면-후면, 내측-외측 토크를 증가시켜서 골반의 회전을 가속시킨다.
- 전완은 회내-회외 그리고 손목 이완을 통하여 임팩트 직전에 릴리즈시킨다.

⟨주요 활성 근육⟩

- **대흉근**: 양측 93% 활성화로 페이스 오픈·클로즈 미세 조절
- **상부 전거근**: 견갑골 전인 및 회전 보조
- **거근**: 견갑골 거상·하방 회전 및 목 안정
- **외·내복사근**: 체간 회전·굴곡·측굴 조율
- **대둔근**: 골반 회전 가속 및 감속 제어
- **대퇴이두근 장두**: 하체 신전 토크 유지
- **대퇴외측광근**: 체중 지지 및 무릎 안정

⟨EMG 인사이트⟩

- 상체는 대흉근 93%, 전거근 상부 69%, 견갑거근 62%
- 하체는 대퇴이두근 83%, 대퇴외측광근 58%, 중둔근 51%, 복사근 59%

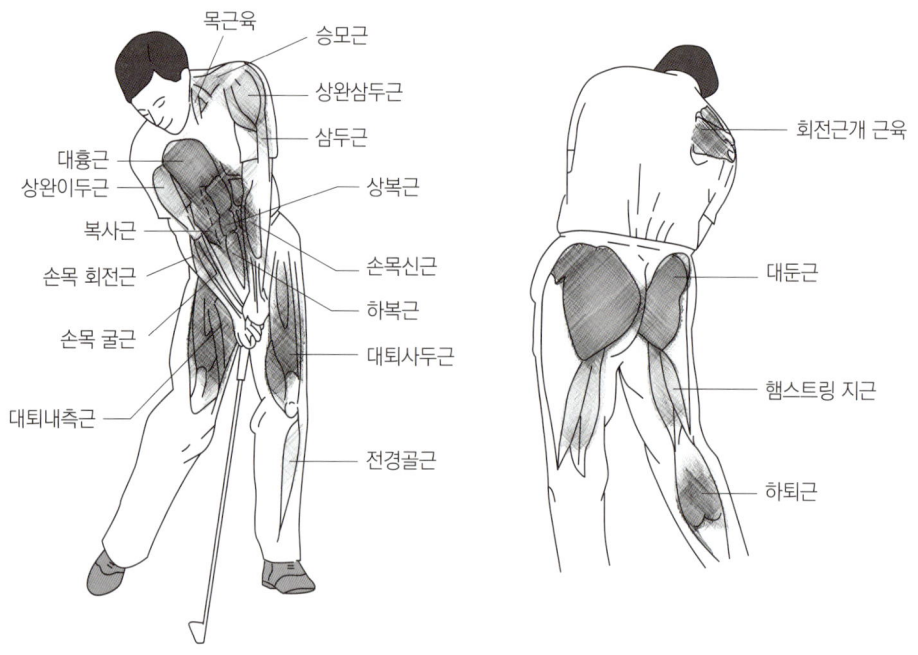

그림 21. 클럽의 수평 포지션에서 볼 임팩트까지 이동과 관련된 주요 근육들

■ 국면 4: 볼 임팩트에서 폴로스루 그리고 피니쉬까지

임팩트 이후 힘의 분산 및 안정화 과정을 거쳐 스윙을 마무리하는 단계다.

그림 22. 공 임팩트에서 폴로스루 그리고 피니쉬 포지션까지의 동작

〈주요 동작〉
- 몸통의 회전 감속을 통하여 잔류 토크를 분산시킨다.
- 대흉근 작용을 지속시켜서 팔이 내회전을 유지할 수 있도록 한다.
- 좌-우 전완의 회내-회외 동작을 통하여 클럽 페이스를 컨트롤한다.

〈주요 활성 근육〉
- **대흉근**: 임팩트 후에도 팔 내전·내회전 주도
- **견갑하근**: 상완골 내회전 및 안정화
- **극하근**: 팔 외회전으로 페이스 조율
- **외·내복사근**: 체간 감속·회전 제어
- **중둔근**: 골반 측면 안정 및 소폭 회전 유지
- **대퇴이두근 장두**: 하체 감속 토크 유지
- **대퇴외측광근**: 착지 안정성 확보

〈EMG 인사이트〉
- **초기 폴로스루**: 대흉근 74%, 견갑하근 64%, 극하근 61%
- **하체**: 좌측 대퇴이두근 79%, 대퇴외측광근 59%, 우측 중둔근 59%, 복사근 51%
- **후기 폴로스루**: 좌측 극하근 40%, 대흉근 39%, 우측 견갑하근 56%, 전거근 40%

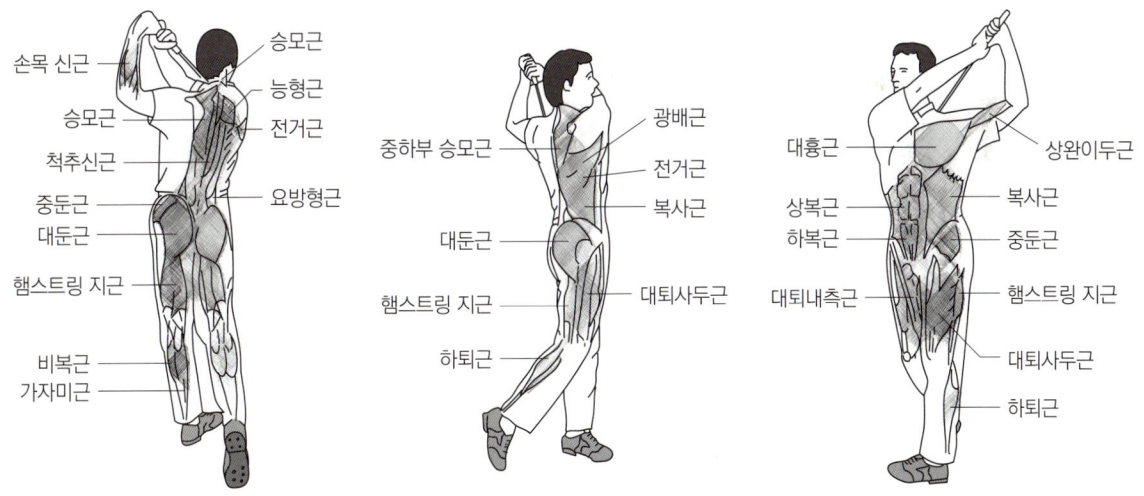

그림 23. 볼 임팩트에서 클럽의 수평 포지션까지의 이동과 관련한 주요 근육들

골프 스윙의 4단계 국면마다 핵심 근육군의 활성 시점과 강도를 이해하면, 훈련 프로그램을 통해 정확도·비거리·재현성·부상 예방을 동시에 달성할 수 있다. 위의 분석을 바탕으로 단계별로 타이밍과 근육 밸런스를 최적화하는 연습에 집중하면 좋은 퍼포먼스를 이룰 수 있을 것이다.

10. 유연성이 골프 스윙에 미치는 영향

골프는 정교한 전신 동작과 심리적 집중력이 동시에 요구되는 스포츠다. 4라운드를 반복하고, 경기 중 긴장 상태가 지속되면 근육은 굳어지고 유연성을 잃게 된다. 또한 똑같은 스윙 모션을 수없이 반복하기 때문에 특정 근육군이 과사용·불균형 상태에 빠져 스윙 궤도가 왜곡되고 경기력이 저하되며 부상 위험이 증가하게 된다.

■ **스트레칭의 부재가 야기하는 문제**

대부분의 골퍼는 경기력 향상에 많은 노력을 한다고 하면서도 스윙 동작에 크게 영향을 미치는 유연성 유지 및 강화 훈련은 소홀히 하는 편이다. 그러나 부상 없는 장타를 위해서는 반드시 근육과 관절이 충분히 이완되어야 하고, 스윙 중 필요한 가동범위(ROM)를 확보해야 일관된 파워 전환이 가능해진다.

■ **프로와 일반 골퍼의 스윙 패턴 비교**

- 프로 골퍼는 백스윙 시 골반(힙)을 적정 수준에서 고정한 채, 어깨 회전을 먼저 크게 수행한다. 즉 어깨와 가슴 근육이 충분히 이완된 상태에서 힙 회전 → 다운스윙 → 폴로스루 자세로 에너지를 순차 전달해 최대 토크를 생성한다.
- 아마추어 골퍼는 어깨와 힙을 거의 동시에 돌리는 경향이 강해서 하체에서 발생한 힘이 상체로 온전히 전달되지 못하고, 백스윙 톱에서 과도한 근 긴장(근방추 반사)으로 가동범위가 제한되면서, 조기 다운스윙(스윙 동작이 성급히 시작)으로 이어지게 된다. 이 때문에 풀스윙의 각도가 짧아지고, 임팩트 파워가 약해지며, 반복 시 허리·어깨 부상이 잦아질 수 있다.

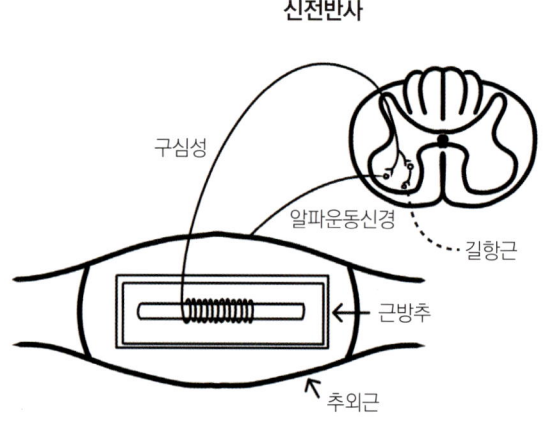

그림 24. 경직된 근육의 신전반사

■ 근방추와 관절 가동범위(ROM)

테이크백 과정에서 햄스트링·흉추 회전근 등 신전(distension) 근육군이 지나치게 긴장하면, 근방추(Muscle Spindle)가 반사적으로 수축을 유도해 빠르게 원상 복귀를 시도한다. 이로 인해 다음과 같은 현상을 초래한다.

- 백스윙의 최정점에 도달하기 전에 근육이 스윙을 조기에 끌어내린다.
- 따라서 충분한 스윙 아크 확보가 어려워진다.
- 결국 하체·코어 동력 전달 효율이 떨어지게 된다.

■ 유연성의 혜택

최상위 골퍼들은 힙의 회전보다 상체 회전의 비중이 큰데, 그만큼 근육이 충분히 이완된 상태에서 풀스윙을 만든다. 그 결과 다음과 같은 결과를 얻는다.

- 강력한 파워 스윙이 가능해진다.
- 충분한 다운스윙의 시간을 갖고 정교한 임팩트를 하여 장타와 동시에 정확도도 높아진다.

■ 권장 스트레칭 루틴

1) **다이내믹 워밍업(티업 전)**: 어깨·흉추·고관절의 가동범위를 넓히는 스윙 모션 유사 스트레칭
2) **라운드 중간 정적 스트레칭**: 햄스트링·둔근·측면 코어 근육 긴장 완화
3) **라운드 후 쿨다운**: 전신 이완 스트레칭(요가 자세, 폼롤러 이완)으로 근경직 해소

이처럼 유연성 유지·강화 훈련을 루틴에 포함하면, 장타력, 샷 일관성, 부상 예방이라는 세 마리 토끼를 동시에 잡을 수 있을 것이다.

06
골프 파워 스윙에서의 근육·근막 메커니즘

골프 스윙의 폭발적인 파워는 근육 수축 속도, 근막의 탄성 저장, 그리고 척추 심층 회전근 간의 유기적 협응으로 만들어진다.

■ 속근·근막의 에너지 저장과 방출
- **속근형 대근육(fast-twitch fibers)**: 둔근, 대퇴사두근 같은 큰 속근 섬유는 빠른 수축으로 운동 사슬(chain)상 초기 추진력을 제공한다.
- **근막 연결 조직**: 광배근·측복사근·대퇴근막장근 등의 근막 라인(myofascial lines)은 스프링처럼 탄성 에너지를 저장했다가 방출해 상향(spine-to-shoulder)으로 추동력을 증폭시킨다.

■ 척추 심층 회전근의 고정 기능
- **지근형 소근육(slow-twitch fibers)**: 다열근, 극하근 같은 척추 심층부 회전근은 등척성(isometric) 수축을 통해 저장된 에너지를 고정(fixation)시킨다.
- **백스윙 톱에서 전·후면 사슬(diagonal fascial chains)**: 이 사슬이 탄성 한계에 이르면, 회전근들이 척추인대와 파셋 관절까지 "감아 올려" 프리로드(pre-load) 상태를 완성한다.

■ 다운스윙 전환과 에너지 방출
1) **힙 롤(전방 추진력)**: 프로는 다운스윙을 시작하기 전, 골반(hip)을 목표 방향으로 먼저 풀어내 체중을 뒤에서 앞으로 전환한다.
2) **하체의 회전 풀림**: 꼬여 있던 하체가 풀리며 저장된 탄성 에너지가 빠르게 방출된다.
3) **척추 엔진 가속**: 척추 심층 회전근이 차례로 이완하며, 상체 → 어깨 → 팔 → 클럽 헤드로 에너지가 전달된다.
4) **임팩트 이후 감속(이심성 수축)**: 클럽 헤드가 볼을 강타한 후, 이심성(eccentric) 수축으로 근육이 브레이크 역할을 해 스윙이 안전하게 마무리된다.

■ 유연성과 회전력의 상관관계
- 정상적인 스윙에서는 어깨 회전 90°, 힙 회전 45° 비율이 유지된다.
- 어깨·골반·햄스트링의 유연성이 부족하면, 회전 각도가 제한되어 풀스윙 파워가 크게 떨어진다.

- 강력한 파워는 결국 근수축 속도(acceleration)의 부산물이므로 유연성이 곧 파워를 결정짓는 중요한 요인이다.

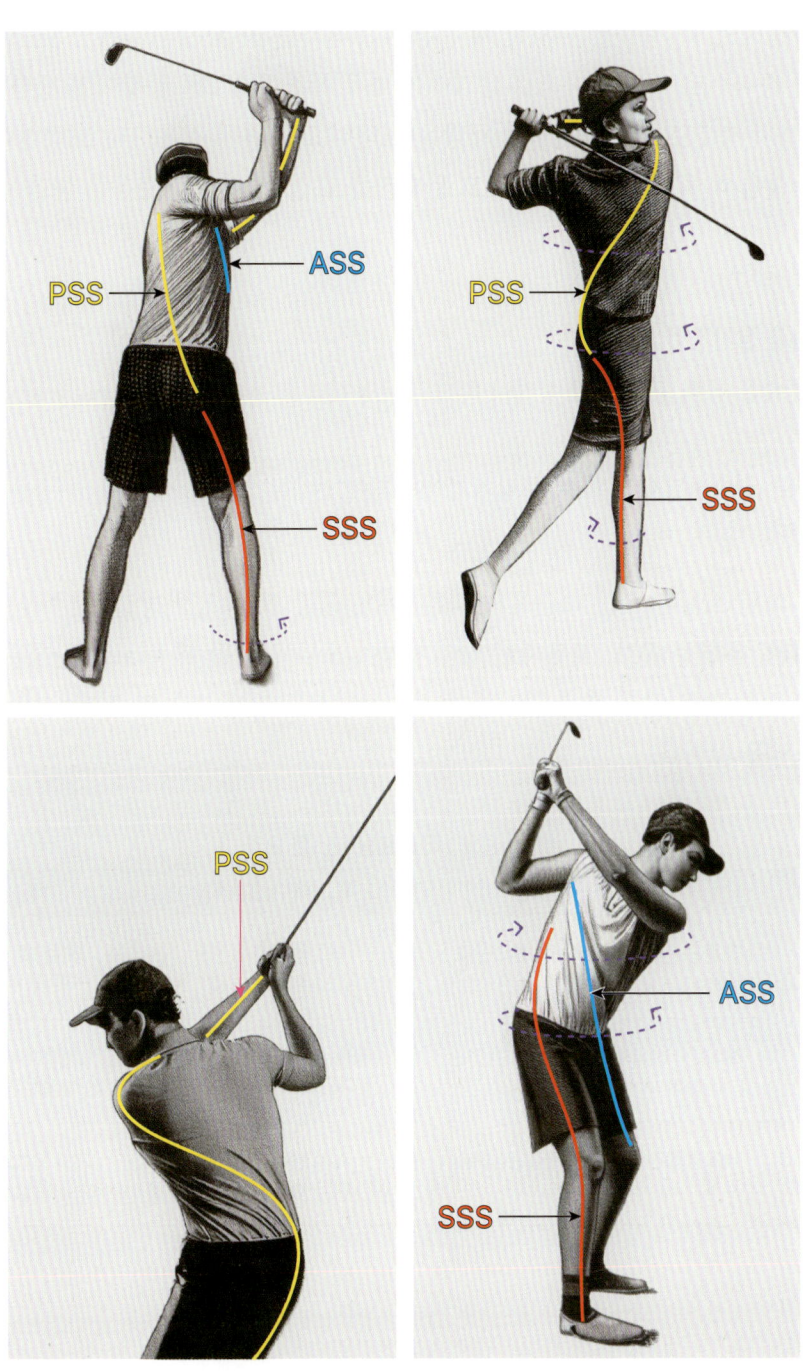

그림 25. 스윙 동작과 축
* 출처: Erik Dalton; Massage & Movement Therapy for Golf Injuries, https://blog.erikdalton.com/

■ 골프 스윙의 주요 세 가지 축: PSS, ASS, SSS

골프 스윙은 단순히 한 축을 중심으로 도는 2차원적인 움직임이 아니다. 즉 어드레스에서 PSS(Posterior Spinal Spine; 앞으로 숙이기)와 SSS(Side Spinal Spine; 옆으로 기울기)를 설정하고, 이 축들을 유지한 채 몸통이 회전하면서, ASS(Anterior Spinal Spine; 어깨 축)를 중심으로 팔이 위아래로 움직이는 매우 복잡한 3차원 동작이 발생한다.

이 세 가지 축(PSS, ASS, SSS)의 개념을 이해하고 스윙에 적용하려 노력한다면, 자신의 스윙을 훨씬 더 체계적으로 분석하고 문제점을 교정하는 데 큰 도움을 받을 수 있을 것이다.

■ 고유패턴과 장기기억

- 반복 연습을 통해 근육·근막·신경이 하나의 운동신경 고유패턴(motor program)으로 통합된다.
- 이 패턴은 중추신경계(뇌·척수)에 장기기억이 되어 언제든 일관된 스윙 메커니즘을 재현할 수 있게 한다.

골프의 파워 스윙은 속근 대근육의 빠른 수축, 근막 탄성 저장·방출, 척추 심층 회전근의 고정·이완, 유연성 확보, 고유패턴 장기기억이 모두 결합될 때 비로소 완성된다. 이 다섯 가지 요소를 균형 있게 훈련·관리해야 강력하면서도 재현 가능한 장타 스윙이 언제나 실현될 수 있을 것이다.

골프 스윙의 3대 스프링 시스템 요약

시스템	구성(주요 근막·근육)	스윙 기여도(오른손잡이)	기능 요약
PSS	대둔근 + 반대쪽 광배근 + 흉요근막 (Posterior Oblique Sling 원리 기반)	백스윙 탑에서 신전 → 다운스윙에서 폭발적 회전	저장된 회전력 방출 → 파워 생산의 핵심
ASS	외복사근 + 내복사근 + 반대쪽 내전근 (Anterior Oblique Sling)	골반·흉곽의 회전 안정화, 다운스윙 타이밍 제어	에너지 누수 방지 → 임팩트 일관성
SSS	비골근 장건(외측) + 후경골근(내측) + 발 아치	지면 반력 생성·전달 (발 → 골반 → 척추)	지면 반력의 출발점, 균형 유지

07
골프 선수의 근력 평가

골프 선수의 최적화된 운동 프로그램 설계와 피드백을 위해서는 기초체력과 생리학적 특성을 주기적으로 평가하는 것이 필수다. 특히 근력 테스트는 비거리·정확도·부상 예방을 위한 중요한 지표가 된다. 트레이너는 각 테스트의 목적·시기·절차·안전 수칙을 명확히 이해하고, 골퍼가 준비해야 할 사항과 검사 환경을 사전에 철저히 점검해야 한다.

■ 1RM 평가의 의의
- **절대 근력**: 한 번에 들어 올릴 수 있는 최대 중량을 의미하며, 스포츠과학에서는 1회 반복 최대 근력(1RM)으로 정의된다.
- **골프 적용**: 스윙 파워와 연결된 전신 근력 수준을 파악하고, 프로그램 강도를 설정하는 기준으로 활용한다.

■ 1RM 추정 평가 방법
1. 하위 중량 반복 측정
    - **예시**: 벤치프레스를 160파운드로 8회 반복 성공한 경우
2. **추정식**: 1RM = (반복 중량 × 1.255), 즉 (160 × 1.255) = 201파운드
3. 장점
    - 프리 웨이트 경험이 부족한 초보 골퍼도 손쉽게 근력을 파악할 수 있다.
    - 과도한 부하 없이 대략 최대 근력을 예측할 수 있다.

■ 실제 1RM 평가 시 절차
- **준비 운동**: 예측 중량의 50%로 10회 이하 반복 → 1분 휴식
- **제2 시도**: 예측 중량의 70~75%로 3~5회 반복 → 1분 휴식
- **제3 시도**: 예측 중량의 85~90%로 2~3회 반복 → 2~4분 휴식
- 1RM 결정
- **예시**: 3차 시도에서 150 lbs × 8회 = 80% 부하라면
    1RM = 150 lbs ÷ 0.80 = 187.5 lbs ≈ 187 lbs

- **성공 시**: 5~10 lbs 추가 후 2~4분 휴식 → 재도전
- **실패 시**: 5~10 lbs 감량 후 2~4분 휴식 → 재도전
- **반복**: 5회 미만 시도로 1RM 달성

<주의사항>
- 골퍼의 프리 웨이트 테크닉·안전장치(스폿터·랙) 확보
- 프로그램 목표·개인 건강 상태에 맞춰 1RM 평가 여부 결정

■ 전신 근력 평가 통합

전신 근력을 한 번에 측정할 수 없으므로 다음과 같은 대근육 동작을 평가한다.

- **벤치프레스**: 상체 전반 근력 측정
- **레그프레스**: 하체 밀어내는 근력 측정
- **스쿼트**: 종합적인 하체·코어 근력 측정

각 테스트 전후 충분한 준비운동(warm-up)과 정리운동(cool-down)을 통해 부상 위험을 최소화하고, 정확한 자세를 유지해야 한다.

■ 트레이너의 책임과 적용 타이밍

1RM 평가는 근력 향상을 위한 동기 부여가 될 수 있지만, 모든 골퍼에게 권장되는 검사는 아니다. 항상 개인의 요구와 안전을 최우선으로 고려해야 한다.

- **평가 기법 선택**: 골퍼의 훈련목표(비거리·지구력·부상 회복 등)에 적합한 테스트
- **주기적 재평가**: 훈련 주기와 시즌 스케줄에 맞춘 검사 간격 설정
- **결과 반영**: 평가 데이터를 기반으로 운동강도·횟수·운동부위 조정

08
골프 기능성 트레이닝

기능성 체력(functional fitness)은 실제 골프경기 상황에서 요구되는 동작을 안전하고 효율적으로 수행하기 위한 신체 능력을 의미한다. 따라서 골프의 기능성 트레이닝은 단순 근력 강화나 기구 중심 트레이닝이 아니라, 실제 골프스윙 동작을 재현·지원하는 통합적 움직임을 통해 경기력과 부상 예방을 동시에 체득시키는 것이다.

1. 골프 기능성 트레이닝의 목표와 방법

〈목표〉

골프 스윙 관련 근육·근막·관절의 순응성(유연성·가동범위), 코어 안정성, 밸런스, 협응성, 파워를 스윙 시퀀스에 최적화시키는 것이다.

〈방법〉

1) 실제 골프 스윙 동작의 분절적 시뮬레이션
2) 다관절·다면성 복합 운동으로 체간과 팔다리의 힘 전달 체계 강화
3) 운동부하의 강도·속도·방향을 조절하여 현장 조건에 유사하게 대응훈련을 한다.

2. 골프 기능성 체력의 구성 요소

골프선수에게 요구되는 체력요소는 다른 스포츠 종목에서와 유사하지만, 특히 골프선수들은 다음의 요소들을 적절히 갖추고 있어야 한다.

요소	골프 스윙 연관의 역할
근력	스윙 파워 생성의 원천. 하체·코어·상체의 통합적 수축으로 클럽 헤드 스피드 극대화
밸런스	다양한 지면·라이(lie)에서 안정된 스탠스 유지
협응성	체간 회전 → 어깨·팔 회전 → 손목 릴리즈로 이어지는 동작 전환의 유연성
파워	신전-단축 주기와 근막 탄성 활용으로 순간 가속력 증가
유연성	힙·흉추·어깨 관절 가동범위 확보 → 회전 각도 유지 → 풀스윙 파워 손실 방지
이동성	코스 내 언덕·벙커 등 변형 지면에서 부드러운 체중 이동과 자세 적응

3. 골프 기능성 트레이닝의 가이드

1) **기초 동작 습득**: 체중만으로 가능한 쉬운 복합운동(스쿼트, 런지, 목, 흉추 회전)으로 기술 안정화
2) **난이도 점진적 상승**: 밸런스 패드, 저항 밴드, 메디신볼을 활용해 가동범위·저항·속도 확대
3) **피드백 확보**: 트레이너나 파트너가 동작 정확도 점검, 실시간 교정
4) **개별화 설계**
- 스윙 폼, 기초 체력, 부상 이력, 목표에 따라 프로그램 맞춤화
- 정형화된 그룹 레슨이 아니라 일대일 세션 권장

4. 골프 기능성 트레이닝의 핵심 원칙

- **통합화(Integration)**: 유연성·코어·밸런스·근력·파워 복합 훈련
- **점진화(Progression)**: 동작 난이도 지속 상승
- **반복화(Repetition)**: 운동신경 고유 패턴 확립
- **피드백(Feedback)**: 즉각적 교정으로 정확한 운동학습
- **개별화(Individualization)**: 골퍼 개인별 신체 특성과 요구 반영

5. 기능성 트레이닝 vs. 전통 웨이트 트레이닝의 비교

항목	기능성 트레이닝	전통 웨이트 트레이닝
관계성	스윙 동작과 스포츠 특성 반영, 다관절·실전적	특정 근육·단관절 자극, 일상 동작과 연관성 적음
운동 범위	동적·가변적, 관절 가동성 최대화	기구에 의해 고정, 가동범위 제한
안정성·협응성	코어 안정+밸런스 요구, 움직임 간 통합 강화	기구·보조장치 의존, 협응성·밸런스 요구 적음
장비 요구	최소 장비, 공간 우선 (밴드·볼 등)	머신·프리웨이트 등 전용 장비 필요
부상 위험	실제 움직임 기반, 천천히 부하 증가 → 부상 위험 저감	과도 중량·불완전 폼 시 과사용·불균형 부상

6. 골프 기능성 트레이닝의 주요 이점

1) **회복력 개선**: 다면적 자극으로 스트레스 내성 ↑, 지속적 훈련 가능
2) **운동 패턴 학습**: 뇌의 운동 기억(Motor Memory) 강화 → 위기 상황 시 자동 대처
3) **코스 이동성 향상**: 다양한 지형 적응력 ↑ → 체력 소모 ↓, 경기 리듬 유지
4) **자세·밸런스 안정**: 열린 사슬(open chain) 동작 훈련으로 풀스윙 밸런스 최적화
5) **부상 위험 감소**: 골프 특유의 동작 모방 훈련으로 근·인대 강화, 과사용 부상 예방

골프 기능성 트레이닝은 단순히 근육의 증량이 아니라, 실전 스윙 동작의 통합적 최적화를 목표로 하는 것이다. 트레이너와 함께 개인 맞춤 프로그램을 설계·수행하면, 비거리·정밀도·지구력·부상 예방까지 모두 향상시킬 수 있을 것이다.

09
트레이닝 원리

체력 수준을 지속적으로 향상시키려면, 몸에 점진적으로 더 큰 자극을 주어야 한다. 동일한 루틴을 수주간 반복하면 신체가 자극에 익숙해져 '정체기(plateau)'에 머무르기 쉽다. 특히 골프처럼 강한 체력과 정교한 기술이 동시에 요구되는 스포츠에서는 기본적인 트레이닝 원칙을 준수하는 것이 필수다.

1. 특이성(Specificity)의 원리

인체는 받는 자극에 맞추어 적응하므로 자신이 운동을 통해 얻고자 하는 목표에 부합하는 운동을 선택해야 한다. 예를 들어, 근력을 강화시키는 것이 목표라면 웨이트 트레이닝을 해야 하고, 심폐지구력을 키우려면 장거리 달리기를 해야 한다.

골프 트레이닝 역시 실제 골프 스윙 동작과 에너지 시스템(ATP-PC, 해당작용, 유산소)을 고려한 훈련 프로그램으로 구성해야 경기력 향상에 효과적이다. 움직임을 추구하는 트레이닝 형태이므로 국소부위 근력이 얼마나 발달해 있느냐가 중요한 것이 아니라 새로운 유형의 운동을 받아들일 수 있는 동작 기술이 얼마나 체득되어 있느냐가 중요한 요인이다.

2. 과부하(Overload)의 원리

특정 훈련 프로그램을 통해 근력이건 심폐지구력이건 향상시키고 싶다면, 자신이 지니고 있는 현재의 신체적 능력 이상의 반복자극을 주어야만 신체조직이 자극을 극복하기 위해 더 성장·강화를 촉진시키게 된다.

- **근비대(hypertrophy)**: 근력 한계를 초과하는 부하를 주면, 근섬유가 점진적으로 굵어지고 근력이 증가한다.
- **심폐지구력 강화**: 중강도 이상의 달리기를 오랜 시간 지속할수록 더 많은 혈류가 전신을 순환하여 심혈관의 수축력이 증강된다.

- **골프 훈련 적용**: 매회 동일 중량·거리·속도로만 훈련하면, 신체는 "이 정도면 충분하다"며 적응을 멈추게 된다. 따라서 웨이트 중량·세트·반복·속도·휴식·운동 난이도 등을 조절하여 점진적으로 부하를 높여주어야 한다.

■ 근력 트레이닝 변수

- 운동강도(중량)
- 운동량(세트·반복·종목 수)
- 운동빈도(주당 횟수)
- 회복시간(세트 간 휴식)
- 운동 난이도(기구 → 프리웨이트)
- 트레이닝 시스템(드롭·슈퍼·피라미드 등)

■ 유산소성 트레이닝 변수

- 운동강도(속도·%HRR)
- 운동시간·거리
- 빈도(주당 횟수)
- 인터벌 간 회복
- 훈련 양식(러닝·사이클·수영 등)

3. 점진적 주기화(Progressive Periodization)의 원리

단순히 과부하만 늘리는 것이 아니라, 시간에 따른 계획적 변화를 통해 최적의 적응을 이끌어내야 한다. 즉, 러닝을 무리하게 주 30~40km로 증가시키기보다는 10주간 매주 1km씩 늘려서 부상 없이 지구력을 키워야 한다.

■ 프로그램 조정 시기

개인 차가 크지만, 보통 4~8주의 주기로 루틴을 점검·수정한다. 즉 "망가지지 않았다면 고치지 말라"는 격언처럼, 목표 성과가 달성될 때까지 유지하다가 이후 다음 단계로 넘어간다.

■ 언제 프로그램을 바꿔야 할까?

- 목표 성취 여부: 수행력(스윙 파워·정확도·지구력)이 계획한 수준에 도달했는지 판단 여하에 따라 결정한다.
- 적응 속도: 몸이 너무 빨리 루틴에 익숙해지면, 과부하·다양성을 추가해 자극을 새롭게 주어야 한다.
- 과도한 변경 금지: 너무 자주 바꾸면, 새로운 동작 숙달 없이 다시 변화가 반복되어 운동 학습 효과가 떨어진다.

■ 일반적 12주 주기화(periodization)

- 축적기(Accumulation, 1~4주): 기초 체력 및 기술 습득, 부하 60 → 75%
- 강화기(Intensification, 5~8주): 점진적 부하 증가, 파워·근력 집중, 80 → 90%
- 실현기(Realization/Peak, 9~11주): 최고 부하 95% 도전, 경기력 최대화
- 회복기(Deload, 12주): 부하 대폭 감소(50%), 회복 및 차기 사이클 준비

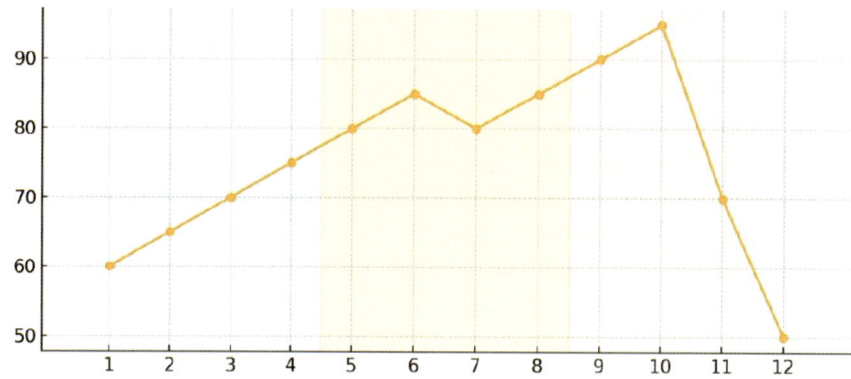

■ 골프 선수의 비시즌(12주) 주기화 프로그램(예시)

주기	근력 트레이닝	심폐 트레이닝	기술 트레이닝
1~4주 (축적기)	• 바벨스쿼트 3×12 @ 60% 1RM • 벤치프레스 3×12 @ 60% 1RM • 싱글레그 RDL 3×10 좌/우 • 플랭크 → 푸시업 3×8	• 지속중강도(Zone 2): 60~70% VO₂max • 총 30~45분	• 드라이빙 레인지: 기본 스윙 드릴 (체중 이동·회전 감각) • 숏게임 릴리즈 드릴
5~8주 (강도기)	• 바벨DL 4×8 @ 75% 1RM • 케틀벨 스윙 4×10(중량 선택) • 불가리안스플릿 스쿼트 3×8 좌우 • 케이블 우드초퍼 3×12 좌우	• 인터벌(Zone 4): 80~90% VO₂max • 6× 1분 고강도, 회복 2분 • 총 25~30분	• 코스 매니지먼트 연습 (18홀 시뮬레이션) • 위기 상황 샷 훈련
9~11주 (실현기)	• 파워클린or 스내치 변형 3×5: 70~80% 1RM • 메디신볼 로테이션 토스 3×10 좌우 • 싱글레그 브리지 3×10 좌우	• 저강도(Zone 1~2): 50~70% VO₂max • 총 20~30분	• 실전 라운드 시뮬레이션 • 멘탈 리허설·루틴 연습
12주 (회복기)	• 바디웨이트스쿼트·푸시업 3×15 • 밴드오버 로우 3×12(저중량)	• 조깅·사이클(Zone 1): 50~60% HRmax • 총 20분 이하	• 폼 체크·라이트 드릴 • 근막 이완·스트레칭

■ 골프 선수의 시즌 중 2주 주기화 프로그램(예시)

시기	근력 트레이닝	심폐 트레이닝	기술 트레이닝
Week 경기 전	• 벤치프레스 2×8 @ 60% 1RM • 스쿼트 2×8 @ 60% 1RM	• 지속주(Zone 2): 60~70% VO$_2$max • 총 30분	• 숏게임·퍼팅 마스터리 • 스윙 폼 확인·수정
Week 경기 중	• 탭퍼 세션: 전신 체중 운동 (스쿼트·푸시업·플랭크 각 2×10)	• 워밍업·쿨다운 조깅 (Zone 1): 50~60% VO$_2$max	• 코스 리허설 (티샷·그린 리딩) • 멘탈 루틴 연습

위 프로그램은 연중 유지되는 경기력과 부상 최소화를 위해 설계되었으며, 트레이너와 상의하여 개인의 체력·스윙 특성에 맞게 세부 강도·운동 선택을 조정한다.

10
운동검사의 개요

운동검사는 트레이닝 목표 설정, 프로그램 설계, 수행·평가를 하는 데 있어 기본적인 토대다. 사전준비 없는 운동검사 시행은 의료처방 없이 약물을 복용하는 것과 같으므로 필수 절차(목적 정의, 검사법 선정, 타당도·신뢰도 확보, 사전 체크) 없이 실행해서는 안 된다.

따라서 운동검사 전후로 검사자와 피검사자 모두 "왜, 어떻게, 무엇을" 점검해야만 안전하고 일관된 데이터를 확보할 수 있다.

1. 운동검사의 목적

- 강·약점 파악: 선수 개별의 신체적·기능적 상태 진단
- 목표 설정: 단기·중장기 트레이닝 목표 수립
- 프로그램 설계: 검사 결과 기반 맞춤 운동처방
- 심리적 요인 고려: 수행 동기·불안 요인 파악
- 교육 자료 활용: 선수 이해도 제고 및 자기관리 유도
- 효과 추적: 주기적 재검사로 변화 평가 및 프로그램 수정

2. 운동검사의 선택 기준

- 검사 목적 일치성: 무엇을 측정·예측하려 하는가?
- 타당성·신뢰성·객관성: 검증된 프로토콜을 사용하는가?
- 데이터 활용 계획: 검사 결과를 어떻게 해석·적용할 것인가?
- 측정 변수 적합성: 목표 성과와 일치하는 지표인가?
- 트레이닝 요소 연계성: 프로그램 구성 요소와 일관되는가?
- 피검자 준비도: 피검사자가 검사 절차에 익숙한가?
- 안전·편안성: 부상 위험 없이 편안하게 수행 가능한가?
- 심리적 부담 최소화: 불안 요인이 개입되지 않는가?

3. 검사의 타당도·신뢰도 확보 절차

〈타당도 확립〉
- 프로토콜의 내용 타당도 검증
- 검사자 숙련도 확인
- 피검사자의 절차 숙지도 평가
- 측정 항목의 차별화·명확화
- 심리적 안정·동기부여 확보
- 장비의 준비·교정 완료
- 본검사 전 준비사항 숙지
- 점수 척도 및 해석 기준 명확 정의

〈신뢰도 확립〉
- 조건 일관성 유지(시간·환경·장소·사전 휴식)
- 프로토콜 엄수
- 표준화된 준비운동 수행
- 점수 척도 일관 적용
- 동일 검사자·장비 사용
- 검사 절차 재현성 확인

4. 운동검사 사전 체크리스트

〈피검사자 지침〉
- 검사 절차 및 목적을 충분히 이해
- 사전 연습(시뮬레이션) 완료
- 전날 충분한 수면
- 검사 전 수분·영양 섭취
- 카페인·니코틴·비처방약 금지
- 적절한 복장·신발 착용
- 무통증·무부상 상태 확인

〈검사자 준비〉
- 동의서 확보 후 검사 개시
- 장비 상태·교정 확인
- 측정 기록지·장치 준비
- 프로토콜 숙지, 리허설 완료
- 사전 연습과 교육 제공
- 검사실 환경(온도·조명·소음) 점검
- 비상 절차·중단 기준 설정

11
골퍼의 기능성 운동검사

골퍼를 위한 기능성 운동검사는 일반 규칙, 움직임 검사, 가동성 검사, 안정성 검사, 근육 불균형 검사의 순서로 서술한다.

1. 일반적 규칙

- 워밍업 없이 바로 검사를 실시해서 선수의 '평소 움직임 패턴'을 변화 없이 관찰할 수 있도록 한다.
- 검사 목적에 맞춰 섬세하게 수행하되, 적합·부적합을 평가하기보다 '어디가 어떻게' 움직이는지를 분석하는 데 집중한다.
- 제 경기 장비(골프화, 골프채 그립)를 착용토록 하여 검사가 현장과 거의 동일한 조건에서 이루어지도록 한다.
- 검사자가 우선 시범을 보이고 피검자가 수행하도록 하여 이해도를 높여서 부정확한 검사가 되지 않도록 한다.
- 검사 전 통증·부상 여부를 반드시 체크하고, 통증 발생 시 즉시 중단한다.

2. 움직임 검사

골프 스윙은 전신 협응성을 필요로 하는 복합 관절 운동이므로 단일 근육 검사보다 '움직임의 효율성·안정성 패턴'을 평가해야 한다.

- 협응력·안정성 패턴을 관찰하면, 단순 근력·유연성 수치보다 스윙 동작 중 신체 부위 간 상호작용 문제를 더 잘 파악할 수 있다.
- 코어 근력·유연성이 모두 좋아도 불완전한 움직임 패턴은 좋은 퍼포먼스로 연결되지 않으므로 전체적인 동작 연결성을 확인해야 한다.

3. 가동성 검사

충분한 가동성은 백스윙 각도 확대와 골반-어깨 분리 회전을 가능하게 하기 때문에 클럽 헤드 스피드를 증가시킨다.

- 가동성은 관절 가동범위(ROM)와 근육 유연성을 모두 포함하며, 부상 예방과 정확한 스윙을 위해 필수다.
- 스윙 중 위치 변화(예: 어깨 전굴·흉추 회전)가 안정적으로 이뤄지는지 확인한다.
- 동작 시퀀스 일관성과 파워 발현 여부를 점검해서, 가동성 한계가 퍼포먼스를 제한하는지 파악한다.

4. 안정성 검사

골프 스윙 중 외부 힘(지면 반발력·관성력)에도 올바른 자세 유지를 위한 다중 시스템(근골격·신경근·결합조직)의 협응성이 필요하다.

- 스윙 동작 시 체간이 흔들리지 않고, 고정 상태를 유지하는지 확인한다.
- 스윙 중에 밸런스·파워·근지구력이 조화를 이루는지 평가한다.

5. 근육 불균형 검사

골프는 단측 비대칭 운동이므로 좌우 근력·유연성 불균형이 스윙 폼 왜곡·부상 위험을 증가시킬 수 있다.

- 주요 스윙 근육(둔근, 복사근, 승모근 등)의 좌우 비교를 통해 불균형 정도를 파악해야 한다.
- 오랜 기간 골프를 해온 선수일수록 비대칭이 심해지기 때문에 불균형 교정운동을 계획적으로 실행하는 것이 필요하다.

위와 같이 주요 운동검사를 통합적으로 적용하면, 선수 개개인의 기능적 한계와 장단점을 명확히 파악하여 맞춤형 교정운동과 부상 예방 전략을 수립하는 데 도움이 될 수 있다.

12
골퍼의 움직임 검사 항목

일반적으로 골프 퍼포먼스는 정적 자세에서 동적 자세로의 이행, 비대칭적 회전, 임팩트 후 폴로스루 등으로 이루어진다. 따라서 가능한 한 골프 퍼포먼스와 관련한 유사 동작들을 발췌하여 각각 단순 움직임 검사, 복합적인 움직임 검사, 그리고 스윙 움직임 검사로 분류하고, 다음과 같이 총 11가지 움직임 검사 항목으로 제시했다.

1) 싱글레그 로우 & 리프트/코어 활성화 및 고관절 가동성 검사
2) 데드버그 트위스트/흉추(T-spine) 가동성 검사
3) 데드버그 로우 & 리프트/코어 활성화, 어깨 및 고관절의 가동성 검사
4) 로우 포지션 힙스러스트/골반의 전·후방 경사 및 힘의 전달 검사
5) 뉴트럴포지션 데드리프트/척추의 중립자세 유지 및 고관절 가동성 검사
6) 싱글레그투핑거 터치, 원핑거크로스 터치/하체의 안정성 및 가동성 검사
7) 싱글레그원핑거 터치, 원핑거크로스 터치/하체의 안정성 및 가동성 검사
8) 싱글레그리버스런지/하체의 안정성 및 척추의 중립 유지 검사
9) 백스윙/흉추의 회전 가동성 검사
10) 임팩트 포지션/골반 및 하체의 움직임 및 가동성 검사
11) 수평턴/몸 전체의 협응력 및 리듬 템포 검사

위와 같은 11가지 골퍼 움직임 검사 방법에 대해 그림과 함께 검사 목적, 실행 방법, 평가 내용 사항 등에 대해 제시하고 설명하고자 한다. 물론 이 외에도 다양한 검사 방법이 존재하겠지만, 여기서는 저자들이 수년간 프로선수들을 지도해오면서 실전적으로 개발한 검사법들만 제시했다.

1. 단순 움직임 검사

골퍼의 단순 움직임 검사는 1) 싱글레그 로우 & 리프트/코어 활성화 및 고관절 가동성 검사, 2) 데드버그 트위스트/흉추(T-spine) 가동성 검사, 3) 데드버그 로우 & 리프트/코어 활성화 및 고관절 가동성 검사다.

1-1. 싱글레그 로우 & 리프트/ 코어 활성화 및 고관절 가동성 검사

1) 검사 목적: 코어의 활성화 여부 및 고관절의 개별 자유로운 움직임을 확인하는 것이다.

2) 검사 방법

    a. 반듯이 누운 상태에서 허리를 바닥에 밀착한 후 복횡근(TVA)은 납작하게 유지한다.
    b. 두 발을 붙이고 고관절이 90° 되게 접어 올린다.
    c. 양손으로 골프채를 잡고 대퇴사두근 중앙에 가볍게 밀착시킨다.
    d. 호흡을 들이마시며 한 다리만 서서히 내려 바닥에 가볍게 터치한 후 호흡을 내쉬며 원위치를 한다. 이때 호흡은 가늘고 길게 한다.

3) 평가 내용

    a. 허리가 바닥에서 떨어지는지 확인한다.
    b. 어깨가 들리는지 확인한다.
    c. 채가 다리에서 떨어지는지 확인한다.
    d. 고관절 각도가 90°를 유지하는지 확인한다.

4) 체크 점수표

확인사항	수행 동작 평가	좌측 점수	우측 점수	비고(교정운동)
a	허리 바닥 이탈	1 0 -1	1 0 -1	
b	어깨 이탈	1 0 -1	1 0 -1	
c	채 다리 이탈	1 0 -1	1 0 -1	
d	고관절 90° 유지	1 0 -1	1 0 -1	
총 점수				

* 점수 부여는 3단계 평가: 1점 정상, 0점 불안정, -1점 실패
* 비고란: 수행동작 평가 시 문제점 및 교정운동 번호

1-2. 데드버그 트위스트 / 흉추(T-spine) 가동성 검사

1) 검사 목적: 코어의 안정성을 유지한 상태에서 상체와 하체의 분리 및 흉추의 가동성 능력을 확인하는 것이다.

2) 검사 방법

    a. 양손은 채를 잡고 가슴 앞에 자연스럽게 뻗은 상태로 유지한다.
    b. 양다리는 테이블톱 자세를 유지한다.
    c. 호흡을 들이마시고 준비한 후 내뱉으며 상체는 왼쪽, 하체는 오른쪽으로 회전한다.
    d. 호흡을 들이마시며 원위치 한다.
    e. 검사 수행 중 허리가 뜨지 않게 유지한다.
    f. 상체와 하체가 같은 속도로 움직이도록 한다.

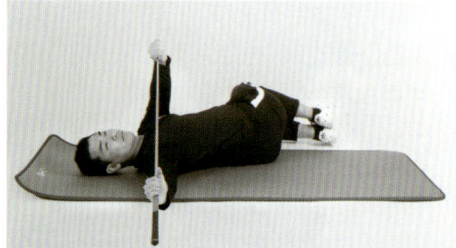

3) 평가 내용

    a. 어깨가 뜨는지(상부 승모근의 과도한 수축) 확인한다.
    b. 허리가 과신전되는지 확인한다.
    c. 상체와 하체의 움직임 속도를 확인한다.

4) 체크 점수표

확인사항	수행 동작 평가	좌측 점수	우측 점수	비고(교정운동)
a	허리 바닥 이탈	1 0 -1	1 0 -1	
b	허리 과신전	1 0 -1	1 0 -1	
c	상·하체 움직임 속도	1 0 -1	1 0 -1	
총 점수				

* 점수 부여는 3단계 평가: 1점 정상, 0점 불안정, -1점 실패
* 비고란: 수행 동작 평가 시 문제점 및 교정운동 번호

1-3. 데드버그 로우 앤 리프트 / 코어 활성화 및 고관절 가동성 검사

1) 검사 목적: 코어의 안정성을 주목적으로 하여 어깨와 고관절의 움직임을 확인한다.

2) 검사 방법

    a. 준비 자세는 2번 검사와 동일하다.
    b. 골프채 헤드 쪽을 왼손 바닥에 그리고 그립 끝은 반대 발등에 위치한다.
    c. 호흡을 들이마시며 골프채를 잡고 있지 않은 어깨와 고관절을 신전시킨다.
    d. 호흡을 내뱉으며 원위치 한다.
    e. 검사를 수행하는 동안 코어가 반드시 유지가 되어야 한다.

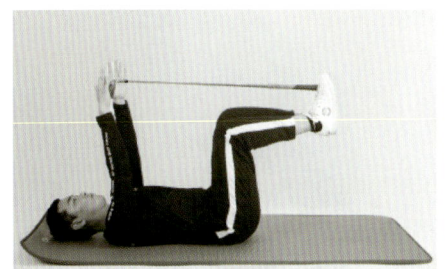

3) 평가 내용

    a. 준비 자세에서 허리가 과신전 또는 후방 기울임이 있는지 확인한다.
    b. 최대 신전 자세에서 허리의 과신전을 확인한다.
    c. 검사 수행 간 코어의 안정성을 확인한다.
    d. 팔과 다리의 일정한 움직임 속도를 확인한다.

4) 체크 점수표

확인사항	수행 동작 평가	좌측 점수	우측 점수	비고(교정운동)
a	허리 과신전, 후방경사	1 0 -1	1 0 -1	
b	최대 신전에서 허리 과신전	1 0 -1	1 0 -1	
c	코어 안정성	1 0 -1	1 0 -1	
d	팔다리 움직임 속도	1 0 -1	1 0 -1	
총 점수				

* 점수 부여는 3단계 평가: 1점 정상, 0점 불안정, -1점 실패
* 비고란: 수행동작 평가 시 문제점 및 교정운동 번호

2. 로우 포지션 힙 스러스트 / 골반의 전·후방 경사 및 힘의 전달 검사

1) 검사 목적: 골반의 올바른 전·후방 경사를 통해 바르고 자연스럽게 힘을 전달할 수 있는지를 확인하는 것이다.

2) 검사 방법

    a. 한쪽 무릎만 꿇고 앉는다. 이때 앞뒤 다리의 고관절과 무릎은 90°를 유지한다.
    b. 골프채는 앞발의 측면, 뒷다리 굽힌 무릎 앞에 세우고 양손으로 견고하게 누르며 유지한다.
    c. 뒷발의 대퇴와 종아리가 거의 90°되게 세우고 견고하게 눌러준다.
    d. 호흡을 들이마시며 골반을 후방으로 이동시킨다.
    e. 다시 호흡을 내뱉으며 골반을 전방으로 밀어준다.

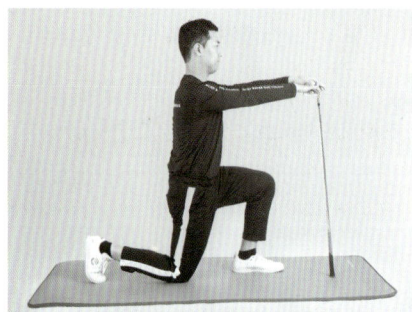

3) 평가 내용

    a. 척추의 중립자세 유지를 확인한다.
    b. 골반의 경사 움직임을 확인한다.

4) 체크 점수표

확인사항	수행 동작 평가	좌측 점수	우측 점수	비고(교정운동)
a	척추의 중립자세 유지	1 0 -1	1 0 -1	
b	골반 경사의 움직임	1 0 -1	1 0 -1	
총 점수				

* 점수 부여는 3단계 평가: 1점 정상, 0점 불안정, -1점 실패
* 비고란: 수행 동작 평가 시 문제점 및 교정운동 번호

3. 뉴트럴 포지션 데드리프트 / 척추의 중립 자세 유지 및 고관절 가동성 검사

1) 검사 목적: 척추의 중립 자세를 유지한 상태에서 골반 및 발목의 가동성을 확인하는 것이다.

2) 검사 방법

    a. 골프채를 머리의 후두면, 흉추, 꼬리뼈에 일직선으로 밀착시킨다.
    b. 한손으로는 경추 쪽(클립), 다른 한손은 요추 쪽(그립)에서 채를 잡는다.
    c. 호흡을 들이마시며 고관절을 굴곡시키며 상체를 전방으로 약 45° 굽힌다.
    d. 호흡을 내뱉으며 다시 원위치로 돌아온다.

3) 평가 내용

    a. 검사 중 골프채가 척추의 세 접지면에서 떨어지지 않는지 확인한다.
    b. 상체를 약 45°까지 굽히는지 확인한다.

4) 체크 점수표

확인사항	수행 동작 평가	좌측 점수	우측 점수	비고(교정운동)
a	척추의 세 지점과 접촉 유지	1 0 -1	1 0 -1	
b	상체 45° 굴곡	1 0 -1	1 0 -1	
총 점수				

* 점수 부여는 3단계 평가: 1점 정상, 0점 불안정, -1점 실패
* 비고란: 수행 동작 평가 시 문제점 및 교정운동 번호

4. 싱글레그 투 핑거 터치 / 하체의 안정성 및 가동성 검사

1) 검사 목적: 한쪽 다리로 중심을 잡고, 코어를 활성화시킨 상태에서 하체의 안정성을 확인하는 것이다.

2) 검사 방법

<싱글레그 투 핑거 터치하기>

    a. 한쪽 다리로 서고 다른 한쪽 다리는 무릎을 굽혀서 허리 높이까지 올린다.
    b. 호흡을 들이마시며 데드리프트를 하며 양손으로 지면에 놓인 콘을 가볍게 터치한다.
    c. 호흡을 내뱉으며 다시 원위치로 돌아온다.

3) 평가 내용 확인

    a. 수행 중에 골반의 틀어짐을 확인한다.
    b. 수행 중에 어깨의 틀어짐을 확인한다.
    c. 수행 중에 몸의 흔들림 및 넘어짐을 확인한다.

4) 체크 점수표

확인사항	수행 동작 평가	좌측 점수	우측 점수	비고(교정운동)
a	골반의 틀어짐	1 0 -1	1 0 -1	
b	어깨의 틀어짐	1 0 -1	1 0 -1	
c	몸의 흔들림/넘어짐	1 0 -1	1 0 -1	
총 점수				

* 점수 부여는 3단계 평가: 1점 정상, 0점 불안정, -1점 실패
* 비고란: 수행 동작 평가 시 문제점 및 교정운동 번호

5. 싱글레그 원 핑거 터치 / 하체의 안정성 및 가동성 검사

1) 검사 목적: 한쪽 다리로 중심을 잡고, 코어를 활성화시킨 상태에서 하체의 안정성을 확인하는 것이다.

2) 검사 방법

〈싱글레그 원 핑거 크로스 터치하기〉

    a. 한쪽 다리로 서고, 다른 한쪽 다리는 무릎을 굽혀서 허리 높이까지 들어 올린다.
    b. 들어 올린 다리와 같은 방향의 손을 어깨 위로 들어 올린다(반대측 손은 허리에 얹는다).
    c. 호흡을 들이마시고 데드리프트를 하며 올린 손으로 반대 측의 콘을 가볍게 터치한다.
    d. 호흡을 내뱉으며 다시 원위치로 돌아간다.

3) 평가 내용

    a. 수행 중에 골반의 틀어짐을 확인한다.
    b. 수행 중 어깨의 틀어짐을 확인한다.
    c. 수행 중 몸의 흔들림 및 넘어짐을 확인한다.

4) 체크 점수표

확인사항	수행 동작 평가	좌측 점수	우측 점수	비고(교정운동)
a	골반의 틀어짐	1 0 -1	1 0 -1	
b	어깨의 틀어짐	1 0 -1	1 0 -1	
c	몸의 흔들림/넘어짐	1 0 -1	1 0 -1	
총 점수				

* 점수 부여는 3단계 평가: 1점 정상, 0점 불안정, -1점 실패
* 비고란: 수행 동작 평가 시 문제점 및 교정운동 번호

6. 싱글레그 리버스 런지 / 하체의 안정성 및 척추의 중립 유지 검사

1) 검사 목적: 한쪽 다리로 하체의 움직임을 수행하며 척추의 중립상태 유지를 확인하는 것이다.

2) 검사 방법

    a. 한 발로 서고, 다른 한 발은 다리 뒤에 있는 피지오볼 위에 올린다.
    b. 앞발과 동측에 있는 팔을 위로 곧게 뻗어 올린다.
    c. 상체는 자세를 똑바로 유지하며, 공 위의 다리를 후방으로 밀면서 원 레그 런지를 한다.
    d. 호흡은 내려갈 때 들이마시고 올라올 때 내뱉는다.

3) 평가 내용

    a. 골반의 틀어짐을 확인한다.
    b. 척추의 중립자세 유지를 확인한다.
    c. 들어 올린 팔의 유지를 확인한다.

4) 체크 점수표

확인사항	수행 동작 평가	좌측 점수	우측 점수	비고(교정운동)
a	골반의 틀어짐	1 0 -1	1 0 -1	
b	척추의 중립 자세	1 0 -1	1 0 -1	
c	팔 자세 유지	1 0 -1	1 0 -1	
총 점수				

* 점수 부여는 3단계 평가: 1점 정상, 0점 불안정, -1점 실패
* 비고란: 수행 동작 평가 시 문제점 및 교정운동 번호

7. 백스윙 / 흉추의 회전 가동성 검사

1) 검사 목적: 골프에서 백스윙 때 척추의 중립 자세를 유지하며 하체의 안정성까지 확보되는지를 확인하는 것이다.

2) 검사 방법

    a. 골프 어드레스 자세에서 시작한다.
    b. 양손으로 채를 가로로 잡고, 가슴 앞에 위치시킨다.
    c. 이때 골프채와 몸 사이에 직사각형의 공간을 확인한다.
    d. 직사각형 공간을 유지하며 백스윙을 실시한다.
    e. 백스윙 때 호흡을 들이마시고 돌아오면서 내뱉는다.

3) 평가 내용

    a. 검사 수행 중 척추의 중립 자세 유지를 확인한다.
    b. 체중의 이동 방향 및 축의 움직임을 확인한다.
    c. 골반의 움직임을 확인한다.
    d. 무릎의 움직임을 확인한다.
    e. 골프채와 몸 사이의 직사각형 공간의 유지를 확인한다.
    f. 흉추의 가동성을 확인한다.

4) 체크 점수표

확인사항	수행 동작 평가	좌측 점수	우측 점수	비고(교정운동)
a	척추 중립 자세 유지	1 0 -1	1 0 -1	
b	체중 이동 방향/축 움직임	1 0 -1	1 0 -1	
c	골반의 움직임	1 0 -1	1 0 -1	
d	무릎의 움직임	1 0 -1	1 0 -1	
e	골프채와 몸의 공간 유지	1 0 -1	1 0 -1	
f	흉추의 가동성	1 0 -1	1 0 -1	
총 점수				

* 점수 부여는 3단계 평가: 1점 정상, 0점 불안정, -1점 실패
* 비고란: 수행 동작 평가 시 문제점 및 교정운동 번호

8. 임팩트 포지션 / 골반 및 하체의 움직임 및 가동성 검사

1) 검사 목적: 스윙 중 임팩트 자세에서 올바른 하체 움직임을 만들어 효율적인 자세가 나오는지를 확인하는 것이다.

2) 검사 방법

    a. 골프채를 잡고 어드레스 자세에서 시작한다.
    b. 어드레스에서 바로 임팩트 포지션으로 위치한다.
    c. 호흡은 들이마시고 준비 후 내뱉으며 임팩트 자세로 나간다.

3) 평가 내용

    a. 하체의 올바른 지지대 형성을 확인한다.
    b. 골반의 열림을 확인한다.
    c. 몸의 축 위치가 유지되는지 확인한다.

4) 체크 점수표

확인사항	수행 동작 평가	좌측 점수	우측 점수	비고(교정운동)
a	하체의 올바른 지지대 형성	1 0 -1	1 0 -1	
b	골반의 열림	1 0 -1	1 0 -1	
c	몸의 축 위치 유지	1 0 -1	1 0 -1	
총 점수				

* 점수 부여는 3단계 평가: 1점 정상, 0점 불안정, -1점 실패
* 비고란: 수행 동작 평가 시 문제점 및 교정운동 번호

9. 수평 턴/몸 전체의 협응력 및 리듬 템포 검사

1) 검사 목적: 하체를 이용하여 상체로 힘을 전달한 후 그 힘을 이용한 상체의 회전 검사 및 일정한 리듬과 템포 유지를 확인하는 것이다.

2) 검사 방법

 a. 한쪽 다리는 정중앙에 두고, 다른 한쪽 다리는 반대쪽 대각 뒤쪽으로 뻗는다.
 b. 상체는 골프채를 수평으로 잡고 가슴 앞에 둔 후 후방 다리와 반대 방향으로 회전한다.
 c. 호흡을 들이마시며 상체와 하체는 각자 위치에서 동시에 반대 방향으로 움직인다.
 d. 호흡을 내뱉으며 원위치를 반복한다.

3) 평가 내용

 a. 일정한 리듬과 템포를 유지하는지 확인한다.
 b. 하체와 상체의 협응력을 확인한다.
 c. 하체를 이용한 축을 유지하는지 확인한다.
 d. 상체의 흉추 회전 가동성을 확인한다.

4) 체크 점수표

확인사항	수행 동작 평가	좌측 점수	우측 점수	비고(교정운동)
a	리듬과 템포의 유지	1 0 -1	1 0 -1	
b	상하체의 협응력	1 0 -1	1 0 -1	
c	하체의 축 유지	1 0 -1	1 0 -1	
d	흉추 회전의 가동성	1 0 -1	1 0 -1	
총 점수				

13
골프 스윙의 잘못된 자세

일반적으로 좋은 자세(good posture or form)란 몸을 움직이든 움직이지 않든 부상으로부터 몸을 보호할 수 있는 골격의 바른 정렬 상태와 대칭적이고 이상적인 비율의 근육 상태를 의미한다고 할 수 있다. 특히 운동선수들의 경우는 정적으로 앉거나 서 있는 것보다는 달리기, 빠른 방향 전환, 점프, 스윙, 스트라이킹, 키킹, 배팅 및 호핑 등을 할 때 아주 좋은 자세가 요구된다.

운동에서의 동작 자세는 척추, 관절과 머리의 위치 그리고 몸을 조절하고 유지시키는 방법 등이 포함되는데, 이러한 자세에 따라 운동 수행능력과 부상 유발 가능성이 달라진다. 척추를 포함한 우리 몸의 축(Axic)은 거의 모든 운동에서 매우 중요한 부분이다. 최고의 경기력을 발휘하기 위해서는 반드시 수행하는 운동 종목에서 요구하는 가장 좋은 자세로 경기 또는 훈련을 유지하는 것이 중요하다.

즉, 좋은 운동 자세는 기능성 근력 발휘나 운동 제어(motor control)와 아주 밀접한 관련이 있고, 운동 사슬(kinetic chain)을 따라 효율적으로 움직이도록 하기 때문에 골격과 관절, 연조직에 스트레스를 덜 주지만, 잘못된 자세는 생체역학적으로 운동 동작이 비효율적으로 이루어지기 때문에 운동수행 능력이 떨어질 뿐만 아니라, 스트레스가 가중되어 부상의 위험성이 높아지게 된다.

좋은 운동 자세에 요구되는 주요 요인

1) 강력한 자세 유지 근육(postural muscles)
2) 근육의 유연성(muscle flexibility)
3) 충분한 관절 가동범위(ROM)
4) 팔다리 근육의 좋은 대칭성(symmetrical muscles).
5) 바람직한 운동 자세에 대한 인식(posture conciousness)

어떠한 운동이든 항상 최대 효율성을 올릴 수 있는 자세와 그렇지 못한 비효율적인 자세가 존재한다. 골프는 다른 스포츠보다 더 예민하게 자세를 다루는데, 그 이유는 아주 미세하게 벗어난 움직임이 경기에 매우 큰 영향을 끼칠 수 있기 때문이다.

잘못된 14가지 스윙 자세의 평가

1) 카이포시스 포스처(Kyphosis posture) - 척추 후만 자세(C-posture)

2) 로도시스 포스처(Lordosis posture) - 척추 전만 자세(S-posture)

3) 오프 더 포스처(Off the posture) - 스윙 도중 기준에서 벗어난 어드레스 현상

4) 오프 더 숄더 플레인(Off the shoulder plane) - 스윙 도중 기준에서 벗어난 어깨의 궤도

5) 얼리 익스텐션(Early extension) - 다운스윙 때 몸이 일찍 펴지는 현상

6) 오버 더 톱(Over the top) - 다운스윙 때 스윙의 궤도가 기준보다 높은 궤도로 들어오는 현상

7) 스웨이(Sway) - 백스윙 때 몸이 백스윙 방향으로 과도하게 체중 이동이 되는 현상

8) 슬라이드(Slide) - 다운스윙 때 몸이 다운스윙 방향으로 과도하게 체중 이동이 되는 현상

9) 리버스 스파인 앵글(Reverse spine angle) - 백스윙 때 몸의 축이 타깃 방향으로 기울어지는 현상

10) 리버스 피봇(Reverse pivot) - 백스윙 때 체중 이동이 백스윙 방향의 반대 방향으로 가는 현상

11) 라잉 백(Lying back) - 다운스윙 때 체중 이동이 타깃의 반대 방향으로 이동하는 현상

12) 캐스팅(Casting) - 다운스윙 시작 때 손이 몸의 리드보다 먼저 펴지는 현상

13) 치킨 윙(Chicken wing) - 스윙 때 리드하는 방향의 팔꿈치가 닭 날개처럼 벌어지는 현상

14) 브로큰 암(Broken arms) - 스윙 때 양팔이 과도하게 구부러지는 현상

1. 카이포시스 포스처(Kyphosis posture)

1) 특징: 척추 후만 자세(C-posture)

2) 자세 관측 평가

    a. 어드레스 자세에서 흉추가 과도하게 굽어 있다.
    b. 라운드 숄더를 가진 사람들에게 많이 나타난다(사각근, 소흉근, 흉쇄유돌근이 타이트함).
    c. 올바른 턴이 나오지 못하고 스윙 시 팔과 몸 사이의 공간이 좁아진다.
    d. 팔이 많이 구부러질 가능성이 커진다(Broken arm).
    e. 거북목이 심하며 목과 어깨에 통증을 호소한다.

2. 로도시스 포스처(Lordosis posture)

1) 특징: 척추 전만 자세(S-posture)

2) 자세 관측 평가

    a. 어드레스 자세에서 요추가 과신전되어 있는 자세가 보인다.
    b. 장요근과 기립근이 강한 사람들에게 나타난다.
    c. 허리에 과부하가 잘 걸리며 통증을 호소한다.
    d. 올바른 턴을 하지 못하고, 스윙 시 치킨 윙이 나올 가능성이 크다.
    e. 오프 더 숄더 플레인이 나올 가능성이 커진다.

3. 오프 더 포스처(Off the posture)

1) 특징: 스윙 도중 기준에서 벗어난 어드레스 현상

2) 자세 관측 평가

    a. 어드레스는 올바르지만, 스윙을 시작할 때 또는 스윙 도중에 골반의 각이 벗어난다.
    b. 어드레스 각이 무너져 발생하는 다양한 문제점의 원인을 제공하게 된다(얼리 익스텐션, 오프 더 숄더 플레인).

4. 오프 더 숄더 플레인(Off the shoulder plane)

1) 특징: 스윙 도중 기준에서 벗어난 어깨의 궤도

2) 자세 관측 평가

    a. 백스윙을 할 때 골반의 힌지가 풀린다.
    b. 상체의 흉부가 들려 어깨의 궤도가 플랫(flat)하게 되는 현상을 보인다.
    c. 다운스윙할 때 오버 더 톱이 발생하는 문제의 원인이 된다.

5. 얼리 익스텐션(Early extension)

1) 특징: 다운스윙할 때 몸이 일찍 펴지는 현상

2) 자세 관측 평가

    a. 다운스윙할 때 골반의 힌지가 풀리며 몸이 펴지는 현상이 나타난다.
    b. 몸이 펴지면서 손은 몸과 가까워지고 올바른 턴을 방해한다.
    c. 왼쪽 어깨에 충돌이 일어나서 회전근개(Rotator cuff)나 인대에 손상을 유발한다.

6. 오버 더 톱(Over the top)

1) 특징: 다운스윙할 때 스윙의 궤도가 기준보다 높은 궤도로 들어오는 현상

2) 자세 관측 평가

    a. 다운스윙을 시작할 때 상체가 목표 방향으로 과도하게 이동하면서 나타난다.
    b. 다운스윙의 시작이 하체보다 상체가 빠를 때 생기는 현상이다.

7. 스웨이(Sway)

1) 특징: 백스윙할 때 몸이 백스윙 방향으로 체중 이동이 과도하게 일어나는 현상

2) 자세 관측 평가

    a. 백스윙할 때 체중 이동이 과도하게 우측으로 쏠려서 나타난다.
    b. 피봇이 부족한 것이 원인이다.
    c. 슬라이드 동작이 나타나는 원인을 제공하게 된다.

8. 슬라이드(Slide)

1) 특징: 다운스윙할 때 몸이 다운스윙 방향으로 과도하게 체중 이동이 되는 현상

2) 자세 관측 평가

    a. 하체를 이용해 턴을 만들지 못하게 되는 원인이다.
    b. 상체도 마찬가지로 어깨가 막혀 턴을 하기 어려워진다.

9. 리버스 스파인 앵글(Reverse spine angle)

1) 특징: 백스윙할 때 몸의 축이 타깃 방향으로 기울어지는 현상

2) 자세 관측 평가

    a. 백스윙할 때 몸의 축이 목표 방향으로 기울어짐이 나타난다.
    b. 오버스윙이 나올 가능성이 매우 커진다.
    c. 다운스윙할 때 보상 동작으로 라잉 백이 나올 수 있다.

10. 리버스 피봇(Reverse pivot)

1) 특징: 백스윙할 때 체중 이동이 백스윙 방향의 반대 방향으로 가는 현상

2) 자세 관측 평가

    a. 백스윙할 때 축은 유지되지만, 목표 방향으로 체중이 이동된다.
    b. 다운스윙할 때 얼리 익스텐션의 원인이 된다.

11. 라잉 백(Lying back)

1) 특징: 다운스윙할 때 체중 이동이 타깃의 반대 방향으로 이동하는 현상

2) 자세 관측 평가

    a. 다운스윙할 때 체중 이동이 안 되고 뒤에 남아 있는 현상이다.
    b. 공을 두껍게 또는 얇게 칠 가능성이 커진다.

12. 캐스팅(Casting)

1) 특징: 다운스윙을 시작할 때 손이 몸의 리드보다 먼저 펴지는 현상

2) 자세 관측 평가

    a. 다운스윙할 때 손이 하체와 상체보다 먼저 쓰이는 현상이다.
    b. 공을 두껍게 칠 가능성이 커진다.
    c. 턴에 제한이 생긴다.

13. 치킨 윙(Chicken wing)

1) 특징: 스윙할 때 리드하는 방향의 팔꿈치가 닭 날개처럼 벌어지는 현상

2) 자세 관측 평가

    a. (오른손잡이 기준) 백스윙할 때 오른팔꿈치가 많이 벌어지는 현상이 나타난다.
    b. (오른손잡이 기준) 폴로스루할 때 왼팔꿈치가 많이 벌어지는 현상이 나타난다.
    c. 백스윙할 때 치킨 윙 발생 시 오른손을 이용해 임팩트를 만들어야 하는 상황이 발생한다.
    d. 팔로우할 때 치킨 윙 발생 시 피니시 포지션이 정확하게 나오지 않는다.

PART 2
매트 트레이닝

필라테스 매트 워크(Pilates Matt Work)

    매트 워크는 자세 개선, 근육 튜닝 및 밸런스 향상, 심폐지구력 개선, 집중력 향상, 신체 자가인식 능력의 향상, 스트레스 관리, 부상 예방 등의 장점들을 가지고 있으며, 몸과 마음을 잡아주는 운동 방법이라고 할 수 있다.

    따라서 매트 워크는 골프 초보자부터 프로선수 모두에게 적합한 운동이다. 왜냐하면 이 운동은 개인의 컨디션에 따라 난이도를 다양하게 조절해가면서, 유연하면서도 균형 잡힌 강력한 몸을 만드는 데 가장 적합하다고 할 수 있기 때문이다. 여기서는 골프의 퍼포먼스를 향상시킬 수 있는 좋은 자세를 만드는 것과 관련한 매트 워크를 집중적으로 소개한다.

매트 트레이닝

1) Hip Release
2) Single Leg Lift & Low
3) Single Leg Circle
4) Toe Touch
5) Hip Roll
6) Shoulder Bridge
7) Half Roll Down Up
8) Half Roll Down With Rotation
9) Roll Down Roll Up
10) Neck Pull
11) Single Leg Stretch
12) Scissors
13) Double Leg Stretch
14) Crisscross
15) Hundred
16) Roll Over
17) Side Lying Leg Series (1) Up & Down
18) Side Lying Leg Series (2) Circle
19) Side Lying Leg Series (3) Lower Leg Lifts
20) Side Lying Leg Series (4) Kick
21) Side Lying Leg Series (5) Knees Open
22) Spine Stretch
23) Saw
24) Mermaid
25) Rolling Like A Ball
26) Open Leg Locker
27) Hip Circle
28) Side Sit Up
29) Bend
30) Back Extension
31) Single/Double Leg Extension
32) Swan
33) Swan Dive
34) Swimming
35) Single Leg Kick
36) Cat Stretch
37) Leg & Arm Reach
38) Plank
39) Push up

1 힙 릴리즈

▸ **Main Effects**
- 요추, 골반, 둔부, 고관절의 유연성 및 안정화
- 골반 움직임의 인지 향상
- 골반과 척추의 안정화 향상
- 고관절의 부드러운 움직임 조절력 향상
- 고관절의 유연성 강화

▸ **Target Muscle**
- 고관절 굴곡근
- 몸통 안정근
- 무릎 신전근
- 코어 근육들

▸ **Ready position**
- 골반과 척추는 중립 자세를 유지한다.
- 무릎은 90°로 굽히고 두 다리는 골반 너비를 유지하며 폼롤러에 올려놓는다.
- 양팔은 몸통 옆에 두고 손바닥은 바닥을 눌러 지탱한다.
- 목과 어깨의 긴장은 푼다.

▸ **Sequence**
- **마시는 호흡**: 고관절의 힘을 빼고 한쪽 다리를 외회전한 후 무릎을 신전한다.
- **내쉬는 호흡**: 골반과 척추는 중립 자세를 유지하며 무릎을 다시 굴곡시키며 원위치로 돌아온다.

▸ **Caution**
- 운동하는 동안 버티는 발은 바닥에 붙여놓아야 한다.
- 복부, 내전근, 둔근으로 조절하고 골반과 척추는 계속 중립 자세를 유지한다.
- 동작 시 골반과 척추의 보상 움직임이 없는 범위까지 진행한다.

2 싱글레그 리프트 & 로우

▸ **Main Effects**
- 하지 움직임을 통한 코어 강화
- 골반 안정성과 중심부의 조절 능력 향상
- 요추 골반 연결 부위의 안정성 강화

▸ **Target Muscle**
- 코어
- 고관절 굴곡근/신전근
- 발목 저측굴곡
- 발목 배측굴곡

▸ **Ready position**
- 골반과 척추는 중립 자세를 유지하며 폼롤러 위에 눕는다.
- 무릎은 90°로 굽히고 두 다리는 골반 너비를 유지한다.
- 한쪽 다리의 무릎을 천장을 향해 90°로 뻗어 올린다.
- 양팔은 몸통 옆에 두고 손바닥은 바닥을 눌러 지탱한다.

▸ **Sequence**
- **마시는 호흡**: 준비 자세
- **내쉬는 호흡**: 골반의 중립을 유지하며 올린 다리를 배측굴곡으로 골반의 중립이 유지되는 범위까지만 내린다.

▸ **Caution**
- 고관절의 유연성 부족, 요통, 뻣뻣한 햄스트링과 힙 플렉서로 인해 골반 안정이 어려운 경우는 다리를 굽힌다.
- 골반의 중립이 무너지지 않는 범위까지만 움직인다.
- 몸통과 견갑이 과도하게 긴장되지 않게 한다.
- 골반이 다리를 따라 움직이지 않도록 주의한다.

3 싱글레그 서클

▸ **Main Effects**
- 고관절의 회전 근육 강화
- 고관절의 가동성과 안정성 강화

▸ **Target Muscle**
- 고관절 외전근과 내전근은 반원을 그릴 때 상호 균형을 이룬다.
- 복사근과 다열근이 골반의 중립을 지키기 위해 등척성 수축을 한다.

▸ **Ready position**
- 골반과 척추는 중립 자세를 유지하며 폼롤러 위에 눕는다.
- 무릎은 90°로 굽히고 두 다리는 골반 너비를 유지한다.
- 한쪽 다리를 천장을 향해 90°로 뻗는다.
- 양팔은 몸통 옆에 두고 손바닥은 바닥을 눌러 지탱한다.

▸ **Sequence**
- **마시는 호흡**: 준비 자세
- **내쉬는 호흡**: 골반과 척추의 중립 자세를 유지하며 올린 다리를 몸의 바깥쪽으로 반달을 상상하며 반원을 그린다.

▸ **Caution**
- 고관절의 유연성 부족, 요통, 뻣뻣한 햄스트링과 고관절 굴곡근으로 인해 골반 안정이 어려운 경우 뻗은 다리를 구부려준다.
- 골반의 중립이 무너지지 않는 범위까지만 움직인다.
- 몸통과 견갑이 과도하게 긴장하지 않게 한다.
- 골반이 다리를 따라 움직이지 않도록 주의한다.
- 고관절이 아닌 무릎이나 발목에서 움직임이 나오는 경우, 무릎을 접어 테이블톱에서 대퇴로 큰 원을 그린다.

4 토우 터치

▶ **Main Effects**
- 하지 움직임의 분리
- 고관절 굴곡근과 함께 몸통 안정화

▶ **Target Muscle**
- 고관절 굴곡근
- 몸통 안정근
- 무릎 굴곡근
- 고관절 내전근

▶ **Ready position**
- 골반과 척추는 중립 자세 유지
- 무릎 사이에 서클을 끼우고 살짝 조여준다.
- 다리는 테이블톱을 한 후 임프린트로 바꿔준다.
- 양팔은 몸통 옆에 두고 손바닥은 바닥을 눌러 지탱한다.

▶ **Sequence**
- **마시는 호흡**: 준비 자세
- **내쉬는 호흡**: 한쪽 다리는 90°를 유지한 후 발끝을 지면에 천천히 내려 터치한다.

▶ **Caution**
- 골반은 임프린트를 유지한다.
- 무릎은 90°를 유지한다.
- 어깨와 목의 긴장을 이완시킨다.
- 하복부의 긴장을 유지한다.
- 남자는 대퇴사두근이 짧아서 다리가 몸 쪽으로 당겨지므로 스트레칭 후 실시한다.
- 요통이 있는 사람은 천골에 수건이나 얇은 패드를 대어 허리에 과도한 긴장을 주지 않는 상태에서 실시한다.

5 힙롤

▸ **Main Effects**
- 심부 골반저근 강화
- 햄스트링과 복근의 조화로운 수축력 강화
- 골반의 유연성 증가
- 척추 분절
- 둔근과 햄스트링 강화

▸ **Target Muscle**
- 복횡근
- 척추 굴곡근/신전근
- 몸통 안정근
- 골반 기저근
- 고관절 신전근/내전근

▸ **Ready position**
- 골반과 척추는 중립 자세 유지
- 무릎 사이에 서클을 끼우고 살짝 조여준다.
- 무릎을 굽히고 두 다리는 골반 너비를 유지한다.
- 양팔은 몸통 옆에 두고 손바닥은 바닥을 눌러 지탱한다.

▸ **Sequence**
- **마시는 호흡**: 준비 자세에서 척추가 이완됨을 느낀다.
- **내쉬는 호흡**: 골반은 임프린트를 거쳐 꼬리뼈부터 점차적으로 말아 척추 분절해 올리며 매트에서 힙을 들어 올린다.
- **마시는 호흡**: 들어 올려진 몸통을 경추, 흉추, 요추 순서대로 스티커 붙이듯 천천히 내려주며 중립 자세로 돌아온다.

▸ **Caution**
- 목과 어깨의 과도한 긴장에 주의한다.
- 몸통을 들어 올렸을 때 체중은 흉추로 지탱해주며 경추에 무리가 갈 정도로 많이 들지 않는다.
- 요추의 과신전에 주의하며 최대한 고관절을 펴준다.
- 골반과 척추의 중립을 유지한다.
- 경추에 패드를 절대 받치지 않는다.

6 숄더 브리지

▸ **Main Effects**
- 심부 골반저근 강화
- 햄스트링과 복근의 조화로운 수축력 향상
- 골반의 유연성 향상
- 척추 분절
- 둔근과 햄스트링 강화 및 균형감각 향상

▸ **Target Muscle**
- 복횡근
- 척추 굴곡근/신전근
- 몸통 안정근
- 골반 기저근
- 고관절 신전근
- 발목 저측/배측 굴곡

▸ **Ready position**
- 골반과 척추는 중립 자세를 유지한 후 폼롤러 위에 눕는다.
- 무릎을 굽히고 두 다리는 골반 너비를 유지한다.
- 양팔은 몸통 옆에 두고 손바닥은 바닥을 눌러 지탱한다.

▸ **Sequence**
- **마시는 호흡**: 준비 자세에서 척추가 신전됨을 느낀다.
- **내쉬는 호흡**: 골반은 임프린트를 거쳐 꼬리뼈부터 점차적으로 말아 척추를 분절해 올리며 매트에서 힙을 들어 올린다.
- **마시는 호흡**: 그 자세를 유지하고 한쪽 다리를 천장 방향으로 올리며 발목을 저측굴곡을 한다.
- **내쉬는 호흡**: 올린 다리를 배측굴곡하며 지지하는 다리 높이까지 내려준다.
- **마시는 호흡**: 매트에 다리를 내려놓는다.
- **내쉬는 호흡**: 경추, 흉추, 요추 순서대로 척추 분절하며 천천히 골반 중립 자세로 돌아온다.

▸ **Caution**
- 목과 어깨의 과도한 긴장에 주의한다.
- 몸통을 들어 올렸을 때 체중은 흉추로 지탱해주며 경추에 무리가 갈 정도로 많이 들지 않는다.
- 요추의 과신전에 주의하며 최대한 고관절을 펴준다.
- 골반과 척추의 중립 자세를 유지한다.
- 경추에 패드를 절대 받치지 않는다.

7. 하프 롤다운 업

▶ **Main Effects**
- 복부 강화
- 척추 분절
- 햄스트링 유연성
- 몸 전·후면의 유연성

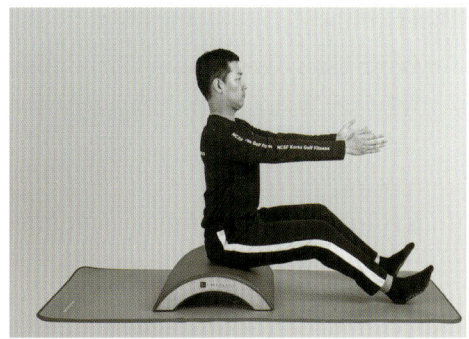

▶ **Target Muscle**
- 복횡근
- 척추 굴곡근/신전근
- 몸통 안정근
- 골반 기저근
- 고관절 신전근/굴곡근
- 발목 저측/배측 굴곡
- 어깨 굴곡근/신전근

▶ **Ready position**
- 골반과 척추는 중립 자세를 유지하며 아크배럴에 앉는다.
- 양팔은 몸통 앞으로 나란히 뻗어준다.
- 목과 어깨의 긴장을 푼다.

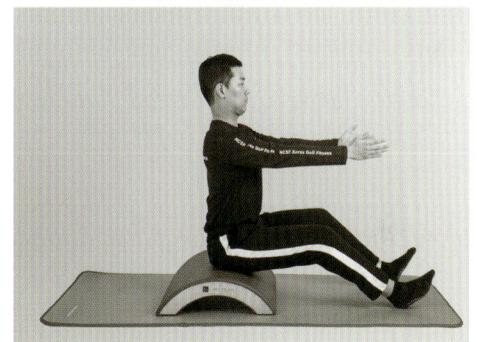

▶ **Sequence**
- **마시는 호흡**: 준비 자세
- **내쉬는 호흡**: 임프린트해서 천골, 요추, 흉추, 경추 순서로 내려간다.
- **마시는 호흡**: 복부의 긴장을 유지한 상태에서 둥글게 말아준다.
- **내쉬는 호흡**: 내려온 순서의 반대 순서로 준비 자세로 돌아온다.

▶ **Caution**
- 견갑을 안정화하며 골반은 반드시 임프린트를 거쳐 내려간다.
- 복근의 긴장을 유지한다.
- 발이 들리지 않도록 한다.
- 반동을 주지 않는다.
- 지지하는 다리 높이까지 내려준다.
- **마시는 호흡**: 매트에 다리를 내려놓는다.
- **내쉬는 호흡**: 경추, 흉추, 요추 순서대로 척추를 분절하여 천천히 내려오며 골반은 중립 자세로 돌아온다.

8 하프 롤 다운과 회전

▸ **Main Effects**
- 복사근 발달
- 척추 굴근 및 회전
- 복부 강화
- 척추 분절
- 햄스트링의 유연성
- 몸 전·후면의 유연성

▸ **Target Muscle**
- 복횡근
- 척추 굴곡근/신전근
- 몸통 안정근
- 골반 기저근
- 고관절 신전근/굴곡근
- 발목 저측/배측 굴곡
- 어깨 굴곡근/신전근
- 외·내 복사근

▸ **Ready position**
- 골반과 척추는 중립 자세를 유지한 후 아크배럴에 앉는다.
- 양팔은 몸통 앞으로 나란히 뻗어준다.
- 목과 어깨의 긴장을 푼다.

▸ **Sequence**
- **마시는 호흡**: 준비 자세
- **내쉬는 호흡**: 임프린트해서 천골, 요추, 흉추, 경추 순서로 내려간다.
- **마시는 호흡**: 복부의 긴장을 유지한 상태에서 둥글게 말아준다.
- **내쉬는 호흡**: 팔을 벌리며 한쪽으로 몸통을 회전한다.
- **마시는 호흡**: 몸통을 정면으로 다시 회전한다.
- **내쉬는 호흡**: 골반부터 말아서 척추를 분절하며 처음 자세로 돌아간다.

▸ **Caution**
- 견갑을 안정화하며 골반은 반드시 임프린트를 거쳐 내려간다.
- 복근의 긴장을 유지한다.
- 발이 들리지 않도록 한다.
- 반동을 주지 않는다.
- 몸통을 회전할 때 양쪽 좌골의 무게를 동일하게 해준다.

9 롤다운업

▶ **Main Effects**
- 신체 전·후면의 신장성, 단축성 수축을 통한 투웨이 스트레칭 효과
- 척추의 유연성, 코어 강화
- 단축성과 신장성의 교차작용에 대한 감각 체득
- 골반 안정화 상호 근육(복근, 햄스트링, 둔근, 허리 근육)이 골반의 전후 안정화 유지
- 복직근, 복사근, 척추를 굴곡시킬 때 단축성 수축작용, 반대로 매트로 내려올 때 신장성 수축작용
- 힙 신근은 골반을 말아 내릴 때 단축성 수축작용

▶ **Target Muscle**
- 복횡근
- 척추 굴곡근/신전근
- 몸통 안정근
- 골반 기저근
- 고관절 신전근/굴곡근
- 발목 저측/배측 굴곡
- 어깨 굴곡근/신전근
- 외·내 복사근

▶ **Ready position**
- 골반과 척추는 중립 자세를 유지한다.
- 두 발 사이에 공을 놓고 조여준다.
- 양팔은 몸통 앞으로 나란히 뻗어준다.
- 목과 어깨는 긴장을 완화한다.
- 골반 너비만큼 벌린 상태로 눕는다.

▶ **Sequence**
- **마시는 호흡**: 준비 자세
- **내쉬는 호흡**: 경추를 들어 발끝을 바라보고, 척추를 분절하며 C커브를 만들며 올라온다.
- **마시는 호흡**: 요추부터 하나씩 세워 일직선을 만들고 골반은 중립을 유지한다.
- **내쉬는 호흡**: 반대로 롤다운하며 내려간다.

▸ **Caution**
- 견갑을 안정화하며 골반은 반드시 임프린트를 거쳐 내려간다.
- 복근의 긴장을 유지한다.
- 발이 들리지 않도록 한다.
- 반동을 주지 않는다.
- 골반이 전방굴곡된 사람들은 발밑에 배럴이나 폼롤러를 받쳐준다.

10 넥풀

▸ **Main Effects**
- 척추관절의 굴곡을 통해 유연성과 복부 강화
- 힙 신전은 척추를 뒤로 말아 내릴 때 골반의 뒤를 대퇴골 뒤로 움직이며 단축성을 수축함
- 견갑의 안정성은 어깨를 안정시킴

▸ **Target Muscle**
- 복횡근
- 척추 굴곡근/신전근
- 몸통 안정근
- 골반 기저근
- 고관절 신전근/굴곡근
- 발목 저측/배측 굴곡
- 어깨 굴곡근/신전근
- 외·내 복사근

▸ **Ready position**
- 골반과 척추는 중립 자세를 유지한다.
- 무릎 사이에 서클을 끼우고 살짝 조여준다.
- 양손은 머리 뒤에 두고, 발은 저측굴곡한다.
- 목과 어깨는 긴장을 완화한다.
- 골반 너비만큼 벌린 상태로 눕는다.

▸ **Sequence**
- **마시는 호흡**: 준비 자세
- **내쉬는 호흡**: 경추를 들어 발끝을 바라보고, 척추를 분절하여 C커브를 만들며 올라온다.
- **마시는 호흡**: 요추부터 하나씩 세워 일직선을 만들고 골반은 중립을 유지한다.
- **내쉬는 호흡**: 척추가 평평한 상태로 일직선을 유지할 수 있을 때까지만 내려간다.
- **마시는 호흡**: 복벽을 척추 쪽으로 당긴 후 유지
- **내쉬는 호흡**: 골반부터 말아서 롤다운한다.

▸ **Caution**
- 견갑을 안정화하며 골반은 반드시 임프린트를 거쳐 내려간다.
- 복근의 긴장을 유지한다.
- 발이 들리지 않도록 한다.
- 반동을 주지 않는다.

11 싱글레그 스트레칭

▸ **Main Effects**
- 팔다리 움직임에 대한 인지력 향상
- 다리의 유연성 강화
- 복부 강화
- 균형 강화
- 요추와 골반 연결 부위 안정화

▸ **Target Muscle**
- 척추 굴곡근
- 몸통 안정근
- 무릎 신전근
- 고관절 신전근/굴곡근
- 발목 저측 굴곡
- 어깨 굴곡근/신전근
- 팔꿈치 굴곡근/신전근

▸ **Ready position**
- 골반과 척추는 중립을 유지하고 테이블톱을 유지하며 아크배럴에 기대어 앉는다.
- 양팔은 몸통 옆으로 두고 손바닥은 바닥을 눌러 지탱한다.
- 목과 어깨의 긴장은 완화한다.

▸ **Sequence**
- **마시는 호흡**: 준비 자세 후 상체를 들어 올린다.
- **내쉬는 호흡**: 한 발씩 다리를 뻗어주며, 손끝은 접고 있는 다리의 무릎 외측 부분을 터치한다.
- **마시는 호흡**: 테이블톱으로 돌아온다.
- **내쉬는 호흡**: 반대쪽 다리도 같은 방법으로 한다.

▸ **Caution**
- 몸통이 흔들리지 않도록 한다.
- 목과 어깨의 긴장을 완화한다.
- 접고 있는 다리는 90°를 유지한다.
- 복부를 수축한 상태에서 동작을 실시한다.
- 피스톤처럼 정확한 움직임이 필요하다.
- 가슴 쪽으로 당기지 않는다.

12 시저스

▸ **Main Effects**

- 다리의 움직임을 통한 유연성과 상체의 조절능력 향상
- 균형감각 향상
- 햄스트링의 유연성(짧을 때 허리, 몸통 통증 및 다리 길이 불일치) 향상
- 요추와 골반의 연결 부위 강화

▸ **Target Muscle**

- 척추 굴곡근
- 몸통 안정근
- 무릎 신전근
- 고관절 신전근/굴곡근
- 발목 저측 굴곡
- 어깨 굴곡근/신전근
- 팔꿈치 굴곡근/신전근

▸ **Ready position**

- 골반과 척추는 중립을 유지하고 테이블톱을 유지하며 아크배럴에 기대어 앉는다.
- 양팔은 몸통 옆에 두고 손바닥은 바닥을 눌러 지탱한다.
- 목과 어깨의 긴장을 완화한다.

▸ **Sequence**

- **마시는 호흡**: 준비 자세 후 상체를 들어 올린다.
- **내쉬는 호흡**: 가위처럼 한쪽 다리는 몸 쪽으로, 반대쪽 다리는 아래로 내려준다.
- **마시는 호흡**: 몸 쪽 다리를 잡는다.
- **내쉬는 호흡**: 반대쪽 다리를 몸 쪽으로 당기면서 수직을 지나 중력에 대항하며, 반대쪽 다리는 골반 임프린트가 유지되는 만큼 하강한다.

▸ **Caution**

- 몸통이 흔들리지 않도록 한다.
- 목과 어깨의 긴장을 완화한다.
- 무릎을 최대한 펴며 가위질을 한다.
- 복부 수축 상태에서 동작을 실시한다.

13 더블레그 스트레칭

▸ **Main Effects**
- 힙 신전 근육의 신장성 수축 유도
- 몸의 균형감각 향상
- 팔과 다리에 관한 인지력 향상과 복부 강화
- 골반 안정성/중심부 조절

▸ **Target Muscle**
- 척추 굴곡근
- 몸통 안정근
- 무릎 신전근
- 고관절 신전근/굴곡근
- 발목 저측 굴곡
- 어깨 굴곡근/신전근
- 팔꿈치 굴곡근/신전근

▸ **Ready position**
- 골반과 척추는 중립 자세를 유지하며 테이블톱 유지
- 양손은 서클을 잡고 몸 앞에 위치시킨다.
- 목과 어깨의 긴장 완화

▸ **Sequence**
- **마시는 호흡**: 준비 자세 후 상체를 들어 올린다.
- **내쉬는 호흡**: 발과 다리를 뻗어준다. 팔은 위로 올려 뻗어준다.
- **마시는 호흡**: 테이블톱을 하며 손은 무릎 터치
- **내쉬는 호흡**: 반복

▸ **Caution**
- 몸통이 흔들리지 않도록 한다
- 목과 어깨 긴장 완화(귀와 어깨가 멀어지도록 한다)
- 팔을 올릴 때 견갑 안정 유지
- 복부 수축 상태에서 동작 실시
- 마치 팔다리가 용수철같이 뻗는 단계에서 늘어난 다음 모으는 단계에서 줄어드는 느낌처럼 실시

14 크리스크로스

▸ **Main Effects**
- 몸의 균형감각
- 내외 복사근의 회전감각과 근력 향상
- 복횡근의 활성화
- 힙 굴근의 신장성, 단축성 수축

▸ **Target Muscle**
- 척추 굴곡근
- 몸통 회전근
- 무릎 신전근
- 고관절 신전근/굴곡근
- 발목 저측 굴곡

▸ **Ready position**
- 골반과 척추는 임프린트를 유지하고 테이블톱 유지하며 아크배럴에 기댄다.
- 양손은 머리 뒤에 깍지를 낀다.
- 목과 어깨의 긴장을 완화한다.

▸ **Sequence**
- **마시는 호흡**: 준비 자세 후 상체를 들어 올린다.
- **내쉬는 호흡**: 한쪽 다리를 뻗어주며 반대쪽 팔꿈치와 무릎이 닿을 듯이 틀어준다.
- **마시는 호흡**: 테이블톱 자세를 유지한다.
- **내쉬는 호흡**: 반대쪽 다리도 똑같이 반복한다.

▸ **Caution**
- 몸통이 흔들리지 않도록 한다.
- 목과 어깨의 긴장을 완화한다(귀와 어깨가 멀어지도록 한다).
- 접고 있는 다리는 90°를 유지한다.
- 복부를 수축시킨 상태에서 동작을 수행한다.
- 좌우 균형과 리듬감 있게 실시한다.

15 헌드레드

▶ **Main Effects**
- 100번의 호흡을 하는 동안 흉추의 굴곡을 유지하며 복근의 지구력과 팔 움직임과의 협응력을 통해 전체적인 근력 강화
- 복횡근 강화
- 혈액순환 촉진
- 심폐기능 향상

▶ **Target Muscle**
- 척추 굴곡근
- 몸통 안정근
- 무릎 신전근
- 고관절 내전근
- 발목 저측 굴곡
- 어깨 굴곡근/신전근
- 견갑골 안정근

▶ **Ready position**
- 골반과 척추는 중립 자세로 준비
- 무릎 사이에 서클을 끼우고 살짝 조여준다.
- 다리는 테이블톱하고 임프린트로 바꿔준다.
- 양팔은 몸통 옆에 두고 손바닥은 바닥을 눌러 지탱한다.
- 목과 어깨의 긴장은 완화한다.

▶ **Sequence**
- **마시는 호흡**: 준비 자세 후 상체를 들어 올리며 다리를 길게 뻗고 팔은 어깨선과 평행을 만든다.
- **내쉬는 호흡**: 손바닥을 아래로 5회 내리면서 스타카토 호흡으로 내쉰다.
- **마시는 호흡**: 손바닥을 아래로 5회 내리면서 들이마신다(100회 동안 반복 실시).

▶ **Caution**
- 뒷목을 늘리고 목과 어깨의 긴장을 완화한다(귀와 어깨가 멀어지도록 한다).
- 팔을 아래로 내릴 때 손끝까지 길게 뻗기
- 복부 수축 상태에서 허리의 안정을 유지한다.
- 이동하며 동작의 측면과 정면을 고르게 체크한다.

16　롤오버

▸ **Main Effects**
- 복근을 사용한 척추의 움직임
- 복횡근의 압축
- 골반 연결 부위의 안정적 지지
- 광배근 동원
- 척추의 유연성 증가
- 척추 분절
- 복근을 사용한 골반 후방경사 터득

▸ **Target Muscle**
- 척추 굴곡근
- 몸통 안정근
- 무릎 신전근
- 고관절 내전근/외전근
- 고관절 굴곡근/신전근
- 발목 저측/배측 굴곡
- 어깨 신전근

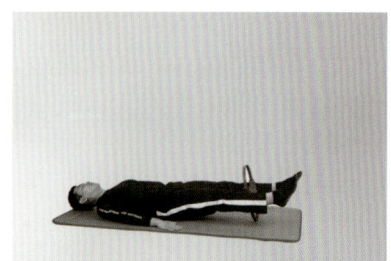

▸ **Ready position**
- 임프린트 자세로 누워서 다리를 사선으로 길게 뻗어준다.
- 두 종아리 사이에 서클을 끼우고 살짝 조여준다.
- 양팔은 몸통 옆에 두고 손바닥은 바닥을 눌러 지탱한다.
- 목과 어깨의 긴장은 완화시킨다.

▸ **Sequence**
- **마시는 호흡**: 준비 자세로 다리는 천장을 향해 뻗어준다.
- **내쉬는 호흡**: 몸을 C자형으로 만들어 꼬리뼈부터 말아 다리를 어깨 쪽으로 넘긴다.
- **마시는 호흡**: 다리를 바닥과 평행이 되게 한 채 어깨너비만큼 V자로 벌려 균형을 유지한다.
- **내쉬는 호흡**: 위에 있는 척추부터 분절하며 내려오고 다리를 모아준다.

▸ **Caution**
- 몸통이 안 흔들리게 한다.
- 목과 어깨의 긴장 완화 및 목에 체중이 실리지 않도록 주의한다.
- 임프린트를 지날 수 있도록 한다.
- 복부 수축 상태에서 허리의 안정을 유지한다.
- 척추 분절을 하나하나 느끼기
- 반동 주지 않기

17 사이드 라잉 레그 시리즈: (1) 업 & 다운

▸ **Main Effects**
- 내전근 강화
- 중둔근 활성화
- 몸통의 측면 강화

▸ **Target Muscle**
- 복횡근
- 둔근, 허리근육
- 외·내 복사근
- 척추 측면 굴곡근 & 안정근
- 척추의 심부 근육
- 무릎 신전근
- 고관절 외전근 외회전
- 고관절 굴곡근
- 발목 저측/배측 굴곡

▸ **Ready position**
- 척추와 골반을 중립 자세로 유지하고 옆으로 아크배럴에 기댄다.
- 몸통, 골반, 무릎, 발목까지 일직선이 되게 한다.
- 머리는 척추와 일직선이 되도록 패드를 받친다.
- 등 하부가 아치를 이루면 발을 살짝 앞으로 옮겨 복사근을 촉진시킨다.

▸ **Sequence**
- **마시는 호흡**: 준비 자세에서 위에 있는 다리를 골반과 수평이 되도록 들어주되 발목은 저측굴곡시킨다.
- **내쉬는 호흡**: 다리를 준비 자세로 내리면서 발목은 배측굴곡시킨다.

▸ **Caution**
- 몸통이 흔들리지 않게 한다.
- 목과 어깨는 긴장 완화 및 지지하고 있는 팔의 어깨가 과도하게 긴장하지 않도록 주의한다.
- 귀와 어깨 사이의 최대 거리를 유지한다.
- 복부 수축 상태에서 허리의 안정을 유지한다.
- 어깨와 골반의 정렬을 유지한다.
- 다리를 들 때 외회전 발생에 주의한다.

18　사이드 라잉 레그 시리즈: (2) 서클

▶ **Main Effects**
- 대퇴외전근 강화
- 중둔근 촉진
- 몸통의 측면 강화

▶ **Target Muscle**
- 복횡근
- 둔근, 허리 근육
- 외·내 복사근
- 척추 측면 굴곡근 & 안정근
- 척추의 심부 근육
- 무릎 신전근
- 고관절 외전근 외회전
- 고관절 굴곡근
- 발목 저측/배측 굴곡
- 고관절 내/외회전

▶ **Ready position**
- 척추와 골반을 중립으로 유지하고 아크배럴 옆으로 기댄다.
- 몸통, 골반, 무릎, 발목까지 일직선을 만든다.
- 머리는 척추와 일직선이 되게 한다.
- 위에 있는 팔로 가슴 앞의 배럴을 잡는다.

▶ **Sequence**
- **마시는 호흡**: 준비 자세에서 위에 있는 다리를 골반과 수평이 되도록 들어준다.
- **내쉬는 호흡**: 작은 원을 그린다(5~10회 정교하게 한 후 반대 방향으로 실시).

▶ **Caution**
- 몸통이 흔들리지 않게 한다.
- 목과 어깨의 긴장을 풀어주고, 지지하고 있는 팔의 어깨는 과도하게 긴장하지 않도록 주의한다.
- 귀와 어깨 사이의 최대 거리를 유지한다.
- 복부 수축 상태에서 허리의 안정을 유지한다.
- 어깨와 골반의 정렬상태를 유지한다.
- 위쪽 다리는 고정한 상태에서 동작한다.

19 사이드 라잉 레그 시리즈: (3) 로어 레그 리프트

▸ **Main Effects**
- 대퇴내전근 강화
- 중둔근 촉진
- 몸통의 측면 강화

▸ **Target Muscle**
- 복횡근
- 둔근, 허리 근육
- 외·내 복사근
- 척추 측면 굴곡근 & 안정근
- 척추 심부의 근육
- 무릎 신전근
- 고관절 외전근 외회전
- 고관절 굴곡근
- 발목 저측/배측 굴곡
- 고관절 내/외회전

▸ **Ready position**
- 척추와 골반을 중립으로 유지하고 옆으로 눕는다.
- 서클 바깥쪽 위에 위쪽 다리를 놓고 안쪽 아래에 아래쪽 다리를 위치시킨다.
- 몸통, 골반, 무릎, 발목까지 일직선이 되게 한다.
- 머리는 척추와 일직선이 되도록 팔을 받친다.
- 위쪽 팔은 가슴 앞의 매트에 놓고 지지한다.

▸ **Sequence**
- **마시는 호흡**: 준비 자세에서 위쪽 다리를 골반과 수평이 되도록 들어주며 발목은 저측굴곡시킨다.
- **내쉬는 호흡**: 아래쪽 다리를 위쪽 다리에 붙여준다.

▸ **Caution**
- 몸통이 흔들리지 않게 한다.
- 목과 어깨의 긴장을 풀어주고, 지지하고 있는 팔의 어깨는 과도하게 긴장하지 않도록 주의한다.
- 귀와 어깨 사이의 최대 거리를 유지한다.
- 복부 수축 상태에서 허리의 안정을 유지한다.
- 어깨와 골반의 정렬을 유지한다.
- 위쪽 다리는 고정한 상태에서 동작한다.
- 다리를 움직일 때 힙 외전과 힙 외회전이 힙 내전과 힙 내회전의 작용보다 강하여 외회전이 될 수 있으므로 힙 내전근과 힙 내회전에 집중한다.

20 사이드 라잉 레그 시리즈: (4) 킥

▸ **Main Effects**
- 대퇴외전근 강화
- 중둔근 촉진
- 몸통의 측면 강화
- 고관절 신전근
- 균형감각
- 코어

▸ **Target Muscle**
- 복횡근
- 둔근, 허리 근육
- 외·내 복사근
- 척추 측면 굴곡근 & 안정근
- 척추 심부의 근육
- 무릎 신전근
- 고관절 외전근 외회전
- 고관절 굴곡근
- 발목 저측/배측 굴곡
- 고관절 내/외회전

▸ **Ready position**
- 척추와 골반을 중립으로 유지하고 아크배럴 옆에 기댄다.
- 몸통, 골반, 무릎, 발목까지 일직선이 되게 한다.
- 위쪽 팔은 가슴 앞의 배럴을 잡는다.

▸ **Sequence**
- **마시는 호흡**: 준비 자세에서 다리를 골반과 수평이 되도록 든다.
- **내쉬는 호흡**: 위쪽 다리를 앞쪽으로 뻗어주며, 발목은 배측굴곡시킨다.
- **마시는 호흡**: 골반과 수평이 되도록 돌아온다.

▸ **Caution**
- 몸통이 흔들리지 않게 한다.
- 목과 어깨의 긴장을 풀어주고, 지지하고 있는 팔의 어깨는 과도하게 긴장하지 않도록 주의한다.
- 귀와 어깨 사이의 최대 거리를 유지한다.
- 복부 수축 상태에서 허리의 안정을 유지한다.
- 어깨와 골반의 정렬을 유지한다.
- 상체가 흔들리지 않게 고정해주고 다리 높이를 유지한다.

21 사이드 라잉 레그 시리즈: (5) 니 오픈

▶ **Main Effects**
- 대퇴외전근의 강화
- 중둔근 인지 활성
- 몸통의 측면 강화
- 고관절 외전근 신전근
- 균형감각
- 복사근과 다열근은 몸의 회전 방지

▶ **Target Muscle**
- 복횡근
- 둔근, 허리 근육
- 외·내 복사근
- 척추 측면 굴곡근 & 안정근
- 척추 심부의 근육
- 무릎 신전근
- 고관절 외전근 외회전
- 고관절 굴곡근
- 발목 저측/배측 굴곡
- 고관절 내/외회전

▶ **Ready position**
- 척추와 골반을 중립으로 유지하고 아크배럴 옆에 기댄다.
- 세라밴드로 양 무릎을 감싸 묶어준다.
- 무릎은 90°로 굽히고 발목과 엉덩이의 위치가 같게 한다.
- 위쪽 팔은 가슴 앞의 배럴을 잡고 지지한다.

▶ **Sequence**
- **마시는 호흡**: 준비 자세를 유지한다.
- **내쉬는 호흡**: 두 발을 붙인 상태에서 무릎을 열어준다.

▶ **Caution**
- 몸통이 흔들리지 않게 한다.
- 목과 어깨의 긴장을 풀어주고, 지지하고 있는 팔의 어깨는 과도하게 긴장하지 않도록 주의한다.
- 귀와 어깨 사이의 최대 거리를 유지한다.
- 복부 수축 상태에서 허리의 안정을 유지한다.
- 어깨와 골반의 정렬을 유지한다.

22 스파인 스트레칭

▶ **Main Effects**

- 등 근육을 강화하며, 척추 마디마디를 유연하게 하고, 척추를 바르게 고정해준다.
- 요추 골반의 안정성
- 척추 분절
- 복횡근 활성화

▶ **Target Muscle**

- 척추 신전근
- 몸통 안정근
- 발목 배측 굴곡근
- 어깨 신전근
- 어깨 외전근

▶ **Ready position**

- 리포머 박스 위에 허리를 바로 세우고 다리를 골반 너비보다 조금 넓게 벌리고 발끝을 당겨 앉는다.
- 팔을 정면을 향해 뻗고 어깨는 끌어내린 후 목을 곧게 세운다.

▶ **Sequence**

- **마시는 호흡**: 준비 자세로 앉는다.
- **내쉬는 호흡**: 팔을 앞쪽으로 쭉 뻗어주며 척추를 분절하여 복부 힘으로 뒤로 밀어낸다.
- **마시는 호흡**: 흉추는 C커브를 유지한다.
- **내쉬는 호흡**: 척추를 하나씩 세우며 준비 자세로 돌아온다.

▶ **Caution**

- 허리에 문제가 있는 사람은 주의한다.
- 요추의 움직임이 없도록 바로 세운다.
- 유연성이 부족한 사람은 다리를 구부려서 실시한다.
- 목과 어깨가 과도하게 긴장되지 않게 한다.
- 척추 분절이 잘 안 되는 사람은 벽에 기대어서 동작을 수행한다.

23 쏘우

▸ **Main Effects**
- 몸통 회전의 강화와 척추 관절의 유연성 증가
- 골반의 안정성
- 복부를 사용하여 척추 조절, 다양한 움직임(굴곡, 신전, 회전) 촉진

▸ **Target Muscle**
- 복횡근
- 척추 신전근
- 척추 회전근
- 흉추 굴곡근
- 몸통 안정근
- 무릎 신전근
- 발목 배측 굴곡근
- 어깨 안정근

▸ **Ready position**
- 박스 위에 앉아 허리를 바로 세우고 다리를 골반 너비로 벌리고 앉는다.
- 팔을 정면을 향해 뻗고 어깨는 끌어내린 후 목을 곧게 세운다.

▸ **Sequence**
- **마시는 호흡**: 준비 자세로 앉는다.
- **내쉬는 호흡**: 복부를 강하게 수축한 후 오른쪽으로 몸통을 돌려 척추가 기울어지지 않는 범위까지 회전하고 왼손은 오른쪽 발끝으로 보낸다. 오른손은 천장을 향해 뻗는다.
- **마시는 호흡**: 척추를 하나씩 세우며 상체를 바로 세운다.
- **내쉬는 호흡**: 준비 자세로 돌아온다.

▸ **Caution**
- 골반의 중립을 유지한다.
- 목과 어깨의 긴장을 완화한다.
- 과도한 범위로 회전하지 않는다.
- 상체를 한쪽으로 회전할 때 반대쪽 힙이 들리지 않도록 한다.
- 유연성이 부족한 사람은 무릎을 접거나 힙 아래에 패드를 깔아도 된다.

24 머메이드

▸ **Main Effects**
- 몸통 회전의 강화
- 척추 관절의 유연성 증가
- 골반의 안정성
- 복부를 사용하여 척추 조절, 다양한 움직임(굴곡, 신전, 회전) 촉진

▸ **Target Muscle**
- 복횡근
- 척추 신전근
- 척추 회전근
- 흉추 굴곡근
- 몸통 안정근
- 무릎 신전근
- 발목 배측 굴곡근
- 어깨 안정근

▸ **Ready position**
- 매트 위에 앉아 허리를 바로 세우고 다리를 어깨 너비로 벌리고 리포머 박스 위에 앉는다.
- 팔을 정면을 향해 뻗고 어깨는 끌어내린 후 목을 길게 세운다.

▸ **Sequence**
- **마시는 호흡**: 준비 자세로 앉는다.
- **내쉬는 호흡**: 복부를 강하게 수축한 후 오른쪽으로 몸통을 돌려 척추가 기울어지지 않는 범위까지 회전하고 왼손은 오른쪽 발끝으로 보낸다. 오른손은 천장을 향해 뻗어준다.
- **마시는 호흡**: 골반 위로 척추를 하나씩 세우며 상체를 바로 세운다.
- **내쉬는 호흡**: 준비 자세로 돌아온다.

▸ **Caution**
- 골반의 중립 유지
- 목과 어깨의 긴장을 풀어주고, 지지하고 있는 팔의 어깨는 과도하게 긴장하지 않도록 주의한다.
- 과도한 범위로 회전하지 않는다.
- 상체를 한쪽으로 회전할 때 반대쪽 좌골이 뜨지 않도록 해준다.
- 척추 분절이 잘 안 되는 사람은 벽에 기대어 실시한다.
- 유연성이 부족한 사람은 무릎을 접거나 힙 아래에 패드를 깔아도 된다.

25 롤링 라이크 어 볼

▸ **Main Effects**
- 몸통 회전 강화와 척추 관절의 유연성 증가
- 골반의 안정성
- 복부를 사용하여 척추 조절, 다양한 움직임(굴곡, 신전, 회전) 촉진

▸ **Target Muscle**
- 복횡근
- 척추 신전근
- 척추 회전근
- 흉추 굴곡근
- 몸통 안정근
- 무릎 신전근
- 발목 배측 굴곡근
- 어깨 안정근

▸ **Ready position**
- 박스 위에 허리를 바로 세우고 다리를 골반 너비로 벌리고 앉는다.
- 팔을 정면을 향해 뻗고 어깨는 끌어내린 후 목을 곧게 세운다.

▸ **Sequence**
- **마시는 호흡**: 준비 자세로 앉는다.
- **내쉬는 호흡**: 복부를 강하게 수축한 후 오른쪽으로 몸통을 돌려 척추가 기울어지지 않는 범위까지 회전하고 왼손은 오른쪽 발끝으로 보낸다. 오른손은 천장을 향해 뻗는다.
- **마시는 호흡**: 척추를 하나씩 세우며 상체를 바로 세운다.
- **내쉬는 호흡**: 준비 자세로 돌아온다.

▸ **Caution**
- 골반의 중립을 유지한다.
- 목과 어깨의 긴장을 완화한다.
- 과도한 범위로 회전하지 않는다.
- 상체를 한쪽으로 회전할 때 반대쪽 힙이 들리지 않도록 한다.
- 유연성이 부족한 사람은 무릎을 접거나 힙 아래 패드를 깔아도 된다.

26 오픈 레그 락

▸ **Main Effects**
- 밸런스에 관하여 복부 강화
- 움직임을 제어할 수 있는 균형감각 향상
- 햄스트링 스트레칭

▸ **Target Muscle**
- 복횡근, 골반 기저근
- 몸통 안정근
- 무릎 신전근
- 발목 저측 굴곡근
- 척추 굴곡근
- 몸통 굴곡근
- 어깨 굴곡근
- 고관절 굴곡근

▸ **Ready position**
- 무릎 사이에 공을 끼우고 살짝 조여준다.
- 앉은 자세에서 두 다리를 테이블톱 하듯이 든다.
- 한쪽 다리씩 차례로 펴주어 양쪽 다리를 편 후, 체중을 천골 쪽으로 옮겨준다(J커브).

▸ **Sequence**
- **마시는 호흡**: J커브를 유지하며 시선은 무릎 위를 보고, 복부를 강하게 수축하며 깊은 C커브를 만들어 척추를 분절하며 흉추까지 내려간다.
- **내쉬는 호흡**: 경추부터 C커브를 유지해 매트에 서서 차례대로 올라오며 준비 자세를 만든다.

▸ **Caution**
- 목과 어깨의 긴장을 풀어주고, 지지하고 있는 팔의 어깨는 과도하게 긴장하지 않도록 주의한다.
- 유연성이 부족한 사람은 종아리나 허벅지 뒤를 잡고 한다.
- 척추 분절 없이 반동으로만 하지 않는다.
- 무릎과 가슴 사이의 간격이 일정하게 한다.

27 힙 서클

▸ **Main Effects**
- 복근과 고관절 굴곡근의 강화로 몸의 균형감각 향상
- 햄스트링, 어깨 굴근의 동적 유연성 향상

▸ **Target Muscle**
- 복횡근, 골반 기저근
- 몸통 안정근
- 팔꿈치 신전근
- 발목 저측 굴곡근
- 척추 굴곡근
- 고관절 내전근
- 견갑골 하강근
- 고관절 굴곡근

▸ **Ready position**
- 두 발 사이에 공을 끼우고 살짝 조여준다.
- 앉은 자세에서 양 팔꿈치를 어깨너비 정도로 벌린 후, 등 뒤로 보내 매트에 내려놓는다.
- 체중을 천골로 옮긴 후, 양다리를 곧게 펴서 들어준다(J커브).

▸ **Sequence**
- **마시는 호흡**: 준비 자세
- **내쉬는 호흡**: 두 다리를 붙인 후 한 방향으로 반원을 그린다(복부 긴장감 유지).
- **마시는 호흡**: 준비 자세로 돌아오며 나머지 반원을 그린다.
- **내쉬는 호흡**: 반대 방향으로 한다.

▸ **Caution**
- 요추는 둥글게 말지만 흉추는 곧게 펴서 J커브를 유지해야 한다.
- 복부가 약하고 유연성이 부족한 경우 무릎을 구부리고 해도 된다.
- 팔꿈치가 매트를 밀어내어 어깨가 올라오지 않도록 계속 끌어내린다.
- 다리 사이가 벌어지지 않게 허벅지 안쪽의 긴장을 유지한다.
- 원을 그릴 때 몸통이 흔들리지 않게 주의하고 다리 길이는 똑같이 유지한다.

28 사이드 싯업

▸ **Main Effects**
- 척추 측면의 몸통 안정성
- 척추 측면의 굴곡 근력
- 손목, 팔, 어깨 주변의 근육 강화
- 균형감각의 향상
- 복횡근 활성

▸ **Target Muscle**
- 척추 측면 굴곡근
- 척추 안정근
- 어깨 외전근
- 고관절 신전근
- 견갑골 하강근
- 무릎 신전근

▸ **Ready position**
- 한쪽 무릎은 구부려 바닥에 내려놓고, 다른 한쪽 무릎은 세워놓은 상태로 한다.
- 아래쪽 팔꿈치는 어깨 밑으로 내려 손과 함께 박스를 지지하고 한 손은 골반 위에 세워둔다.

▸ **Sequence**
- **마시는 호흡**: 준비 자세
- **내쉬는 호흡**: 팔을 펴면서 골반과 무릎을 바닥에서 들어 올린다.
- **마시는 호흡**: 준비 자세로 돌아온다.

▸ **Caution**
- 견갑이 불안정할 경우 적절히 팔꿈치나 박스에 지지하여 손목과 어깨에 무리가 가지 않게 한다.
- 양쪽 골반이 정면을 바라보게 한다.
- 경추와 흉추를 안정시켜 치우지지 않게 한다.

29 밴드

▸ **Main Effects**
- 척추 측면의 몸통 안정성
- 척추 측면의 굴곡 근력
- 손목, 팔, 어깨 주변의 근육 강화
- 균형감각의 향상
- 복횡근 활성
- 어깨 관절 외전근과 견갑골의 안정근의 근력강화

▸ **Target Muscle**
- 척추 측면 안정근
- 척추 안정근
- 어깨 외전근
- 고관절 신전근
- 견갑골 하강근
- 무릎 신전근
- 어깨 내회전

▸ **Ready position**
- 한쪽 무릎은 구부려 바닥에 내려놓고, 다른 한쪽 무릎은 세워놓은 상태로 준비한다.
- 아래쪽 팔꿈치는 어깨 밑으로 내려 손과 함께 박스를 지지하고 한 손은 골반 위에 세워둔다.

▸ **Sequence**
- **마시는 호흡**: 준비 자세
- **내쉬는 호흡**: 팔로 박스를 밀면서 다리와 골반을 바닥에서 들어 올린다.
- **마시는 호흡**: 골반 위의 손을 어깨 라인과 수평으로 펴준다.
- **내쉬는 호흡**: 옆구리를 스트레칭하듯 손을 머리쪽으로 보내 아래쪽 옆구리는 수축시키고, 위쪽 옆구리는 이완시킨다.

▸ **Caution**
- 견갑이 불안정할 경우 팔꿈치나 박스에 적절히 지지하여 손목과 어깨에 무리가 가지 않게 한다.
- 골반 양쪽이 정면을 바라보게 한다.
- 경추와 흉추를 안정시켜 치우치지 않게 한다.

30 백 익스텐션

▸ **Main Effects**

- 목, 체간 신전근, 견갑골 하강근 강화로 어깨, 척추, 골반의 안정성 증가
- 흉추 기립근 강화와 동시에 복근을 사용하여 등의 하부 보호
- 코어 강화

▸ **Target Muscle**

- 척추 신전근
- 몸통 안정근
- 견갑골 후인
- 고관절 신전근
- 견갑골 하강근

▸ **Ready position**

- 골반과 척추를 바르게 한 후 엎드린다.
- 양손은 본인의 힘에 맞는 토닝볼을 들어 손등이 바닥을 보게 한다.
- 두 다리는 어깨너비로 벌린 후 발등을 곧게 펴서 지면에 내려놓는다.
- 양손을 골반 옆에 내려놓은 후, 어깨를 끌어내려 견갑을 안정시킨다.

▸ **Sequence**

- **마시는 호흡**: 준비 자세
- **내쉬는 호흡**: 목과 어깨를 떨어뜨려 상체를 들어 올린다.
- **마시는 호흡**: 준비 자세

▸ **Caution**

- 어깨를 끌어내려 견갑의 안정을 유지한다.
- 둔근과 햄스트링 및 복부를 수축하여 요추의 과신전을 방지한다.
- 양측의 균형을 잡고 유지한다.
- 하부 승모근에 집중하도록 한다.

31 싱글/더블레그 익스텐션

▸ **Main Effects**
- 햄스트링 강화
- 체간 신전근 강화
- 어깨 안정화
- 대둔근 강화

▸ **Target Muscle**
- 복횡근, 골반 기저근
- 다열근
- 척추 신전근
- 몸통 안정근
- 무릎 신전근
- 고관절 신전근

▸ **Ready position**
- 골반과 척추를 바르게 한 후 엎드린다.
- 양 발목을 세라밴드로 감싸 묶어준다.
- 두 다리는 어깨너비로 벌린 후 발등을 곧게 펴서 지면에 내려놓는다.
- 양손을 골반 옆에 내려놓은 후 어깨를 끌어내려 견갑을 안정시킨다.

▸ **Sequence**
- **마시는 호흡**: 준비 자세
- **내쉬는 호흡**: 무릎을 곧게 펴 한쪽 다리를 들어 올린다 (single leg) / 양쪽 다리를 들어 올린다 (double legs).
- **마시는 호흡**: 준비 자세
- **내쉬는 호흡**: 반대 다리 실시 (single leg)

▸ **Caution**
- 어깨를 끌어내려 견갑의 안정을 유지한다.
- 둔근과 햄스트링 및 복부를 수축하여 요추의 과신전을 방지한다.
- 골반 전방 경사가 심하면 ASIS에 패드를 깔아준다.
- 단순히 기립근만으로 올리지 않도록 둔근과 햄스트링, 복근의 긴장을 유지한다.
- 더블레그 동작을 할 때 양쪽 다리의 움직이는 각도를 일정하게 한다.

32　스완

▶ **Main Effects**
- 척추와 골반의 안정성 및 견관절과 견갑대 안정화
- 흉근·복근 스트레칭

▶ **Target Muscle**
- 척추 신전근
- 몸통 안정근
- 무릎 신전근
- 고관절 신전근
- 견갑골 하강근
- 팔꿈치 신전근

▶ **Ready position**
- 골반과 척추를 바르게 한 후 엎드린다.
- 두 다리는 어깨너비로 벌린 후 발등을 곧게 펴서 지면에 내려놓는다.
- 양손은 서클을 바닥 쪽으로 살짝 누르며 견갑을 안정시킨다.

▶ **Sequence**
- **마시는 호흡**: 견갑을 안정하며 척추를 길게 늘려준다.
- **내쉬는 호흡**: 팔꿈치를 지면에서 떼어내며 상체 전체를 들어 올린다.

▶ **Caution**
- 어깨를 끌어내려 견갑의 안정을 유지한다.
- 둔근과 햄스트링 및 복부를 수축하여 요추의 과신전을 방지한다.
- 단순히 기립근만으로 올리지 않도록 둔근과 햄스트링, 복근의 긴장을 유지한다.
- 상부 승모근이 긴장되지 않도록 한다.
- 척추가 경추부터 미추까지 차례로 분절하며 신전한다.

33 스완 다이브

▸ **Main Effects**
- 척추의 풀어주기 향상
- 척추의 기립근 강화
- 둔부 강화
- 체간 신전근과 고관절 신전근 강화로 자세 교정
- 빠른 움직임으로 협응력 증진

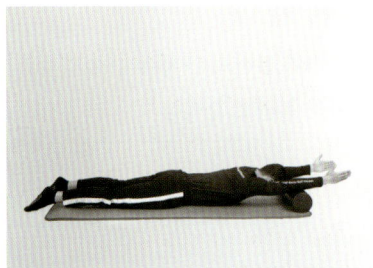

▸ **Target Muscle**
- 척추 신전근
- 몸통 신전근
- 몸통 안정근
- 무릎 신전근
- 고관절 신전근
- 견갑골 하강근
- 팔꿈치 신전근

▸ **Ready position**
- 골반과 척추를 바르게 한 후 엎드린다.
- 두 다리는 어깨너비로 벌린 후 발등을 곧게 펴서 지면에 내려놓는다.
- 양팔은 폼롤러 위에 놓고 살짝 누르며 견갑을 안정시킨다.

▸ **Sequence**
- **마시는 호흡**: 견갑을 안정시키며 척추를 길게 늘려준다.
- **내쉬는 호흡**: 부드럽게 몸통을 굴리며 양다리를 천장으로 들어 올리면서 팔을 위로 뻗어준다.

▸ **Caution**
- 어깨를 끌어내려 견갑의 안정을 유지한다.
- 둔근과 햄스트링 및 복부를 수축하여 요추의 과신전을 방지한다.
- 단순히 기립근만으로 올리지 않도록 둔근과 햄스트링, 복근의 긴장을 유지한다.
- 속도가 느려지면 부상 위험이 있으므로 리듬감 있게 실시한다.
- 척추를 경추부터 미추까지 차례로 분절하며 신전케 한다.

34 스위밍

▸ **Main Effects**
- 팔과 다리의 협응력 동작으로 리듬감 향상
- 단축/신장성 교차 작용에 대한 감각
- 호흡, 동작의 협응력 패턴의 단계적 학습
- 몸통 회전 안정성 강화

▸ **Target Muscle**
- 척추기립근
- 척추 심부의 근육
- 몸통 신전근
- 몸통 안정근
- 무릎 신전근
- 고관절 신전근
- 둔근

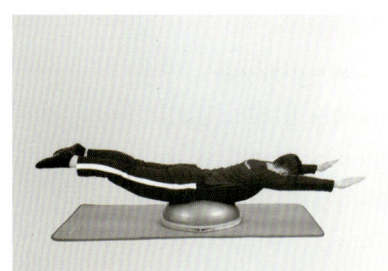

▸ **Ready position**
- 골반과 척추를 바르게 한 후 보수볼의 정중앙에 엎드린다.
- 두 다리는 어깨너비로 벌린 후 두 발을 살짝 외회전하며 지면에 내려놓는다.
- 양팔을 귀 옆까지 들어 올려 견갑을 안정시키며 경추와 흉추를 살짝 들어준다.

▸ **Sequence**

〈헌드레드로 수행 시〉
- **마시는 호흡**: 5회 호흡을 들이마시는 동안 반대쪽 팔과 다리를 들어준다.
- **내쉬는 호흡**: 5회 내쉬는 동안 계속 실시한다.

〈스타카토 호흡으로 수행 시〉
- **마시는 호흡**: 준비 자세
- **내쉬는 호흡**: 계속 짧게 내쉬면서 반대쪽 팔과 다리를 들어준다.

▸ **Caution**
- 어깨를 끌어내려 견갑의 안정을 유지한다.
- 둔근과 햄스트링 및 복부를 수축하여 요추의 과신전을 방지한다.
- 단지 기립근만으로 올리지 않도록 둔근과 햄스트링, 복근의 긴장을 유지한다.
- 동작 수행 시 몸통의 흔들림을 방지하고 리듬감 있게 호흡을 유지한다.
- 복근의 긴장을 유지하며, 요추의 과신전을 주의하고, 양손과 발이 멀어지는 느낌을 살리며 몸통의 안정성을 유지한다.

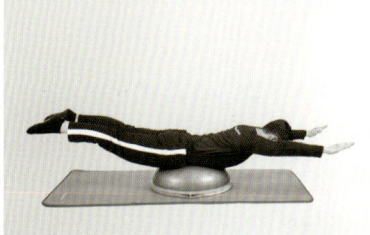

35 싱글레그 킥

▶ **Main Effects**
- 햄스트링 강화
- 체간 신전근 강화
- 어깨 안정화
- 대퇴사두근 동적 스트레칭

▶ **Target Muscle**
- 어깨 신전근
- 견갑골 하강근
- 척추 신전근
- 몸통 안정근
- 무릎 신전근/굴곡근
- 고관절 신전근
- 발목 저측/배측 굴곡

▶ **Ready position**
- 골반과 척추를 바르게 한 후 엎드려 양손을 어깨 바로 밑의 매트에 내려놓는다.
- 두 다리는 골반 너비로 벌린 후 짐볼 위에 올려준다.

▶ **Sequence**
- **마시는 호흡**: 준비 자세
- **내쉬는 호흡**: 발끝을 저측굴곡시켜서 힙 쪽으로 당겨준다.
- **내쉬는 호흡**: (스타카토 호흡) 발끝을 배측굴곡시켜서 힙 쪽으로 당겨준다.
- **내쉬는 호흡**: 저측굴곡으로 다리를 길게 뻗어 준비 자세로 돌아온다.

▶ **Caution**
- 팔로 매트를 밀면서 등을 신전시키고 어깨를 끌어내려 견갑을 안정시킨다.
- 둔근과 햄스트링 및 복부를 수축하여 요추의 과신전을 방지한다.
- 단순히 기립근만의 힘으로 올리지 않도록 둔근과 햄스트링 그리고 복근의 긴장을 유지한다.
- 킥을 하는 동안 골반의 움직임은 없어야 한다.
- 몸통이 과도하게 흔들리지 않게 한다.
- 양쪽을 비교하며 몸의 불균형을 확인한다.

36 캣 스트레칭

▶ **Main Effects**
- 척추 분절
- 척추의 움직임 인지
- 복근의 적절한 동시 수축을 통해 척추 신근을 세부적으로 활성화 촉진

▶ **Target Muscle**
- 척추기립근
- 어깨 신전근/내전근
- 척추 분절
- 몸통 안정근
- 고관절 신전근/굴곡근
- 견갑골 내전근/하강근

▶ **Ready position**
- 무릎은 골반 밑, 양손은 어깨 밑에 위치하고 척추를 중립에 둔다.
- 경추를 들어주고 손바닥으로 폼롤러를 꾹 눌러서 견갑의 안정을 유지한다.

▶ **Sequence**
- **마시는 호흡**: 준비 자세
- **내쉬는 호흡**: 복부를 수축하며 꼬리뼈부터 C커브로 척추를 말아준다.
- **마시는 호흡**: 다시 꼬리뼈부터 척추를 펴준다.

▶ **Caution**
- 척추를 분절해준다.
- 어깨와 목이 긴장되지 않게 한다.
- 몸통을 신전할 때 과도한 요추전만을 피한다.
- 동작 중 복부의 수축을 유지한다.

37 레그 & 암 리치

▸ **Main Effects**
- 체간 안정화
- 상하지의 협응성 향상
- 하부 승모근, 광배근, 대둔근 활성화

▸ **Target Muscle**
- 척추기립근
- 어깨 신전근/내전근/굴곡근
- 척추 분절
- 몸통 안정근
- 고관절 신전근/굴곡근
- 견갑골 내전근/하강근

▸ **Ready position**
- 무릎은 골반 밑, 양손은 어깨 밑에 위치하며 실시하고자 하는 향의 손은 토닝볼을 들어주며 척추는 중립을 유지한다.
- 경추를 들어주고 손바닥으로 지면을 꾹 눌러 견갑의 안정을 유지한다.

▸ **Sequence**
- **마시는 호흡**: 준비 자세
- **내쉬는 호흡**: 한쪽 다리와 반대쪽 팔을 들어 올려 손과 발이 멀어지는 느낌을 유지한다.
- **마시는 호흡**: 팔과 다리를 준비 자세로 내려놓는다.
- **내쉬는 호흡**: 반대쪽 팔과 다리를 들어준다.

▸ **Caution**
- 복부를 수축하여 척추의 중립을 유지한다.
- 양팔은 지면을 눌러 경추를 들어 올리며 견갑의 안정을 유지한다.
- 팔꿈치는 약간 구부린 자세를 유지한다.
- 척추를 일직선으로 유지하기 위해 허리나 몸통의 과도한 긴장은 피한다.
- 요추의 굴곡이나 과신전을 주의한다.

38 플랭크

▶ **Main Effects**
- 몸통 전체 근육의 균형증진 효과와 견갑대를 이루는 근육 강화
- 몸 전체가 강화되고 등, 가슴, 어깨, 팔, 햄스트링, 둔근, 복근 등의 전신 운동 강화

▶ **Target Muscle**
- 척추 안정근
- 견갑골 외전근
- 무릎 신전근
- 어깨 굴곡근
- 팔꿈치 신전근

▶ **Ready position**
- 무릎은 골반 아래, 양손은 어깨 아래에 위치하고 척추의 중립을 유지한다.
- 경추를 들어주고 손바닥으로 짐볼을 꾹 눌러 견갑의 안정을 유지한다.

▶ **Sequence**
- **마시는 호흡**: 준비 자세
- **내쉬는 호흡**: 두 무릎을 지면에서 떼어내어 곧게 펴고 머리끝부터 발끝까지 일직선을 유지한다.

▶ **Caution**
- 복부를 수축하여 척추의 중립을 유지한다.
- 양팔은 지면을 눌러 경추를 들어 올리며 견갑의 안정을 유지한다.
- 팔꿈치는 약간 구부린 자세를 유지한다.
- 손목에 무리가 가는 경우 팔꿈치를 대고 한다.
- 처음 연습할 때는 무릎을 바닥에 대고 한다.
- 경추의 중립과 척추의 라인을 맞춘다.

39　푸시업

▸ **Main Effects**
- 상완근 강화
- 대흉근·전거근 강화
- 견관절 안정
- 코어 강화
- 다관절 운동

▸ **Target Muscle**
- 어깨 신전
- 흉근
- 삼두박근
- 팔꿈치 신전근/굴곡근

▸ **Ready position**
- 무릎은 골반 밑, 양손은 어깨 밑에 놓고 척추는 중립을 유지한다.
- 경추를 들어주고 손바닥으로 보수볼을 꾹 눌러 견갑의 안정을 유지한다.
- 두 무릎을 지면에서 떼어내어 곧게 펴고, 머리끝부터 발끝까지 일직선을 유지한다.

▸ **Sequence**
- **마시는 호흡**: 준비 자세
- **내쉬는 호흡**: 몸통은 일직선으로 유지하고 팔꿈치를 구부리며 내려간다.
- **마시는 호흡**: 바닥을 밀어내며 가슴을 모아주는 느낌으로 밀며 준비 자세로 올라온다.

▸ **Caution**
- 복부를 수축하여 척추의 중립을 유지한다.
- 양팔은 지면을 눌러 경추를 들어 올리며 견갑의 안정을 유지한다.
- 처음 연습할 때는 무릎을 바닥에 대고 한다.
- 경추의 중립과 척추의 라인을 맞춘다.
- 호흡을 반대로 하면 집중되는 근육의 차이가 있다.
- 팔꿈치의 각도에 따라 조금씩 근육이 다르게 쓰인다.
- 경추를 중립으로 하여 척추의 라인을 맞춘다.
- 너무 빠르게 하거나 반동을 주지 않는다.

PART 3
코어 운동과 기능성 동작 프로그램

A. 가동성 트레이닝

1 8틸트

지도법 • 뒤에서 두 손으로 골반을 잡고 체중이동을 할 때와 마무리 동작에서 정확한 골반 움직임을 잡아준다.

응용도구 • 밸런스볼 • 보수볼

▶ **Ready Position**
1. 드라이버 넓이의 스탠스로 선다.
2. 상체는 골프 어드레스만큼 힙힌지를 하여 숙여준다.
3. 상체를 숙인 상태에서 드라이버 또는 드라이버 길이의 스틱을 몸 중앙 앞에 세우고 양손을 스틱 위에 얹는다.
4. (오른손잡이 기준) 왼손이 아래, 오른손이 위로 오게 한다.

▶ **Sequence**
1. (오른손잡이 기준) 들이마시는 호흡에 골반을 백스윙 포지션으로 이동한다.
2. 내쉬는 호흡에 왼다리를 디뎌줌과 동시에 왼다리는 뻗고 대둔근을 강하게 조여주며 골반을 열어준다.
3. 이때 오른다리는 최대한 버텨주며 오른발이 끌려오는 형태를 유지한다.

▶ **Caution**
- 체중이동이 확실히 되도록 하며 왼다리를 정확하게 펴도록 한다.
- 다운스윙 때 오른다리 또는 골반이 몸 앞으로 튀어나가 힙힌지가 풀리지 않도록 한다.
- 동작을 수행하는 동안 무게중심이 앞쪽에 오게 한다.
- 다운스윙 동작 때 이동하는 반대 방향으로 체중이 남지 않도록 한다.

▶ **Target Muscle**
- 복횡근, 외·내복사근, 둔근, 장요근, 내전근, 대퇴사두근, 비복근, 가자미근

▶ **Main Effects**
- 골프 스윙에서 하체 움직임의 제일 기본이 되는 패턴 운동
- 다운스윙 때 올바른 체중이동의 개념 이해
- 상체를 완전히 고정시킨 상태에서 하체 가동성 및 힘의 전달

2 분리

지도법
- 하체를 보조할 땐 견고하게 버틸 수 있도록 두 손으로 전상장골극 (Anterior Superior Iliac Spine)을 잡아준다.
- 상체를 보조할 땐 두 손으로 어깨를 잡고 척추를 중심으로 한 손은 밀어주고 다른 손은 당겨주며 회전을 도와준다.

응용도구 • 밸런스볼 • 보수볼 • 스테빌리티볼

▸ **Ready Position**
1. 양손을 교차하여 양 어깨에 얹어주고 골프 어드레스 자세를 잡는다.

▸ **Sequence**
1. 하체와 머리는 완전히 고정한다.
2. 준비상태에서 호흡을 들이마신다.
3. 호흡을 내쉬며 한쪽 방향으로 흉추를 가동하여 상체만 회전한다.
4. 호흡을 내뱉으며 반대 방향으로 회전한다.

▸ **Caution**
- 수행하는 동안 머리와 골반이 돌지 않도록 한다.
- 수행하는 동안 무릎이 불안정하지 않도록 살짝 열어주는 느낌을 유지한다.

▸ **Target Muscle**
- 전거근
- 대흉근
- 능형근
- 내복사근
- 외복사근
- 요방형근

▸ **Main Effects**
- 골프 스윙에서 상체 움직임의 기본이 되는 패턴 운동
- 스윙할 때 전반적인 상체 회전의 개념 및 움직임 이해
- 하체를 완전히 고정시킨 상태에서 상체 가동성 발달

3 8틸트 파워 턴(한 손 하체 턴)

지도법
- 뒤에서 두 손으로 골반을 잡고 체중이동을 할 때와 마무리 동작에서 정확한 골반 움직임을 잡아준다.
- 회전을 보조할 때 오른손은 우측 골반, 왼손은 왼어깨를 잡아주고 왼어깨는 수행자의 몸 뒤로, 우측 골반은 앞으로 밀어주며 보조한다.

응용도구 • 밸런스볼 • 보수볼

▸ **Ready Position**
1. 드라이버 넓이의 스탠스로 선다.
2. 상체는 골프 어드레스만큼 힙힌지를 하여 숙여준다.
3. 상체를 숙인 상태에서 드라이버 또는 드라이버 길이의 스틱을 몸 중앙 앞에 세우고 오른손을 스틱 위에 얹는다.
4. 왼손은 바지 오른쪽 허리춤을 잡아준다.

▸ **Sequence**
1. (오른손잡이 기준) 들이마시는 호흡에 골반을 백스윙 포지션으로 이동한다.
2. 내쉬는 호흡에 왼다리를 디뎌줌과 동시에 왼다리는 뻗고 대둔근은 강하게 조여주며 피니시 자세까지 한 번에 돌아준다.
3. 이때 오른다리는 최대한 버텨주며 오른발이 끌려오는 형태를 유지하며 회전한다.
4. 피니시 때 오른발은 버티듯 골반 움직임에 따라 자연스럽게 돌아준다.

▸ **Caution**
- 체중이동이 확실히 되도록 하며 왼다리를 정확하게 펴도록 한다.
- 다운스윙 때 오른다리 또는 골반이 몸 앞으로 튀어나가 힙힌지가 풀리지 않도록 한다.
- 동작을 수행하는 동안 무게중심이 앞쪽에 오게 한다.
- 다운스윙 동작 때 체중이 이동하는 반대 방향으로 남지 않도록 한다.
- 왼팔로만 당겨 회전이 방해받지 않도록 주의한다.

▸ **Target Muscle**
- 대흉근 • 대내전근 • 외복사근 • 전거근 • 대퇴이두근
- 승모근 • 둔근 전체 • 대퇴사두근 • 능형근 • 내복사근

▸ **Main Effects**
- 골프 스윙에서 하체 움직임의 제일 기본이 되는 패턴 운동
- 다운스윙 때 올바른 체중이동의 개념 이해
- 상체를 완전히 고정시킨 상태에서 하체 가동성 및 힘의 전달

4 세라밴드 싱글 암 스윙

지도법 • 정면에서 수행자의 전체적인 퍼포먼스를 보며 부자연스러운 부분을 지도한다.

응용도구 • 세라밴드 • 가벼운 스틱

▸ Ready Position
1. 골프 어드레스 자세를 잡는다.
2. 세라밴드를 삼등분하여 접고 왼손으로 세라밴드의 끝을 잡는다(이때 손은 골프 그립).
3. 오른손은 허리 뒤에 얹는다.

▸ Sequence
1. 들이마시는 호흡에 백스윙을 한다. 어드레스 때 손과 몸통 사이 간격을 그대로 유지한다.
2. 내쉬는 호흡에 8틸트 움직임을 이용해 확실하게 왼다리를 딛고 펴주며 피니시까지 자신 있게 휘둘러준다.

▸ Caution
- 백스윙 때 팔꿈치가 구부러지거나 과하게 신전되지 않도록 자연스럽게 뻗은 상태를 유지한다.
- 다운스윙을 시작할 때 팔꿈치가 구부러지지 않게 한다.
- 손과 몸통 사이 간격을 유지하며, 손의 위치는 명치 앞을 기준으로 한다.
- 다운스윙 때 왼다리로 정확하게 체중이동을 해주고 오른쪽으로 중심축이 무너지지 않도록 한다.
- 피니시 때 몸은 타깃을 정확히 바라보고 있어야 하며, 왼팔은 회전에 의해 자연스럽게 던져지도록 한다.
- 밴드를 휘두를 때 임팩트 지점이나 그전에 소리가 나야 한다.
- 임팩트 이후 나는 소리는 힘을 늦게 사용한 것으로 간주한다.

▸ Target Muscle
- 대흉근   • 대내전근   • 외복사근   • 극하근   • 대퇴사두근   • 능형근   • 내복사근
- 승모근   • 둔근 전체   • 대퇴사두근   • 전거근   • 대퇴이두근   • 삼각근

▸ Main Effects
- 리듬과 템포가 빠르고 스윙에 여유가 없는 사람들에게 효과적
- 올바른 움직임과 일정한 힘을 올바른 타이밍에 사용할 수 있는 리듬과 템포를 만들어줌.

5 덕 언더

지도법
- 수행자의 뒤에서 골반 정렬과 상체회전을 체크한다.
- 상체회전을 보조할 때는 항상 왼쪽 어깨에 큐를 주고 회전을 보조한다.

응용도구 • 줄 • 보수볼

▸ **Ready Position**
1. 발은 어깨너비 간격으로 서고, 벤트 오버 자세를 취한다.
2. 양 팔꿈치를 가슴 앞에 모아주며, 손은 얼굴 앞에 모아준다.
3. 체중은 왼쪽으로 실어주며, 하체 자세는 스케이터 패턴과 동일한 자세를 취한다.

▸ **Sequence**
1. 호흡은 이동 중에 들이마시며, 반대편으로 도착했을 때 내뱉어준다.
2. 이동할 때는 스쿼트 자세를 거쳐 반대편에서 준비 자세를 취한다.
3. 이를 반복하면 몸 전체가 U자 형태로 움직이게 되는데, 이때 어깨와 골반은 지면과 평행을 유지하며 동작을 수행한다.

▸ **Caution**
- 운동을 수행하는 동안 골반이 틀어지거나 옆으로 빠지지 않도록 한다.
- 어깨가 위아래로 틀어지지 않도록 한다.
- 등이 굽어지지 않게 복횡근 및 기립근을 지속적으로 활성화시켜준다.
- 체중이 몸 뒤쪽으로 무너지지 않도록 지속적으로 앞에 체중을 둔다.

▸ **Target Muscle**
- 대퇴사두근
- 복횡근
- 중둔근
- 대퇴이두근
- 척추기립근

▸ **Main Effects**
- 벤트 오버 자세에서 몸의 중심축을 지키고, 어깨의 스퀘어를 지켜주며, 좌우로 체중이동을 도와주는 운동
- 주로 공을 칠 때 체중이동을 올바르게 하지 못함과 동시에 어깨가 상승하여 회전이 막히거나 올바른 턴을 하지 못하고 덮어 치는 사람들에게 매우 중요하고 기본적인 운동이다.

6 스프린터 패턴

지도법
- 단거리 육상 선수들이 달릴 때 폭발적인 힘을 내는 패턴을 이용해 중심축을 지키고 회전하는 운동
- 맨몸을 이용하게 힘 전달 및 회전의 기본을 잡아주는 데 도움을 준다.
- 골프 스윙 패턴에 맞게 하체, 상체, 팔 순서대로 움직임을 만들어준다.

응용도구 • 세라밴드 • 보수볼 • 스텝박스

▸ **Ready Position**
1. 스플릿 스탠스로 선다.
2. 이때 체중은 앞다리에 실어준다.
3. 왼발이 앞인 경우, 오른팔을 앞으로 들어주고 앞다리 방향으로 몸통을 회전시킨다.

▸ **Sequence**
1. 준비 자세에서 호흡을 들이마신다.
2. 내쉬는 호흡에 뒷다리 무릎을 힘차게 차올리며 몸 전체를 차려 자세를 만들듯 펴주고, 상체는 반대 방향으로 회전해준다.
3. 다시 호흡을 들이마시며 준비 자세로 돌아와 원위치하며 반복 수행한다.

▸ **Caution**
- 다리를 올릴 때 버티는 다리의 무릎, 고관절 완전한 신전상태
- 척추는 정확한 중립 자세 유지 및 회전
- 올리는 다리의 무릎은 허리까지 도달
- 호흡 속도에 맞춰 동작을 실시한다.

▸ **Target Muscle**
- 전신

▸ **Main Effects**
- 단거리 육상 선수들이 달릴 때 폭발적인 힘을 내는 패턴을 이용해 중심축을 지키고 회전하는 운동
- 맨몸을 이용하도록 힘 전달 및 회전의 기본을 잡아주는 데 도움을 준다.
- 골프 스윙 패턴에 맞게 하체, 상체, 팔 순서대로 움직임을 만들어준다.

7 스케이트 패턴

지도법
- 회전을 보조할 때 수행자 뒤에서 양손으로 양어깨 옆을 잡고 회전 방향으로 부드럽게 돌려준다.
- 하체의 움직임을 관찰할 때는 옆에서 관찰하며 지도한다.

응용도구 • 밸런스패드 • 보수볼

▸ **Ready Position**
1. 다리는 드라이버 넓이로 벌리고, 왼쪽으로 런지 자세를 만든다.
2. 상체는 왼쪽으로 회전시키고, 오른손은 왼무릎 옆에 위치한다. 이때 손바닥은 무릎 옆을 보게 한다.
3. 왼팔은 하늘로 자연스럽게 뻗어주고, 손바닥은 정면을 보게 한다.

▸ **Sequence**
1. 들이마시는 호흡에 오른쪽으로 체중을 이동하며, 준비 자세와 동일하게 해준다.
2. 체중이동 시 하체는 알파벳 U자 모양을 그리며 이동하고, 정확히 이동한 다리로 체중을 실어준다.
3. 내쉬는 호흡에 역순으로 돌아온다.

▸ **Caution**
- 체중이동 시 골반이 틀어지지 않게 정확히 U자 모양으로 이동한다.
- 상체는 옆으로 굽혀지지 않도록 정확히 회전해준다.
- 회전하는 팔(뒤로 넘어가는 팔)이 낮아지지 않도록 주의한다.

▸ **Target Muscle**
- 전신

▸ **Main Effects**
- 스피트 스케이트 선수들이 앞으로 나아갈 때 대각의 힘을 이용해 올바른 체중이동, 상체회전, 팔의 움직임을 만들어주는 운동

8 양궁 패턴

지도법 • 수행자 뒤에서 하체에서 상체 순서로 올바른 자세를 지도한다.

응용도구 • 세라밴드 • 카이저 인피니티

▸ **Ready Position**
1. 양손바닥을 모은 상태에서 골프 어드레스 자세를 취한다.

▸ **Sequence**
1. 들이마시는 호흡에 왼팔은 고정시킨 상태에서 백스윙을 한다. 이때 오른팔은 상체회전에 따라 자연스럽게 접어 올라가며 오른손은 오른가슴 앞에 위치시킨다.
2. 내쉬는 호흡에 하체는 정확하게 왼발로 딛고 펴주며, 임팩트 자세를 만들어 이 힘을 이용해 상체회전을 만든다. 이때 양손은 교차하며 오른손 끝은 바닥을 찌르듯 향하고 왼팔은 자연스럽게 접어 올라가며 왼가슴 앞에 위치한다.

▸ **Caution**
- 백스윙과 다운스윙 때 움직이지 않는 팔은 몸의 중심축과 함께 잘 유지한다.
- 백스윙과 다운스윙 때 척추각을 잘 유지한다.
- 다운스윙 때 오른다리가 구부러지지 않게 왼다리로 딛고 펴는 지면반력 활용에 집중한다.
- 다운스윙 때 왼쪽 어깨가 확실히 빠져나가도록 한다.

▸ **Target Muscle**
- 전신

▸ **Main Effects**
- 올바른 체중이동 및 지면반력 활성화
- 올바른 상체회전 이해

9. 익스코(Xco) 턴

지도법 • 수행자 뒤에서 양어깨를 옆으로 감싼 뒤 한쪽 어깨는 앞으로 밀어주고 다른 어깨는 뒤로 당겨주며 흉추회전을 올바르게 할 수 있도록 유도한다.

응용도구 • 밸런스패드 • 보수볼

▸ Ready Position
1. 스탠스는 어깨너비만큼 벌린다.
2. 전거근을 활성화하여 어깨의 안정성을 만든다.
3. 두 팔은 흉골 앞에 자연스럽게 뻗어서 익스코 크기만큼 벌린다.
4. 손은 회외시켜 익스코를 얹고 가볍게 감싸준다.

▸ Sequence
1. 우타 기준, 흡기(들이마시는 호흡)에 오른쪽으로 흉추를 회전한다.
2. 호기(내쉬는 호흡)에 왼쪽으로 흉추를 회전한다.
3. 좌타 방향으로도 똑같이 실행한다.

▸ Caution
• 회전하는 동안 어깨의 안정성이 유지되도록 한다.
• 흉추보다 팔이 앞으로 가지 않도록 팔은 상시 몸 앞에 유지한다.

▸ Target Muscle
• 전신

▸ Main Effects
• 익스코를 이용하여 일정한 리듬과 템포 유지력 향상
• 일정한 리듬과 템포를 이용한 일정한 회전

10 익스코(Xco) 스텝 턴

지도법 • 수행자 뒤에서 양 어깨를 감싼 뒤 한쪽 어깨는 앞으로 밀어주고 다른 어깨는 뒤로 당겨주며 흉추 회전을 올바르게 할 수 있도록 유도한다.

응용도구 • 밸런스패드 • 보수볼 • 루프밴드

▸ **Ready Position**
1. 스탠스는 두 발을 모아 선다.
2. 전거근을 활성화하여 어깨의 안정성을 만든다.
3. 두 팔은 흉골 앞에 자연스럽게 뻗어서 익스코 크기만큼 벌린다.
4. 손은 회외시켜 익스코를 얹고 가볍게 감싸준다.

▸ **Sequence**
1. 우타 기준, 흡기(들이마시는 호흡)에 왼발은 어깨너비만큼 벌려 앉음과 동시에 상체는 오른쪽으로 회전한다.
2. 호기(내쉬는 호흡)에 둔근을 수축하는 힘을 이용하여 왼다리를 펴주고 오른다리는 버텨주며 동시에 상체는 왼쪽으로 회전한다.

▸ **Caution**
• 회전하는 동안 어깨의 안정성이 유지되도록 한다.
• 흉추보다 팔이 앞으로 가지 않도록 팔은 상시 몸 앞에 유지한다.
• 앉고 일어설 때 배치기하지 않도록 코어를 잘 잡아준다.
• 오른무릎이 먼저 돌거나 구부러지지 않도록 한다.

▸ **Target Muscle**
• 대퇴사두근   • 중둔근
• 대둔근

▸ **Main Effects**
• 익스코 턴에서 스텝을 추가하여 하체에서 상체로 힘 전달
• 하체 움직임을 포함한 일정한 스윙 패턴

11 익스코 워킹

지도법
- 옆에서 수행자의 자세가 흐트러지는지 확인한다.
- 이 운동은 지속적으로 움직여야 하는 운동이므로 동작을 교정할 때 잠시 멈추고 정확한 자세를 지도한 뒤 다시 수행하기를 반복한다.

응용도구 • 루프밴드 • 보수볼

▸ **Ready Position**
1. 제자리에서 체중을 앞으로 실어주며 걷는 자세를 취한다.
2. 상체는 힙힌지를 통해 약 30° 앞으로 숙여준다.
3. 앞다리는 살짝 구부린 상태에서 체중을 실어주고 유지한다.
4. 뒷발은 뒤꿈치를 들고 있는 상태를 유지한다.
5. 양손은 익스코의 중앙을 잡고 걷는 자세를 취한다. 이때 왼발이 앞에 있으면 오른손을 들어준다.

▸ **Sequence**
1. 시작과 동시에 양팔과 뒷다리는 지속적으로 앞뒤로 움직이며 제자리걸음을 한다.
2. 호흡은 뒷발이 뒤에 있을 때 들이마시고 앞으로 디딜 때 내쉬어준다.

▸ **Caution**
- 동작을 수행하는 동안 움직이는 팔과 다리를 제외한 나머지는 최대한 고정시켜준다.
- 같은 방향의 손과 발이 동시에 나가지 않도록 한다.
- 리듬과 템포가 불규칙적으로 변하지 않도록 호흡 속도에 동작을 맞춰 수행한다.

▸ **Target Muscle**
- 전신

▸ **Main Effects**
- 일정한 리듬과 템포를 잡아준다.
- 등척성·등장성 운동을 동시 수행하여 뇌의 활성화 및 움직임의 이해도를 높인다.
- 어드레스 각도를 유지하며 팔과 다리로 다양한 움직임을 만든다.

12 루프밴드 어드레스 워킹

지도법 • 동작을 수행하는 동안 수행자의 상체가 흔들리지 않도록 뒤에서 양 어깨를 잡고 같이 리듬과 템포를 맞춰주면서 이동하며 보조한다.

응용도구 • 루프밴드

▶ Ready Position
1. 7번 아이언 어드레스 자세를 잡아준다.
2. 두 손은 편하게 허리나 어깨에 얹어준다.

▶ Sequence
1. 들이마시는 호흡에 가는 방향의 다리를 벌려 드라이버 스탠스 넓이로 만들어준다.
2. 내쉬는 호흡에 따라오는 다리는 7번 아이언 스탠스 넓이로 되돌아온다.

▶ Caution
- 동작을 수행하는 동안 호흡 속도에 맞춰 리듬과 템포를 일정하게 유지한다.
- 밴드의 긴장도가 떨어지지 않도록 스탠스 넓이를 유지하며 동작을 수행한다.
- 요추가 과신전되지 않도록 코어의 활성도를 높여준다.
- 상체가 좌우로 흔들리지 않도록 코어를 잘 잡아준다.

▶ Target Muscle
- 중둔근
- 가자미근
- 장경인대
- 대퇴사두근
- 후경골근

▶ Main Effects
- 하체 전체 관절들의 안정성을 잡아준다.
- 중둔근 활성화를 극대화시켜준다.

13 루프밴드 니킥

지도법
- 뒤에 서서 수행자가 하는 동안 중심이 무너지지 않도록 조심스럽게 잡아준다.
- 활성화해야 할 근육에 집중할 수 있도록 큐를 지속적으로 잡아준다.

응용도구 • 밸런스패드 • 보수볼

▸ Ready Position
1. 양 발등에 루프 밴드를 채우고 차렷자세로 선다.
2. 두 손은 양쪽 허리에 얹는다.

▸ Sequence
1. 한 다리는 쭉 펴주며 반대편 다리는 고관절을 접어 올려 무릎을 허리 위치까지 올린다.
2. 올린 다리는 잠깐 멈추고 내려온다.
3. 한 발씩 번갈아가며 반복한다.

▸ Caution
- 운동을 수행하는 동안 척추 중립 자세가 무너지지 않도록 주의한다.
- 한 다리를 올리는 동안 버티는 다리는 구부러지지 않게 곧게 펴주도록 한다.

▸ Target Muscle
- 족저근막
- 가자미근
- 중둔근
- 장요근
- 비복근
- 대퇴사두근
- 복횡근

▸ Main Effects
- 버티는 다리는 안정성, 들어 올리는 다리는 고관절 굴곡근 강화
- 강한 코어 활성화로 척추 중립 자세 강화

14 루프밴드 사이드 래터럴 레이즈 (하체)

지도법
- 뒤에 서서 수행자가 하는 동안 중심이 무너지지 않도록 조심스럽게 잡아준다.
- 활성화해야 할 근육에 집중할 수 있도록 큐를 지속적으로 잡아준다.

응용도구 • 밸런스패드 • 보수볼

▸ **Ready Position**
1. 양 발목에 루프밴드를 채우고 차렷자세로 선다.
2. 두 손은 양쪽 허리에 얹는다.

▸ **Sequence**
1. 한 다리는 쭉 펴주며 반대편 다리는 편 상태로 중둔근을 이용하여 옆으로 들어 올린다.
2. 올린 다리는 잠깐 멈추고 내려온다.
3. 한 다리부터 정한 횟수를 완료하고 다리를 바꾸어 반복한다.

▸ **Caution**
- 운동을 수행하는 동안 척추 중립 자세가 무너지지 않도록 주의한다.
- 한 다리를 올리는 동안 버티는 다리는 구부러지지 않게 곧게 펴주도록 한다.

▸ **Target Muscle**
- 족저근막
- 대퇴사두근
- 복횡근
- 가자미근
- 중둔근

▸ **Main Effects**
- 버티는 다리는 안정성, 들어 올리는 다리는 중둔근 가동성 강화
- 강한 코어 활성화로 척추 중립 자세 강화

15 루프밴드 킥백

지도법
- 옆에 서서 수행자가 하는 동안 중심이 무너지지 않도록 조심스럽게 잡아준다.
- 활성화해야 할 근육에 집중할 수 있도록 큐를 지속적으로 잡아준다.

응용도구 • 밸런스패드 • 보수볼

▸ **Ready Position**
1. 양 발목에 루프밴드를 채우고 골프 어드레스 자세로 선다.
2. 두 손은 양쪽 허리에 얹는다.

▸ **Sequence**
1. 한 다리는 쭉 펴주며 반대편 다리는 편 상태로 대둔근을 이용하여 뒤로 들어 올린다.
2. 올린 다리는 잠깐 멈추고 내려온다.
3. 한 다리부터 정한 횟수를 완료하고 다리를 바꾸어 반복한다.

▸ **Caution**
- 운동을 수행하는 동안 척추 중립 자세가 무너지지 않도록 주의한다.
- 한 다리를 올리는 동안 버티는 다리는 구부러지지 않게 곧게 펴주도록 한다.

▸ **Target Muscle**
- 족저근막
- 가자미근
- 대둔근
- 대퇴이두근
- 비복근
- 대퇴사두근
- 요방형근

▸ **Main Effects**
- 버티는 다리는 안정성, 들어 올리는 다리는 대둔근 가동성 강화
- 강혼 코어 활성화로 척추 중립 자세 강화

16 루프밴드 스쿼트 20~30초 버티기

지도법 • 버티는 동안 상체가 무너지지 않도록 척추 중립 자세를 유지할 수 있게 큐를 잡아준다.

응용도구 • 보수볼 • 추가 루프밴드

▸ **Ready Position**
1. 발목에 루프밴드를 착용한다.
2. 다리는 어깨너비로 벌려 선다.

▸ **Sequence**
1. 흡기(들이마시는 호흡)에 척추를 곧게 세운 상태로 고관절부터 무릎 순서로 접어주며 앉는다.
2. 호기(내쉬는 호흡)에 대둔근과 대퇴사두근을 이용하여 두 발로 지면을 밀어내며 일어선다.
3. 마지막 횟수에 앉은 상태로 버티며 20초 또는 30초 버텨준다.

▸ **Caution**
• 버틸 때 상체가 굽어지지 않도록 한다.
• 버틸 때 하체가 주저앉지 않도록 한다.

▸ **Target Muscle**
• 대둔근   • 슬괵근
• 대퇴사두근

▸ **Main Effects**
• 하체 힘 전달 근력 강화
• 마지막에 버텨줌으로써 하체 안정성 강화

17 루프밴드 플라이오 점프 스쿼트 버티기

지도법
- 뒤에서 코어를 잘 잡으면서 수행할 수 있도록 흉곽을 잡아 보조한다.
- 수행자의 리듬과 템포에 맞춰 같이 뛰며 보조한다.

응용도구 • 루프밴드 • 무릎과 발목에 착용

▶ **Ready Position**
1. 다리는 루프밴드를 착용한 상태에서 어깨너비로 벌려 선다.
2. 두 손은 허리 또는 동작에 맞춰서 자유롭게 움직일 수 있다.

▶ **Sequence**
1. 들이마시는 호흡에 앉는다.
2. 내쉬는 호흡에 일어서며 가볍게 점프한다.
3. 내려오면서 착지함과 동시에 호흡을 들이마시며 버텨준다.

▶ **Caution**
- 앉을 때 허리가 구부러지거나(butt wink), 상체를 과하게 숙여 데드 리프트 자세가 나오지 않도록 복압을 잘 유지해준다.
- 앉을 때 무릎이 모이지 않도록 중둔근의 활성도를 높여준다.
- 점프할 때 숙여진 상태가 아닌 몸이 다 펴진 상태로 점프할 수 있도록 한다.

▶ **Target Muscle**
- 대둔근
- 대퇴사두근
- 비복근
- 전경골근
- 중둔근
- 대퇴이두근
- 가자미근
- 족저근막

▶ **Main Effects**
- 루프밴드를 이용한 하체의 안정성 향상
- 안정성을 높인 상태에서 지면반력 향상

18 루프밴드 하체 90° 턴

지도법
- 수행자가 일정한 리듬과 템포를 유지할 수 있도록 호흡 속도에 맞춰 동작할 수 있게 한다.
- 하체가 확실하게 90° 회전할 수 있도록 콘으로 터치하고 돌아올 지점을 정해준다.

응용도구 • 루프밴드 • 무릎과 발목에 착용

▶ **Ready Position**
1. 발목에 루프밴드를 착용하고 골프 어드레스로 선다.
2. 두 손은 양옆 허리나 몸 앞에 자연스럽게 들어준다.

▶ **Sequence**
1. 어드레스에서 살짝 뛰어 골반을 한 방향으로 90° 회전한다.
2. 회전했을 때 두 발은 지면을 가볍게 터치하고 다시 살짝 뛰며 준비 자세로 돌아온다.
3. 좌우 번갈아가며 실행한다.

▶ **Caution**
- 하체가 회전하는 동안 두 다리가 모아지지 않도록 간격을 유지한다.
- 하체가 확실히 90° 회전할 수 있도록 한다.
- 너무 높지 않도록 가볍게 점프한다.

▶ **Target Muscle**
- 비복근
- 외복사근
- 요방형근
- 족저근막
- 내복사근

▶ **Main Effects**
- 하체로 지면반력을 탄력 있게 쓸 수 있게 만들어줌.
- 탄력을 이용하여 짧은 시간에 골반을 회전시켜 회전력을 높임.
- 상·하체 분리에 도움을 줌.

19 루프밴드 하체 90° 턴 스쿼트

지도법
- 수행자가 일정한 리듬과 템포를 유지할 수 있도록 호흡 속도에 맞춰 동작할 수 있게 한다.
- 하체가 확실하게 90° 회전할 수 있도록 콘으로 터치하고 돌아올 지점을 정해준다.

응용도구 • 루프밴드 • 무릎과 발목에 착용

▸ **Ready Position**
1. 발목에 루프밴드를 착용하고 골프 어드레스로 선다.
2. 두 손은 양옆 허리나 몸 앞에 자연스럽게 들어준다.

▸ **Sequence**
1. 어드레스에서 점프 스쿼트하며 골반을 한 방향으로 90° 회전한다 .
2. 회전했을 때 두 발은 지면을 가볍게 터치하고 다시 원위치하며 스쿼트한다.
3. 좌우 번갈아가며 실행한다.

▸ **Caution**
- 하체가 회전하는 동안 두 다리가 모아지지 않도록 간격을 유지한다.
- 하체가 확실히 90° 회전할 수 있도록 한다.
- 너무 높지 않도록 가볍게 점프한다.
- 스쿼트할 때 상체만 숙이지 않도록 한다.

▸ **Target Muscle**

• 대둔근	• 전경골근	• 족저근막	• 내복사근
• 대퇴사두근	• 비복근	• 외복사근	• 요방형근

▸ **Main Effects**
- 하체로 지면반력을 탄력 있고 힘차게 쓸 수 있게 만들어줌.
- 탄력을 이용하여 짧은 시간에 골반을 회전시켜 회전력을 높임.
- 상·하체 분리에 도움을 줌.

20 루프밴드 전면 대각, 래터럴, 대각 후면 스텝

지도법
- 수행자가 하체와 코어의 안정성이 부족하여 흔들리는 경우, 버티는 다리 옆에서 흔들리는 골반 양옆을 잡아주며 운동을 수행하는 동안 중심축을 유지할 수 있게 보조한다.
- 일정한 속도부터 다양하게 리듬과 템포를 조절하여 수행자의 순발력 및 리듬과 템포를 조절해준다.

응용도구 • 밸런스볼 • 보수볼

▶ Ready Position
1. 루프밴드를 착용한 두 발을 골반 넓이로 벌리고 골프 어드레스로 선다.
2. 두 손은 양 옆구리에 얹어준다.

▶ Sequence
1. 한 발을 몸 앞으로 뻗으며 가볍게 터치한 후 돌아온다.
2. 두 번째는 옆으로 뻗으며 가볍게 터치한 후 돌아온다.
3. 세 번째는 뒤로 뻗으며 가볍게 터치한 후 돌아온다.
4. 호흡은 준비 자세에서 들이마시고 내쉬며 발을 뻗어준다.

▶ Caution
- 운동을 수행하는 동안 척추 중립 자세가 무너지지 않도록 코어를 잘 잡아준다.
- 스텝을 디딜 때 몸의 중심축이 흔들리지 않도록 버티는 다리에 체중을 잘 실어준다.

▶ Target Muscle
- 대퇴사두근
- 대둔근
- 가자미근
- 중둔근
- 족저근막
- 장요근

▶ Main Effects
- 어드레스 각을 유지하며 한 다리에 체중을 실어주고 버티는 힘 향상
- 어드레스 각을 유지하며 한 다리는 제각기 다른 방향으로 움직이며 리듬과 템포 조절 능력 향상

21 스플릿 스쿼트 다운 로테이션

지도법
- 수행자 뒤에 서서 무너지는 축을 잡아주거나 부족한 회전을 도와준다.
- 양손으로 가볍게 수행자의 양어깨를 잡고 회전하는 방향으로 돌려준다.

응용도구
- 보수볼 이용: 뒷발에만 위치, 양발에 위치 • 익스코 • 메디슨볼
- 스테빌리티볼 • 튜빙 • 밴드

▶ Ready Position
1. 다리는 골반 넓이를 유지하며 앞뒤로 간격을 넓게 벌려준다.
2. 이때 뒷발 뒤꿈치는 들고 있는 상태를 유지하며 체중은 앞으로 실어준다.
3. 앞다리의 정강이는 지면으로부터 수직선상에 위치한다.
4. 메디슨볼을 들고 흉골에 붙인 상태를 유지한다.

▶ Sequence
1. 준비 자세에서 들이마시는 호흡에 뒷발 쪽으로 백스윙한다.
2. 내쉬는 호흡에 앉으며 앞발 쪽으로 회전한다.

▶ Caution
- 메디슨볼을 잡을 때 팔꿈치가 과하게 상승하지 않도록 주의한다.
- 앉으며 회전할 때 뒷발 축이 무너지지 않도록 주의한다.
- 동작을 수행하는 동안 체중은 앞에 있도록 계속 유지한다.
- 하체 움직임은 뒷다리로 스쿼트를 한다.

▶ Target Muscle
- 대퇴사두근
- 족저근막
- 능형근
- 외복사근
- 복횡근
- 대둔근
- 중둔근
- 회전근개
- 내복사근

▶ Main Effects
- 불안정한 자세에서 몸의 중심축을 유지하며 회전력을 높인다.
- 지면반력을 이용한 하체 힘으로 상체회전
- 척추의 중립 자세를 유지한 올바른 회전

22 스플릿 스쿼트 업 로테이션

지도법
- 수행자 뒤에 서서 무너지는 축을 잡아주거나 부족한 회전을 도와준다.
- 양손으로 가볍게 수행자 양어깨를 잡고 회전하는 방향으로 돌려준다.

응용도구 • 밴드 • 보수볼 • 튜빙

▶ Ready Position
1. 다리는 골반 넓이를 유지하며 앞뒤로 간격을 넓게 벌려준다.
2. 이때 뒷발 뒤꿈치는 들고 발 앞을 잘 눌러준 상태를 유지하며 체중은 앞으로 실어준다.
3. 앞다리의 무릎은 발목과 같이 지면으로부터 수직선상에 위치한다.
4. 팔은 메디슨볼을 들고 명치 앞에서 자연스럽게 뻗어준 상태를 유지한다.

▶ Sequence
1. 들이마시는 호흡에 앉으며 뒷발 쪽으로 백스윙한다.
2. 내쉬는 호흡에 일어서며 앞발 쪽으로 수평 회전하며 메디슨볼을 던진다.

▶ Caution
- 동작을 수행하는 동안 몸의 중심축을 잘 유지한다.
- 몸을 회전하는 반대방향으로 체중이 실려 축이 기울지 않도록 한다.
- 공을 던질 때 속도가 감속되지 않도록 자신 있게 축을 지킨 상태에서 끝까지 회전한다.
- 하체 움직임은 뒷다리로 스쿼트를 한다.

▶ Target Muscle
- 대퇴사두근   • 복횡근   • 대흉근   • 외복사근   • 전거근
- 대둔근   • 중둔근   • 회전근개   • 내복사근

▶ Main Effects
- 불안정한 자세에서 몸의 회전력을 높여준다.
- 지면반력을 이용한 하체 힘을 이용한 상체 회전
- 척추 중립 자세를 유지한 올바른 회전

23 로우 포지션 로테이션

지도법
- 튜빙을 벽에 걸고 수행할 시 수행자 뒤에서 보조한다.
- 뒷발의 축이 많이 흔들릴 경우 한 발로 뒷발에 기대어 힘을 좀 더 쉽게 쓸 수 있도록 한다.
- 회전력이 부족할 경우 두 손으로 양 어깨를 잡고 회전 방향으로 돌려주며 보조한다.

응용도구 • 밸런스패드 • 보수볼

▶ **Ready Position**
1. 바닥에 무릎 보호를 위한 패드를 깔고 그 위에 한쪽 무릎 앉아 자세를 취한다.
2. 체중은 앞으로 실어주어 뒷다리의 고관절이 신전된 상태로 유지한다.
3. 뒷발은 앞꿈치로 바닥을 누르며 견고하게 고정한다.
4. (오른손잡이 기준) 보조자는 수행자의 오른쪽에 서서 튜빙을 잡아준다.
5. 수행자는 튜빙을 잡고 명치 앞에 위치시킨다.

▶ **Sequence**
1. 보통 속도로 할 때, 들이마시는 호흡에 백스윙한다.
2. 내쉬는 호흡에 폴로스루 쪽으로 힘차게 회전한다.
3. 빠른 속도로 할 때, 들이마시는 호흡에 준비 자세에서 힘을 모은다.
4. 내쉬는 호흡에 폴로스루 쪽으로 힘차게 회전한다.

▶ **Caution**
- 스윙하고 돌아올 때 보조자 방향으로 넘어지지 않도록 체중을 충분히 회전 방향으로 실어준다.
- 동작을 수행하는 동안 뒷발이 지면에서 떨어지지 않도록 고정
- 회전할 때 골반이 뒤로 빠지지 않도록 체중을 충분히 앞으로 유지
- 튜빙이 몸에 닿을 때까지 한 번에 회전하기

▶ **Target Muscle**
- 족저근막
- 대퇴사두근
- 외복사근
- 능형근
- 대흉근
- 소원근
- 비복근
- 복횡근
- 내복사근
- 전거근
- 극하근

▶ **Main Effects**
- 하체를 견고하게 고정시킨 상태에서 상체의 회전력을 높이는 운동
- 하체는 고정시키고 상체에 회전력을 더하기 위해 올바르게 힘을 사용하는 법 숙달

24 세라밴드 싱글 파워 스윙

지도법
- 두 발 앞에 막대나 골프채를 대각으로 겹치게 두어 팔이 따라 갈 수 있게 한다.
- 활동반경이 넓은 동작이므로 잘못되었을 때 잠시 멈추고 자세 교정 및 설명을 한다.

응용도구 • 보수볼

▸ **Ready Position**
1. 세라밴드 위에 7번 아이언 넓이로 서고 밴드의 양끝을 양손으로 하나씩 꼭지잡기로 잡는다.

▸ **Sequence**
1. 백스윙하며 상체를 최대한 회전시켜주고, 이때 양팔은 몸의 앞과 뒤 대각으로 뻗어준다(흡기).
2. 다운스윙 때 체중이동을 가볍게 해주며 폴로스루를 해주는데, 이때 상체는 백스윙 때와 동일한 자세를 만든다(호기).

▸ **Caution**
- 운동하는 동안 팔과 몸통 사이의 간격이 좁아져 회전에 방해되지 않게 한다.
- 상체가 회전할 때 팔도 같이 따라 돌지 않도록 주의
- 체중이동 시 슬라이드와 스웨이가 나오지 않게 복횡근을 활성화시켜 축을 지켜주며, 골반의 자연스러운 회전 만들기

▸ **Target Muscle**
- 대퇴사두근
- 대둔근
- 외복사근
- 요방형근
- 전거근
- 극하근
- 슬괵근
- 복횡근
- 내복사근
- 능형근
- 삼각근
- 소원근

▸ **Main Effects**
- 어드레스 상태에서 중심축을 유지하며 상체의 회전과 하체의 정확한 체중이동 그리고 일정한 리듬과 템포를 요구하는 운동

25 세라밴드 듀오 무빙 파워 턴

지도법
- 두 사람이 일정한 리듬과 템포를 유지할 수 있게 일정하게 구령을 넣어준다.
- 사이드 스텝이 헷갈리지 않도록 밴드 없이 맨몸으로 스텝을 먼저 익힌 후 운동을 수행한다.

응용도구 • 튜빙 • 케이블 머신

▶ Ready Position
1. 2미터 정도 간격을 두고 서로 마주보며 7번 아이언 어드레스로 선다.
2. 서로 양손에 세라밴드를 하나씩 잡는다.
3. 이때 양손은 깍지를 껴도 되고 두 손을 주먹을 쥔 상태에서 붙여도 된다.

▶ Sequence
1. 두 사람이 동시에 사이드 스텝으로 각자의 왼쪽으로 먼저 출발한다.
2. 들이마시는 호흡에 사이드 스텝은 오른발이 먼저 왼발로 차주며 왼발을 바깥으로 이동시킨다.
3. 호흡을 내쉬며 이때 이동한 방향으로 체중을 완전히 실어준 후 하체부터 상체로 몸을 뻗으며 수평턴을 하며 피니시를 만들어준다.
4. 반대편으로 동일하게 실행하며 반복한다.

▶ Caution
- 손의 높이는 무조건 가슴 높이로 고정시킨다.
- 어깨보다 높아질 시 밴드가 안면부를 가격할 수 있다.
- 피니시를 할 때 하체는 완전히 신전된 상태에서 골반은 반드시 목표를 향해야 한다.
- 상체는 완전히 스윙 방향으로 돌아 몸 전체가 바르게 서있도록 한다.
- 오른손잡이 스윙 기준으로 오른쪽 어깨가 덮어 들어오면 상체가 앞으로 쏠려 넘어질 수 있다.

▶ Target Muscle
- 족저근막
- 대퇴사두근
- 전거근
- 능형근
- 극하근
- 비복근
- 슬괵근
- 대흉근
- 삼각근
- 소원근

▶ Main Effects
- 2인 1조로 하여 체중이동을 하며, 최대 파워로 풀스윙을 원활히 할 수 있게 도와주는 운동

26 세라밴드 스쿼트 주고받기

지도법 • 옆에서 일정한 박자감을 유지할 수 있도록 구령을 넣어주며 수행자의 자세를 구두로 교정해준다.

응용도구 • 세라밴드

▶ Ready Position
1. 2미터 정도 간격을 두고 서로 마주 보며 7번 아이언 어드레스로 선다.
2. 서로 양손에 세라밴드를 하나씩 잡는다.

▶ Sequence
1. 호흡을 들이마시며 스쿼트를 하고 동시에 두 팔은 뻗은 채 상체 뒤로 보낸다. 이때 손목은 손등 방향으로 굽힌다.
2. 호흡을 내쉬며 가볍게 점프함과 동시에 두 팔은 뻗은 채 상대방을 향해 자연스럽게 뻗어주며 굽힌 손목을 펴준다.
3. 호흡 속도에 리듬과 템포를 맞춰 반복 진행한다.

▶ Caution
• 파트너와 리듬과 템포를 맞출 수 있도록 호흡 속도를 잘 맞춘다.

▶ Target Muscle
• 족저근막   • 대퇴사두근   • 삼각근   • 손목 신근
• 비복근   • 대둔근   • 손목 굴근

▶ Main Effects
• 하체로 힘을 전달하여 손목의 가동성을 높여 어프로치 때 다양한 샷을 구사할 수 있게 도움을 준다.

27 아쿠아백 바이킹

지도법
- 뒤에 서서 체중이동이 안 될 때 가볍게 골반 옆을 밀어준다.
- 뒤에 서서 회전이 안 될 때 흉곽을 잡고 회전 방향으로 가볍게 보조하며 돌려준다.
- 박자가 안 맞을 때 수행자 앞에서 일정한 리듬과 템포로 리드해준다.

응용도구 • 밸런스패드 • 보수볼

▶ **Ready Position**
1. 어깨너비로 골프 어드레스로 선다.

▶ **Sequence**
1. 오른발과 왼발을 번갈아가며 체중이동을 하고 그 흐름에 맞춰 아쿠아백을 흔들어준다.
2. 충분한 관성이 생기면 체중이동을 최대로 해주며, 동시에 상체회전은 90°로 해준다.
3. 이 동작을 수행하는 동안 아쿠아백을 몸 앞에 유지할 수 있도록 한다.

▶ **Caution**
- 동작을 수행하는 동안 아쿠아백 무게로 리버스 피봇이 나오지 않도록 코어를 잘 잡고 수행한다.
- 팔이 휘둘리지 않도록 전거근을 활성화하여 어깨의 안정성을 유지하고, 몸 앞에서 아쿠아백을 흔들 수 있도록 한다.
- 상체회전이 막힌 상태로 팔만 휘두르지 않도록 한다.

▶ **Target Muscle**

• 족저근막	• 슬괵근	• 복횡근	• 전거근	• 극하근	• 상완근
• 대퇴사두근	• 대둔근	• 외복사근	• 대흉근	• 소원근	• 요골근
• 내전근	• 중둔근	• 내복사근	• 삼각근	• 능형근	

▶ **Main Effects**
- 일정한 리듬과 템포를 유지할 수 있게 도움을 준다.
- 체중이동, 상체회전, 올바른 팔의 사용을 만들어주는 데 도움을 준다.
- 체중이동 및 회전하는 동안 중심축을 유지할 수 있게 도움을 준다.

28 아쿠아백 목 뒤 회전

지도법 • 수행자 뒤에 서서 하체 체중이동 때 골반을 보조하여 확실한 느낌을 받을 수 있게 한다.

응용도구 • 밸런스패드 • 보수볼

▸ Ready Position
1. 아쿠아백을 뉴트럴 그립으로 잡는다.
2. 다리는 어깨너비로 벌려 선다.

▸ Sequence
1. 하체로 좌우 각각 한 번씩 반동을 준다.
2. 반동을 이용하여 호흡을 들이마시고 왼쪽으로 흉추를 회전시킨다.
3. 내쉬는 호흡 때 오른팔은 머리 앞에서 뒤로 쓸어넘기듯 아쿠아백을 뒤로 넘기고 바로 이어 왼팔이 머리 뒤에서 앞으로 쓸어넘기듯 넘어온다.

▸ Caution
• 체중이동 시 리버스 피봇이 나오지 않도록 회전 방향으로 확실하게 체중을 실어준다.
• 어깨가 다치지 않도록 올바른 회전 방향에 맞게 머리를 넘긴다.
• 아쿠아백이 머리 뒤로 넘어갈 때 멀어지지 않도록 최대한 몸에 가까이 유지하며 수행한다.

▸ Target Muscle
• 족저근막   • 대둔근   • 내복사근   • 능형근   • 능형근
• 대퇴사두근 • 중둔근   • 복횡근   • 삼각근
• 슬괵근   • 외복사근 • 전거근   • 회전근개

▸ Main Effects
• 물을 이용해 물 흐르는 듯 일정한 리듬과 템포를 만들어준다.
• 좌우 체중이동을 강화시켜준다.
• 어깨 가동성 및 근력을 향상시켜 스윙할 때 어깨로 받는 부담을 덜어준다.
• 흉추 회전 가동성을 향상시켜 회전에 도움을 준다.

29 바이퍼 어드레스 스퀘어 턴

지도법
- 수행자 뒤에 서서 하체의 불안정은 내측광근을 받쳐주며 보조한다.
- 상체는 수행자의 어깨 양옆이나 흉곽을 잡고 올바르게 회전할 수 있게 보조한다.

응용도구 • 밸런스패드 • 보수볼

▶ **Ready Position**
1. 다리는 어깨너비로 벌려 선다.
2. 바이퍼는 명치로 당겨 붙이거나, 팔을 뻗어주고 전거근으로 어깨를 단단히 고정한다.

▶ **Sequence**
1. 들이마시는 호흡에 상체는 우측으로 회전한다.
2. 내쉬는 호흡에 상체는 좌측으로 회전한다.

▶ **Caution**
- 동작을 수행하는 동안 코어를 활성화하여 척추 중립 자세를 유지한다.
- 스웨이를 조심한다.
- 골반은 리버스 피봇이 나오지 않도록 회전 방향으로 체중이 실릴 수 있게 하체를 잘 버틴다.
- 팔을 뻗은 상태에서 할 경우, 회전 방향의 팔만 과하게 접히지 않도록 한다.

▶ **Target Muscle**
- 외복사근
- 복횡근
- 능형근
- 내복사근
- 전거근
- 광배근

▶ **Main Effects**
- 몸의 중심축 유지력 강화
- 흉추 회전 가동성 향상
- 코어 및 하체 안정성 강화

30 바이퍼 스텝 스퀘어 턴

지도법
- 수행자가 정확한 하체 모양을 만들 수 있게 구분 동작을 통해 하체 모양을 교정한다.
- 연결 동작 수행 도중 회전을 보조할 때 수행자 뒤에서 바이퍼 회전선상보다 낮게 위치한 상태에서 흉곽을 잡고 회전하는 데 도움을 준다.

응용도구 • 밴드 • 메디슨볼 • 케이블 머신

▸ Ready Position
1. 두 가지 방법: 1) 바이퍼를 복부에 밀착, 2) 골프 어드레스처럼 명치 앞에 팔을 뻗어 잡아준다.
2. 두 발을 모은 상태로 골프 어드레스와 같이 숙여준다.

▸ Sequence
1. 들이마시는 호흡에 스텝을 디딤과 동시에 상체는 반대 방향으로 회전하여 짧은 시간에 전환(Transition) 자세를 만든다.
2. 내쉬는 호흡에 폴로스루 또는 피니시까지 한 번에 회전해준다.

▸ Caution
- 회전할 때 상체가 하체보다 앞서 나가지 않도록 한다(덤비는 현상).
- 전환 자세를 만들 때 백스윙 자세까지 가지 않도록 하체 자세를 정확히 만들어준다.
- 전환 자세를 만들 때 확실하게 앉아주며, 골반과 무릎이 최대한 스탠스에 맞춰질 수 있도록 한다.
- 폴로스루나 피니시로 넘어갈 때 얼리 익스텐션 또는 치킨 윙이 나오지 않도록 상체회전에 집중한다.

▸ Target Muscle
- 대퇴사두근
- 외복사근
- 복횡근
- 승모근
- 삼각근
- 대둔근
- 내복사근
- 능형근
- 전거근

▸ Main Effects
- 전환(Transition)을 정확하게 해주고 폴로스루 또는 피니시까지 한 번에 회전할 수 있게 도움을 준다.
- 몸통과 팔이 같이 회전할 수 있게 정확한 상체회전을 만들어준다.

31 바이퍼 바주카

지도법
- 스쿼트 자세에서 뒤로 뻗은 다리로 정확히 수직으로 앉을 수 있도록 수행자의 옆이나 뒤의 낮은 자세로 지도한다.
- 회전 동작은 바이퍼와 충돌을 피하기 위해 구분 동작으로 지도하며 양 어깨를 잡고 정확한 흉추 회전 동작을 만들어준다.

응용도구 • 밸런스패드 • 보수볼

▶ Ready Position
1. 스플릿 스탠스로 서준다.
2. 바이퍼는 두 팔을 뻗어 잡은 상태에서 몸앞에 세로로 잡아준다.
   이때 대각선 회전 방향으로 조금 비틀어준다.

▶ Sequence
1. 들이마시는 호흡에 앉아주며, 동시에 바이퍼는 뒤로 뻗은 다리 방향으로 낮추며 몸통은 회전한다.
2. 내쉬는 호흡에 일어서며 앞다리 방향으로 회전하면서 들어 올리고 바주카를 얹은 듯 들어준다.

▶ Caution
- 스쿼트할 때 두 무릎이 안으로 모이지 않도록 코어를 지속적으로 활성화한다.
- 회전할 때 팔로만 휘두르지 않도록 정확한 흉추 회전을 한다.

▶ Target Muscle
- 대퇴사두근
- 중둔근
- 내복사근
- 전거근
- 능형근
- 삼각근
- 대둔근
- 외복사근
- 복횡근
- 대흉근
- 승모근
- 회전근개

▶ Main Effects
- 바이퍼를 대각선으로 회전시키며 스윙에 특화된 움직임과 코어를 강화한다.
- 하체로 리듬과 템포를 조절하여 일정한 속도로 힘을 전달할 수 있게 한다.

32　바이퍼 바이킹

지도법
- 체중이동을 보조할 땐 수행자 뒤에서 무릎 앉은 상태로 골반 옆을 가볍게 밀어준다.
- 상체회전을 보조할 땐 수행자 뒤에서 흉곽을 잡고 회전을 보조한다.

응용도구　• 아쿠아백　• 보수볼

▸ Ready Position
1. 바이퍼를 잡고 골프 어드레스를 서준다.
2. 스탠스 넓이는 모아서는 것부터 드라이버 넓이까지 다양하게 변형이 가능하다.

▸ Sequence
1. 좌우 번갈아가며 두 번 반동을 준다.
2. 들이마시는 호흡에 오른발로 강하게 지면을 밟아주며 체중이동 및 회전하며 바이퍼를 들어 올린다.
3. 내쉬는 호흡에 왼발로 강하게 지면을 밟아주며 체중이동 및 회전하며 바이퍼를 반대편으로 돌려준다.

▸ Caution
- 동작 수행이 팔로만 바이퍼를 던지듯 휘두르지 않도록 상체회전에 신경써준다.
- 상체를 회전할 때 리버스 스파인 앵글이 나오지 않도록 코어를 활성화시켜준다.
- 하체, 상체, 팔 순서로 움직임을 만들어준다.

▸ Target Muscle
- 전신

▸ Main Effects
- 일정한 리듬과 템포를 만들어준다.
- 정확하게 신체 중심축을 지키며 스윙할 수 있게 도움을 준다.
- 올바른 체중이동을 만들어줌과 동시에 정확한 상체회전과 팔의 사용 느낌을 살려준다.

33 바이퍼 턴 앤 리칭

지도법
- 스쿼트 자세에서 뒤로 뻗은 다리로 정확히 수직으로 앉을 수 있도록 수행자의 옆이나 뒤에서 낮은 자세로 지도한다.
- 회전 동작은 바이퍼와 충돌을 피하기 위해 구분 동작으로 지도하며 양 어깨를 잡고 정확한 흉추 회전 동작을 만들어준다.

응용도구 • 아쿠아백 • 보수볼

▸ **Ready Position**
1. 바이퍼를 명치에 밀착시킨 상태에서 골프 어드레스 자세로 선다.

▸ **Sequence**
1. 운동을 수행하는 동안 어드레스에서 힙힌지의 각도를 유지하며 회전한다.
2. 상체가 회전할 때 팔을 먼저 사용하여 어드레스 각도보다 플랫해지지 않도록 한다.
3. 상체를 회전할 때 리버스 스파인 앵글 동작이 나오지 않도록 주의한다.

▸ **Caution**
- 수행자의 뒤에 서서 올바른 회전 및 팔 동작을 보조한다.

▸ **Target Muscle**

• 대흉근	• 전거근	• 이두박근	• 상완근	• 복횡근
• 승모근	• 삼각근	• 삼두근	• 외복사근	
• 능형근	• 회전근개	• 요골근	• 내복사근	

▸ **Main Effects**
- 올바른 흉추 회전 및 스윙하는 동안 팔의 위치를 잡아주는 데 도움을 준다.
- 좀 더 정확한 백스윙을 만드는 데 도움을 준다.

34 스테빌리티볼 백스윙(스탠드, 어드레스)

지도법 • 수행자의 뒤에 서서 올바른 회전 및 팔 동작을 보조한다.

응용도구 • 밴드 • 보수볼 • 케이블 머신

▸ Ready Position
1. 스테빌리티볼을 보듬어 공과 몸 사이에 빈틈없이 안아준다.
2. 스탠스는 두 발을 모은 상태부터 드라이버 스탠스까지 다양한 준비 자세가 가능하다.
3. 중립 자세나 골프 어드레스 둘 다 가능한 준비 자세다.

▸ Sequence
1. 스테빌리티볼을 보듬어 공과 몸 사이에 빈틈없이 안아준다.
2. 스탠스는 두 발을 모은 상태부터 드라이버 스탠스까지 다양한 준비 자세가 가능하다.
3. 중립 자세나 골프 어드레스 둘 다 가능한 준비 자세다.

▸ Caution
• 운동을 수행하는 동안 어드레스에서 힙힌지의 각도를 유지하며 회전한다.
• 상체가 회전할 때 팔을 먼저 사용하여 어드레스 각도보다 플랫해지지 않도록 한다.
• 상체를 회전할 때 리버스 스파인 앵글 동작이 나오지 않도록 주의한다.

▸ Target Muscle
• 대흉근	• 전거근	• 이두박근	• 상관근	• 복횡근
• 승모근	• 삼각근	• 삼두근	• 외복사근	
• 능형근	• 회전근개	• 요골근	• 내복사근	

▸ Main Effects
• 백스윙을 만드는 데 기본이 되는 운동이며, 정확한 회전을 만들어준다.

35 벤트 오버 백스윙

지도법 • 수행자의 뒤나 옆에 서서 상체회전 및 팔의 위치를 교정한다.

응용도구 • 토닝볼 • 밴드 • 보수볼

▸ **Ready Position**
1. 다리는 골반에서 어깨너비 사이로 서준다.
2. 상체를 앞으로 90° 숙여준 뒤 왼팔꿈치와 왼손을 두 다리 위에 얹어 상체를 받친다.
3. 오른손은 1kg 덤벨을 엄지손가락을 세워 잡고 손등이 수행자를 향하게 한다.

▸ **Sequence**
1. 들이마시는 호흡에 왼어깨부터 회전을 시작하여 90° 회전하며 오른손은 하늘을 향해 90° 올려준다.
2. 내쉬는 호흡에 준비 자세로 돌아온다.

▸ **Caution**
• 회전할 때 척추각이 무너지지 않도록 코어 활성도를 유지하는 데 집중한다.
• 회전할 때 하체가 무너지지 않도록 골반 높이를 유지한다.
• 회전할 때 덤벨을 들고 있는 팔만 회전하지 않도록 상체회전을 먼저 시작할 수 있게 한다.
• 회전 후 팔의 위치가 낮아져 골반 쪽으로 가지 않도록 한다.

▸ **Target Muscle**
• 대퇴사두근   • 가자미근   • 다열근   • 승모근   • 삼각근
• 슬괵근   • 척추기립근 • 능형근   • 회전근개

▸ **Main Effects**
• 어드레스처럼 상체를 숙인 상태에서 회전을 만들기 어려워하는 사람들에게 효과적임.
• 하체를 최대한으로 버텨주면서 상체회전 극대화에 도움을 준다.

36 세라밴드 백스윙

지도법 • 수행자의 뒤나 옆에 서서 상체회전 및 팔의 위치를 교정한다.

응용도구 • 보수볼

▸ **Ready Position**
1. 세라밴드를 밟고 서서 골프 어드레스 자세를 만들어준다.
2. 왼손, 오른손, 그리고 양손을 각 세트별로 잡아준다.

▸ **Sequence**
1. 잡았을 때, 들이마시는 호흡에 상체회전을 한다.
2. 내쉬는 호흡에 준비 자세로 돌아온다.
3. 동작을 수행할 때 손은 항시 명치 앞에 유지할 수 있도록 한다.

▸ **Caution**
• 회전할 때 항상 손은 명치 앞에 위치를 고수하며 몸통부터 회전하여 손은 몸통을 따라오게 한다.
• 상체가 회전할 때 하체는 흔들리지 않도록 두 무릎을 살짝 벌려주는 느낌만 살려 안정성을 높인다.

▸ **Target Muscle**
- 대흉근
- 전거근
- 이두박근
- 상관근
- 복횡근
- 승모근
- 삼각근
- 삼두근
- 외복사근
- 능형근
- 회전근개
- 요골근
- 내복사근

▸ **Main Effects**
• 백스윙을 만드는 데 기본이 되는 운동이며, 정확한 회전을 만들어준다.
• 무게 저항과 달리 밴드의 저항을 이용하여 상체 안정성을 높인다.
• 백스윙 때 각 팔의 역할 및 협응력을 높여준다.

37 아쿠아백 안고 스퀘어 턴

지도법
- 수행자 뒤에 서서 하체의 불안정은 내측광근을 받쳐주며 보조한다.
- 상체는 수행자의 뒤에 서서 어깨 양옆이나 흉곽을 잡고 올바르게 회전할 수 있게 보조한다.

응용도구 • 밸런스패드 • 보수볼

▸ **Ready Position**
1. 다리는 어깨너비로 벌려 선다.
2. 아쿠아백은 두 팔 위에 얹어 이두박근으로 당겨 잡아준 뒤 고정한다.

▸ **Sequence**
1. 들이마시는 호흡에 상체는 우측으로 회전한다.
2. 내쉬는 호흡에 상체는 좌측으로 회전한다.

▸ **Caution**
- 동작을 수행하는 동안 코어를 활성화하여 척추의 중립 자세를 유지한다.
- 스웨이를 조심한다.
- 골반이 리버스 피봇이 나오지 않도록 회전 방향으로 체중이 실릴 수 있게 하체를 잘 버틴다.
- 아쿠아백에 흔들려 넘어지지 않도록 코어 안정화에 집중한다.

▸ **Target Muscle**
- 외복사근
- 복횡근
- 능형근
- 내복사근
- 전거근
- 광배근

▸ **Main Effects**
- 몸의 중심축 유지력 강화
- 흉추 회전 가동성 향상
- 코어 및 하체 안정성 강화

38 아쿠아백 안고 스텝 턴

지도법
- 수행자가 정확한 하체 모양을 만들 수 있게 구분 동작을 통해 하체 모양을 교정한다.
- 연결 동작 수행 도중 회전을 보조할 때 수행자 뒤에서 아쿠아백 회전선상보다 낮게 위치한 상태에서 흉곽을 잡고 회전하는 데 도움을 준다.

응용도구 • 밴드 • 메디슨볼 • 케이블 머신

▶ Ready Position
1. 아쿠아백을 두 팔 위에 얹어 가슴 앞에 끌어안는다.
2. 두 발을 모은 상태로 골프 어드레스와 같이 숙여준다.

▶ Sequence
1. 들이마시는 호흡에 스텝을 디딤과 동시에 상체는 반대 방향으로 회전하여 짧은 시간에 전환(Transition) 자세를 만든다.
2. 내쉬는 호흡에 폴로스루 또는 피니시까지 한 번에 회전해준다.

▶ Caution
- 회전할 때 상체가 하체보다 앞서나가지 않도록 한다(덤비는 현상).
- 전환 자세를 만들 때 백스윙 자세까지 가지 않도록 하체 자세를 정확히 만들어준다.
- 전환 자세를 만들 때 확실하게 앉아주며, 골반과 무릎이 최대한 스탠스에 맞춰질 수 있도록 한다.
- 폴로스루나 피니시로 넘어갈 때 얼리 익스텐션이 나오지 않도록 상체회전에 집중한다.

▶ Target Muscle
- 대퇴사두근
- 외복사근
- 복횡근
- 승모근
- 삼각근
- 대둔근
- 내복사근
- 능형근
- 전거근

▶ Main Effects
- 전환(Transition)을 정확하게 해주고 폴로스루 또는 피니시까지 한 번에 회전할 수 있게 도움을 준다.
- 몸통과 팔이 같이 회전할 수 있게 정확한 상체회전을 만들어준다.
- 아쿠아백을 이용하여 불안정성을 형성하여 안정성을 높이는 데 도움을 준다.

39 아이언 스텝 스퀘어 턴(하체 스텝, 상반신 스퀘어 턴)

지도법
- 수행자가 정확한 하체 모양을 만들 수 있게 구분 동작을 통해 하체 모양을 교정한다.
- 클럽을 들고 스윙하므로 동작 수행 전에 정확한 큐를 잡아주고, 동작이 끝난 후 교정한다.

응용도구 • 밴드 • 메디슨볼 • 케이블 머신

▶ **Ready Position**
1. 두 발을 모은 상태로 아이언을 잡고 골프 어드레스로 선다.

▶ **Sequence**
1. 들이마시는 호흡에 스텝을 디딤과 동시에 상체는 반대 방향으로 회전하여 짧은 시간에 전환(Transition) 자세를 만든다.
2. 내쉬는 호흡에 폴로스루 또는 피니시까지 한 번에 회전해준다.

▶ **Caution**
- 회전할 때 상체가 하체보다 앞서나가지 않도록 한다(덤비는 현상).
- 전환 자세를 만들 때 백스윙 자세까지 가지 않도록 하체 자세를 정확히 만들어준다.
- 전환 자세를 만들 때 확실하게 앉아주며 골반과 무릎이 최대한 스탠스에 맞춰질 수 있도록 한다.
- 폴로스루나 피니시로 넘어갈 때 얼리 익스텐션이 나오지 않도록 상체회전에 집중한다.

▶ **Target Muscle**
- 대퇴사두근
- 내복사근
- 승모근
- 요골근
- 대둔근
- 복횡근
- 전거근
- 상완근
- 외복사근
- 능형근
- 삼각근

▶ **Main Effects**
- 전환(Transition)을 정확하게 해주고 폴로스루 또는 피니시까지 한 번에 회전할 수 있게 도움을 준다.
- 몸통과 팔이 같이 회전할 수 있게 정확한 상체회전을 만들어준다.
- 아이언을 이용하여 실제 골프 스윙과 흡사하게 동작을 수행함으로써 실제 공을 칠 때 느낌을 대입하기가 수월하다.

40 바이퍼 사이드 스텝 크로스 턴 (바이퍼 세워놓고)

지도법
- 수행자가 동작하는 동안 앞에서 리듬과 템포를 조절해준다.
- 잘못된 동작이 나올 땐 교정이 필요한 구간에서 멈춘 후 자세를 교정한다.

응용도구 • 바이퍼

▸ Ready Position
1. 바이퍼를 중심으로 왼발을 바이퍼와 같은 선상에 위치한다.
2. 오른발은 오른쪽 뒤 대각선으로 뻗어주고 발끝으로 버텨준다(사이드 런지 자세가 나온다).
3. 상체를 왼쪽으로 회전시켜놓은 상태에서 오른팔은 바이퍼를 잡고 회전 방향으로 뻗어준다.

▸ Sequence
1. 들이마시는 호흡에 스텝을 밟으며 준비 자세의 정반대로 자세를 만들어준다.
2. 내쉬는 호흡에 다시 스텝을 밟으며 원래 준비 자세로 돌아온다.
3. 호흡 속도에 맞춰 반복한다.

▸ Caution
- 동작을 수행하는 동안 바이퍼가 몸에서 멀어지지 않도록 바이퍼와 몸 사이 간격을 잘 유지할 수 있게 바이퍼를 잡은 팔은 정확히 회전 방향으로 다 돌고 난 후 뻗어준다.
- 몸의 중심이 중앙으로부터 멀어지지 않도록 한다.

▸ Target Muscle
- 족저근막
- 비복근
- 가자미근
- 대퇴사두근
- 슬괵근
- 대둔근
- 중둔근
- 복횡근
- 외복사근
- 내복사근
- 능형근
- 승모근
- 삼각근
- 삼두근

▸ Main Effects
- 몸의 중심축을 지키면서 상·하체 분리 및 회전에 도움을 준다.
- 리듬과 템포를 일정하게 유지할 수 있게 된다.
- 하체부터 팔까지 움직임의 협응력을 높여준다.

41 로 포지션 메디슨볼 로테이션 슬램

지도법
- 공을 받아주며 수행자가 공을 던질 때 자세를 보고 올바른 자세 지도 후 공을 주고받는다.
- 벽으로 던질 경우 수행자 뒤에서 하체부터 정확하게 버텨줄 수 있도록 지도한다.
- 하체를 교정하면 그다음 올바른 상체 회전을 할 수 있도록 보조한다.

응용도구 • 밸런스볼 • 밴드 • 케이블

▸ Ready Position
1. 바닥에 무릎 보호를 위한 패드를 깔고 그 위에 한 무릎으로 무릎 앉아 자세를 취한다.
2. 체중은 앞으로 실어주어 뒷다리의 고관절이 신전된 상태로 유지
3. 뒷발은 발가락으로 바닥을 누르며 견고하게 고정
4. 수행자는 메디슨볼을 잡고 명치 앞에 위치시킨다.

▸ Sequence
1. 보조자가 던져주면 그 공을 받아 호흡을 들이마시고 축을 지키며 백스윙으로 최대한 많이 간다.
2. 내쉬는 호흡에 수평회전을 해주며 보조자에게 자신 있게 던진다.
3. 한 방향에서 두 발로 번갈아가며 실행한다.

▸ Caution
- 메디슨볼을 던질 때 골반이 뒤로 빠지지 않도록 주의한다.
- 앞다리 방향으로 던질 경우, 공을 받으며 백스윙 때 축이 무너지지 않도록 뒷발로 정확하게 바닥을 지지하고, 회전할 때 던지는 반대 방향으로 넘어지지 않도록 체중을 충분히 앞다리에 실어준다.
- 뒷다리 방향으로 던질 경우, 공을 던질 때 골반이 뒤로 빠지지 않도록 체중을 충분히 앞에 실어준다.

▸ Target Muscle
- 족저근막
- 가자미근
- 슬괵근
- 대퇴사두근
- 장요근
- 대둔근
- 중둔근
- 복횡근
- 외복사근
- 내복사근
- 대흉근
- 전거근
- 능형근
- 승모근
- 삼각근

▸ Main Effects
- 하체를 견고하게 고정시킨 상태에서 상체의 회전력을 높이는 운동
- 하체는 고정되었지만 상체에 회전력을 더하기 위해 올바르게 힘을 사용하는 법 숙달
- 고정된 하체로 인해 상체회전은 조금 더 제한되지만, 확실하고 정확하게 축을 지키는 힘을 길러준다.

42 스탠딩(스플릿 스탠스) 메디슨볼 로테이션 슬램

지도법
- 공을 받아주며 수행자가 공을 던질 때 자세를 보고 올바른 자세 지도 후 공을 주고받는다.
- 벽으로 던질 경우 수행자 뒤에서 하체부터 정확하게 버텨줄 수 있도록 지도한다.
- 하체를 교정한 다음 올바른 상체회전을 할 수 있도록 보조한다.

응용도구 • 밸런스볼 • 밴드 • 케이블

▸ Ready Position
1. 바닥에 무릎 보호를 위한 패드를 깔고 그 위에 한 무릎으로 무릎 앉아 자세를 취한다.
2. 체중은 앞으로 실어주어 뒷다리의 고관절이 신전된 상태로 유지한다.
3. 뒷발은 발가락으로 바닥을 누르며 견고하게 고정한다.
4. 수행자는 메디슨볼을 잡고 명치 앞에 위치시킨다.

▸ Sequence
1. 보조자가 던져주면 그 공을 받아 호흡을 들이마시고 축을 지키며 백스윙으로 최대한 많이 간다.
2. 내쉬는 호흡에 수평회전을 해주며 보조자에게 자신 있게 던진다.
3. 한 방향에서 두 발을 번갈아가며 실행한다.

▸ Caution
- 메디슨볼을 던질 때 골반이 뒤로 빠지지 않도록 주의한다.
- 앞다리 방향으로 던질 경우, 공을 받으며 백스윙 때 축이 무너지지 않도록 뒷발로 정확하게 바닥을 지지하고, 회전할 때 던지는 반대방향으로 넘어지지 않도록 체중을 충분히 앞다리에 실어준다.
- 뒷다리 방향으로 던질 경우, 공을 던질 때 골반이 뒤로 빠지지 않도록 체중을 충분히 앞에 실어준다.

▸ Target Muscle
- 족저근막
- 가자미근
- 슬괵근
- 대퇴사두근
- 장요근
- 대둔근
- 중둔근
- 복횡근
- 외복사근
- 내복사근
- 대흉근
- 전거근
- 능형근
- 승모근
- 삼각근

▸ Main Effects
- 하체를 견고하게 고정시킨 상태에서 상체의 회전력을 높이는 운동
- 하체는 고정되었지만 상체에 회전력을 더하기 위해 올바르게 힘을 사용하는 법 숙달
- 고정된 하체로 인해 상체회전은 조금 더 제한되지만 확실하고 정확하게 축을 지키는 힘을 길러준다.
- 튜빙보다 좀 더 섬세하고 정확한 리듬과 템포를 만들 수 있다.

43 시티드 스테빌리티볼 메디슨볼 크로스 슬램 (정면으로 공 대각으로 받아 던지기)

지도법
- 수행자 앞에서 공을 던져주며 동작이 잘 안 나왔을 때, 운동을 잠시 멈추고 시범을 보이며 구두로 정확한 자세를 지도한다.

응용도구 • 밸런스볼

▸ **Ready Position**
1. 스테빌리티볼 위에 앉아서 보조자가 던져주는 공을 받을 준비한다.

▸ **Sequence**
1. 메디슨볼을 오른쪽으로 받음과 동시에 호흡을 들이마시며 백스윙을 한다.
2. 내쉬는 호흡에 상체는 수평 턴, 팔은 왼어깨 대각 방향으로 회전하며 메디슨볼을 던진다.

▸ **Caution**
- 메디슨볼을 받으며 백스윙 때, 받는 방향의 반대편 발이 지면에서 떨어지지 않도록 한다.
- 메디슨볼을 던질 때 하늘 위로 퍼올리듯 던지지 않도록 수평 턴에 집중한다.
- 메디슨볼을 던질 때 상체가 던지는 반대 방향으로 눕거나 앞으로 덤비지 않도록 축을 단단히 지켜준다.

▸ **Target Muscle**

| • 족저근막 | • 복횡근 | • 내복사근 | • 대흉근 | • 회전근개 |
| • 가자미근 | • 외복사근 | • 전거근 | • 삼각근 | |

▸ **Main Effects**
- 불안정 속에서 안정성을 만들어 하체의 안정성을 최대로 높인 상태에서 회전력을 높여준다.
- 하체의 안정성을 높이는 대신 가동성에 제한이 많이 걸린 상태에서 올바른 상체회전 움직임을 만들어준다.
- 올바른 지면반력을 이용해 대각 움직임을 향상시킨다.

44 벽 잡고 스쿼트

지도법 • 수행자 뒤에 서서 넘어질 때를 대비해서 견갑골 사이를 손으로 가볍게 받쳐주며 리듬과 템포를 리드한다.

응용도구 • 보수볼　• 밸런스패드

▸ Ready Position
1. 두 발을 어깨너비로 벌리고 발끝을 살짝 열어준 상태로 벽에 붙어 선다.
2. 두 팔은 어깨너비를 유지하며 머리 위로 뻗은 상태에서 벽에 붙어 선다.

▸ Sequence
1. 들이마시는 호흡에 최대한 준비 자세를 유지하며 내려간다.
2. 내쉬는 호흡에 내려온 속도와 똑같이 올라간다.

▸ Caution
- 내려갈 때 넘어지지 않도록 하며, 넘어질 경우 벽에서 조금씩 떨어져 서서 각자 맞는 위치를 찾고, 동작이 개선될수록 벽에 조금씩 다가선다.
- 뻗은 팔이 벌어지지 않도록 한다.
- 무릎을 너무 과하게 벌리지 않도록 한다.

▸ Target Muscle
- 대퇴사두근
- 장요근
- 척추기립근
- 능형근
- 회전근개
- 대둔근
- 복횡근
- 승모근
- 삼각근

▸ Main Effects
- 척추, 굽은 등, 라운드 숄더 재활운동에 매우 효과적이다.
- 스쿼트 자세가 안 좋은 사람들에게 가동성을 높여준다.

45 월 앤젤

지도법

응용도구   • 루프밴드   • 세라밴드   • 덤벨

▸ Ready Position
1. 서있거나 앉아있는 상태로 벽에 기댄다.
2. 서있는 기준으로 뒤꿈치, 둔근, 흉추, 후두부가 벽에 닿아 있어야 한다.
3. 앉아있는 기준으로 둔근, 흉추, 후두부가 벽에 닿아 있어야 한다.
4. 두 팔은 겨드랑이 90°, 팔꿈치 90°를 만들어 천장을 향하게 벽에 붙인다.

▸ Sequence
1. 준비 상태에서 호흡을 들이마시고 내쉬는 호흡에 두 팔을 벽에 천천히 쓸어 올리며 머리 위에서 두 검지와 엄지로 다이아몬드 모양이 나오게 손을 모아준다.
2. 다시 호흡을 들이마시며 준비 자세로 돌아온다.

▸ Caution
• 몸통과 팔이 벽에서 떨어지지 않도록 코어와 어깨 근육 활성화에 집중한다.

▸ Target Muscle
• 삼각근   • 승모근
• 회전근개

▸ Main Effects
• 어깨 재활운동에 효과적이다.
• 굳은 어깨 후면 및 흉부 후면 근육 움직임을 개선한다.

46 Y 프레스

 지도법

응용도구 • 루프밴드 • 세라밴드 • 덤벨

▶ Ready Position
1. 서있거나 앉아있는 상태로 벽에 기댄다.
2. 서있는 기준으로 뒤꿈치, 둔근, 흉추, 후두부가 벽에 닿아 있어야 한다.
3. 앉아있는 기준으로 둔근, 흉추, 후두부가 벽에 닿아 있어야 한다.
4. 두 팔은 겨드랑이 90°, 팔꿈치 90°를 만들어 천장을 향하게 벽에 붙인다.

▶ Sequence
1. 준비 상태에서 호흡을 들이마시고 내쉬는 호흡에 두 팔을 벽에 천천히 쓸어 올리며 두 팔을 대각선으로 뻗어 올린다.
2. 다시 호흡을 들이마시며 준비 자세로 돌아온다.

▶ Caution
- 몸통과 팔이 벽에서 떨어지지 않도록 코어와 어깨 근육 활성화에 집중한다.

▶ Target Muscle
- 대퇴사두근
- 장요근
- 척추기립근
- 능형근
- 회전근개
- 대둔근
- 복횡근
- 승모근
- 삼각근

▶ Main Effects
- 어깨 재활운동에 효과적이다.
- 굳은 어깨 후면 및 흉부 후면 근육 움직임을 개선한다.

47 플로윈(AB 슬라이드) 리버스 런지 앤 로테이션

지도법 • 수행자의 뒤와 옆을 지속적으로 확인하여 밸런스와 정확한 회전 동작을 보조한다.

응용도구 • 메디슨볼 • 아쿠아백

▶ Ready Position
1. 한 발은 플로윈(AB 슬라이드) 위에 서고 반대 발은 지면 위에 차렷자세로 선다.
2. 두 팔은 봉을 잡고 머리 위로 뻗어준다.

▶ Sequence
1. 들이마시는 호흡에 플로윈(AB 슬라이드) 위에 서있는 발을 뒤로 우측 대각으로 미끄러지며 무릎을 굽히고 상체는 왼쪽으로 회전한다.
2. 내쉬는 호흡에 준비 자세로 돌아온다.

▶ Caution
• 런지를 할 때 다리가 몸통 중심으로부터 바깥으로 멀어지지 않도록 내전근과 코어 활성도를 높인다.
• 상체를 회전시킬 때 팔만 돌리지 않도록 흉추 회전 동작에 집중한다.

▶ Target Muscle
• 족저근막   • 대퇴사두근   • 장요근   • 내복사근   • 능형근
• 가자미근   • 대둔근   • 복횡근   • 대흉근   • 회전근개
• 슬괵근   • 중둔근   • 외복사근 • 전거근

▶ Main Effects
• 플로윈 같은 바닥이 미끄러운 조건에서 하는 런지는 평지보다 더 높은 안정성과 가동성을 만들어준다.
• 불안정한 자세에서 회전 동작을 만들어주어 실제 필드에서 경사가 심한 위치에서 좀 더 안정적으로 스윙하는 데 도움을 준다.

48 케틀벨(맨손) 고블릿 스쿼트

지도법
- 수행자의 뒤에서 양 팔꿈치를 두 손으로 받쳐 보조한다.
- 수행자가 앞으로 넘어질 것 같은 경우, 옆에서 케틀벨을 받쳐주며 보조한다.

응용도구 • 덤벨 • 맨손 • 밴드 • 보수볼

▸ Ready Position
1. 척추는 중립 자세를 유지한다.
2. 케틀벨을 흉골 앞에 붙여 든다.
3. 다리는 어깨너비로 벌리고 두 발은 45° 바깥으로 벌려준다.

▸ Sequence
1. 들이마시는 호흡에 척추는 중립 자세를 유지하며 앉는다.
2. 내쉬는 호흡에 일어선다.

▸ Caution
- 운동을 수행하는 동안 척추 중립 자세를 반드시 유지한다.
- 앉을 때 상체가 앞으로 숙여지지 않도록 코어 활성화에 집중한다.
- 앉을 때 체중이 뒤로 쏠려 넘어지지 않도록 발바닥과 코어 활성화에 집중한다.

▸ Target Muscle
- 대퇴사두근
- 대둔근
- 복횡근
- 다열근
- 내전근
- 중둔근
- 척추기립근

▸ Main Effects
- 대퇴사두근과 동시에 내전근까지 강화시켜준다.
- 백 스쿼트에 비해 상체를 더 세우고 하기에 코어의 활성도가 더 높아 하체 운동과 코어 운동을 동시에 진행 가능하다.
- 백 스쿼트보다 둔근에 더 강한 자극을 줄 수 있고 파워를 더 낼 수 있다.
- 골반의 전방·후방 경사를 자유롭게 움직일 수 있게 만들어준다.

49 케틀벨(맨손) 카프 레이즈 고블릿 스쿼트

지도법
- 수행자의 뒤에서 양 팔꿈치를 두 손으로 받쳐 보조한다.
- 수행자가 앞으로 넘어질 것 같은 경우, 옆에서 케틀벨을 받쳐주며 보조한다.

응용도구 • 덤벨 • 맨손 • 밴드 • 보수볼

▸ Ready Position
1. 척추는 중립 자세를 유지한다.
2. 케틀벨을 흉골 앞에 붙여 든다.
3. 다리는 어깨너비로 벌리고 두 발은 45° 바깥으로 벌려준다.

▸ Sequence
1. 들이마시는 호흡에 척추의 중립 자세를 유지하며 앉는다.
2. 내쉬는 호흡에 일어선다.

▸ Caution
- 운동을 수행하는 동안 척추 중립 자세를 반드시 유지한다.
- 앉을 때 상체가 앞으로 숙여지지 않도록 코어 활성화에 집중한다.
- 앉을 때 체중이 뒤로 쏠려 넘어지지 않도록 발바닥과 코어 활성화에 집중한다.
- 앉을 때 두 발이 바닥에 닿지 않도록 비복근과 가자미근 활성화에 집중한다.

▸ Target Muscle
- 대퇴사두근
- 대둔근
- 복횡근
- 다열근
- 내전근
- 중둔근
- 척추기립근

▸ Main Effects
- 족저근막, 비복근, 가자미근을 강화시켜 어드레스의 안정성과 다운스윙 때 파워를 높여준다.
- 대퇴사두근과 동시에 내전근까지 강화시켜준다.
- 백 스쿼트에 비해 상체를 더 세우고 하기에 코어의 활성도가 더 높아 하체 운동과 코어 운동을 동시에 진행할 수 있다.
- 백 스쿼트보다 둔근에 더 강한 자극을 줄 수 있고 파워를 더 낼 수 있다.
- 골반의 전방·후방 경사를 자유롭게 움직일 수 있게 만들어준다.

50 베어 워킹

지도법
• 수행자가 동작을 수행할 때 움직임의 순서를 하나하나 상세하게 알려주며 손목 부상에 주의하도록 한다.

응용도구

▸ **Ready Position**
1. 팔굽혀펴기 자세로 엎드린다.
2. 왼팔은 전방으로 뻗어 땅을 짚고, 왼다리는 후방으로 뻗어 발로 땅을 지지하는데, 이때 골반은 우측으로 회전시켜 열어준다.
3. 골반은 오른쪽으로 회전시킨 상태에서 오른팔은 팔굽혀펴기 내려간 상태, 오른다리는 회전시킨 방향으로 개구리처럼 접어준다.

▸ **Sequence**
1. 준비 자세에서 호흡을 들이마시고 전방으로 오른다리와 팔을 뻗어주며 전진한다.
2. 도착했을 때 호흡을 내쉬며 준비 자세의 반대 방향으로 오른팔은 전방으로 뻗어 땅을 짚고, 오른다리는 후방으로 뻗어 발로 땅을 지지한다. 골반은 우측으로 회전시켜 열어주고, 오른팔은 팔굽혀펴기로 내려간 상태, 오른다리는 회전시킨 방향으로 개구리처럼 접어준다.

▸ **Caution**
• 동작을 수행하는 동안 골반이 높아지지 않도록 낮춘 상태에서 회전해준다.
• 골반의 회전각이 작을 때, 팔다리를 뻗었을 때 접는 팔다리의 공간 확보가 안 될 수 있다.
• 고립 운동처럼 근육의 한 부위만 생각하는 것보다는 신체 전체의 협응력을 생각하며 동작을 수행한다.

▸ **Target Muscle**
• 전신

▸ **Main Effects**
• 전신 협응력을 높여주어 고유수용감각 기능을 높여준다.
• 전신 근육들의 가동성을 높여준다.

51 애벌레 워킹

지도법 • 수행자 옆에서 천천히 따라가며 척추 각도를 잘 유지할 수 있도록 지도 및 보조한다.

응용도구

▸ Ready Position
1. 정자세로 선 상태로 준비한다.

▸ Sequence
1. 정자세에서 경추부터 요추까지 순서대로 척추 분절한 다음 상체를 앞으로 숙여 두 손으로 땅을 짚는다.
2. 땅을 짚은 두 손은 한 걸음씩 걸어 나가며 플랭크 자세까지 나아간다.
3. 두 손은 버텨주고 두 다리는 완전히 신전된 상태로 두 발로 엄지발가락 길이만큼 조금씩 각 개인의 하체 유연성이 가능한 위치까지 걸어서 몸을 'ㅅ'자 형태로 만들어준다.
4. 다시 요추부터 경추까지 척추 분절하여 일어선다.

▸ Caution
- 동작을 수행하는 동안 무릎이 굽혀지지 않도록 다리를 지속적으로 편다.
- 등이 많이 굽지 않도록 코어를 지속적으로 활성화시키며 고관절의 움직임에 집중한다.
- 두 발이 한 번에 너무 크게 움직이지 않도록 집중한다.

▸ Target Muscle
- 전신

▸ Main Effects
- 전신 협응력을 이용하여 코어를 강화시켜준다.
- 하체 후면의 유연성을 길러준다.
- 골반 주변 근육 강화 및 가동성을 높여준다.

52　점핑 잭 앤 필라 런

지도법 • 수행자들 앞에서 구령을 붙여주며 일정한 리듬과 템포에 맞춰 수행할 수 있도록 지도한다.

응용도구 • 중간과정 없이 바로 머리 위로 올리는 자세

▶ **Ready Position**
1. 점핑 잭
2. 차렷자세로 준비한다.
3. 필라 런
4. 한 발은 뒤로 빼고 반대편 손은 앞으로 들어 달리기 자세를 취한다.

▶ **Sequence**
1. 점핑 잭
2. 점프함과 동시에 두 팔과 다리를 넓게 벌려 큰 대(大) 자 모양으로 갔다가 다시 원위치로 돌아온다.
3. 다시 점프하며 두 다리는 이전과 동일하게 벌리고 두 팔은 정수리 위에서 서로 닿게 한다.
4. 필라 런
5. 허벅지가 허리 높이까지 올라오게 제자리에서 뛴다.
6. 두 팔은 달리는 속도에 맞춰 하체와 동일한 속도로 저어준다.

▶ **Caution**
• 두 운동 모두 일정한 리듬과 템포에 맞춰 수행한다.
• 점핑 잭
• 두 팔을 머리 위로 정확하게 뻗어 올려준다.
• 두 다리를 벌리는 넓이가 동일하도록 한다.
• 필라 런
• 일정한 속도를 유지할 수 있도록 호흡 속도에 맞춰 동작을 수행한다.
• 허벅지가 허리 높이까지 올라오도록 한다.
• 두 팔은 하체 속도에 맞춰 어깨로 확실이 저어준다.
• 동작을 수행하는 동안 주저앉지 않도록 코어를 잘 버텨준다.

▶ **Target Muscle**
• 전신

▶ **Main Effects**
• 팔 벌려 높이뛰기와 제자리 달리기를 한 세트로 묶어 심폐지구력, 지면반력, 코어, 밸런스, 협응력, 리듬과 템포 등 모든 운동에 기본기를 탄탄하게 해준다.

B. 안정성 & 밸런스 트레이닝

1 싱글레그 데드 리프트 투 핑거 터치

지도법 • 수행자 옆에 서서 부상 예방을 위해 정자세를 유지하도록 지도하며, 넘어지지 않도록 정확하게 보조한다.

응용도구 • 밸런스패드 • 보수볼 • 덤벨 • 아쿠아백 • 바벨 • 토닝볼

▶ Ready Position
1. 한 발로 서있는 상태에서 들고 있는 다리는 고관절과 무릎을 90° 접어 허리 높이로 들어준다.
2. 척추는 반드시 중립 자세를 유지한다.
3. 두 손은 검지손가락만 들고 어깨 높이로 들어준다.

▶ Sequence
1. 들이마시는 호흡에 척추 중립 자세를 유지하며, 지면을 지지하는 다리의 고관절을 접어(힙힌지) 상체를 숙여준다. 이때 무릎은 고관절의 굽힘에 맞게 자연스럽게 굽혀 체중을 잘 실어줄 수 있도록 한다.
2. 숙임과 동시에 지면이나 특정 물체를 두 검지손가락으로 가볍게 터치한다.

▶ Caution
• 동작을 수행하는 동안 반드시 척추 중립 자세를 유지한다.
• 힙힌지 동작 시 골반은 반드시 중립 자세를 유지하도록 한다.
• 발바닥을 활성화시켜 족저근막을 강화시켜준다.

▶ Target Muscle
• 족저근막   • 대퇴사두근   • 복횡근
• 가자미근   • 중둔근   • 장요근

▶ Main Effects
• 한 다리로 서서 하는 운동으로, 지지하는 발의 족저근막, 다리의 대퇴사두근, 그리고 중둔근 강화 및 가동성을 증진시켜 안정성 향상에 큰 도움을 준다.
• 밸런스를 잡기 위한 코어의 활성도도 높여준다.
• 안정성을 유지시키기 위한 집중력 향상에 도움을 준다.

2. 싱글레그 데드 리프트 크로스 핑거 터치

 지도법 • 수행자 옆에 서서 부상을 예방하기 위해 정자세를 유지하도록 지도하며, 넘어지지 않도록 정확하게 보조한다.

응용도구 • 밸런스패드 • 보수볼 • 덤벨 • 아쿠아백 • 바벨 • 토닝볼

▶ **Ready Position**
1. 한 발로 서있는 상태에서 들고 있는 다리는 고관절과 무릎을 90° 접어 허리 높이로 들어준다.
2. 척추는 반드시 중립 자세를 유지한다.
3. 한 손은 허리에 얹어주고, 다른 손은 검지손가락만 들고 어깨 높이로 들어준다.

▶ **Sequence**
1. 들이마시는 호흡에 척추 중립 자세를 유지하며, 지면을 지지하는 다리의 고관절을 접어 (힙힌지) 상체를 숙여준다. 이때 무릎은 고관절의 굽힘에 맞게 자연스럽게 굽혀 체중을 잘 실어줄 수 있도록 한다.
2. 숙임과 동시에 한 검지손가락으로 들고 있는 손의 반대 방향 물건이나 지면을 가볍게 터치한다.
3. 내쉬는 호흡에 역순으로 준비 자세로 돌아온다.

▶ **Caution**
• 동작을 수행하는 동안 반드시 척추 중립 자세를 유지한다.
• 힙힌지 동작 시 골반이 반드시 중립 자세를 유지하도록 한다.
• 발바닥을 활성화시켜 족저근막을 강화시켜준다.

▶ **Target Muscle**
- 족저근막
- 가자미근
- 대퇴사두근
- 중둔근
- 복횡근
- 장요근

▶ **Main Effects**
• 한 다리로 서서 하는 운동으로 지지하는 발의 족저근막, 다리의 대퇴사두근, 그리고 중둔근 강화 및 가동성을 증진시켜 안정성 향상에 큰 도움을 준다.
• 밸런스를 잡기 위한 코어의 활성도도 높여준다.
• 안정성을 유지하기 위한 집중력 향상에 도움을 준다.

3. 보수볼 익스코 업 로테이션(스플릿 스탠스)

지도법 • 수행자의 회전에 방해가 되지 않도록 수행자의 후방대각에 위치하여 부상 예방을 위해 정자세를 유지하도록 지도하며, 넘어지지 않도록 정확하게 보조한다.

응용도구 • 밸런스패드 • 밴드 • 덤벨 • 스틱

▸ Ready Position
1. 스플릿 스탠스로 보수볼 위에 선다.
2. 두 손의 손바닥이 천장을 보게 한 상태로 익스코를 잡고 명치 앞에 자연스럽게 뻗어준 상태로 위치한다.

▸ Sequence
1. 들이마시는 호흡에 뒷다리로 앉으며, 상체는 뒷다리 방향으로 회전한다.
2. 내쉬는 호흡에 일어서며 앞다리 방향으로 회전한다.

▸ Caution
• 보수볼 위에서 넘어지지 않도록 코어 활성화 유지에 집중한다.
• 익스코 소리를 일정하게 유지하기 위해 리듬과 템포가 빨라지지 않도록 호흡 속도에 맞춰 수행한다.

▸ Target Muscle
• 족저근막 • 대둔근 • 외복사근 • 승모근 • 삼각근
• 가자미근 • 중둔근 • 내복사근 • 능형근 • 회전근개
• 대퇴사두근 • 복횡근 • 대흉근 • 전거근

▸ Main Effects
• 밸런스 동작의 기본이라 할 수 있는 스플릿 스탠스를 보수볼 위에서 실시함으로써 더 높은 난이도로 운동을 수행할 수 있다.
• 하체 흔들림 속에서 익스코를 이용하여 일정한 리듬과 템포로 상체회전을 하여 가동성 및 일정함을 향상시켜준다.
• 발바닥을 활성화시켜 족저근막을 강화시켜준다.

4 보수볼 익스코 워킹

지도법
- 옆에서 수행자의 자세가 흐트러지는지 확인한다.
- 지속적으로 움직여야 하는 운동이므로 동작을 교정할 때 잠시 멈추고 정확한 자세를 지도한 뒤 다시 수행하기를 반복한다.

응용도구 • 보수볼 • 루프밴드

▸ Ready Position
1. 제자리에서 체중을 앞으로 실어주며 걷는 자세를 취한다.
2. 상체는 힙힌지를 통해 약 30° 앞으로 숙여준다.
3. 앞다리는 살짝 구부린 상태에서 체중을 실어주고 유지한다.
4. 뒷발은 뒤꿈치를 들고 있는 상태를 유지한다.
5. 양손은 익스코의 중앙을 잡고 걷는 자세를 취한다. 이때 왼발이 앞에 있으면 오른손을 들어준다.

▸ Sequence
1. 시작과 동시에 양팔과 뒷다리는 지속적으로 앞뒤로 움직이며 제자리걸음을 한다.
2. 호흡은 뒷발이 뒤에 있을 때 들이마시고 앞으로 디딜 때 내쉬어준다.

▸ Caution
- 동작을 수행하는 동안 움직이는 팔과 다리를 제외한 나머지는 최대한 고정시켜준다.
- 같은 방향의 손과 발이 동시에 나가지 않도록 한다.
- 리듬과 템포가 불규칙적으로 변하지 않도록 호흡 속도에 동작을 맞춰 수행한다.

▸ Target Muscle
- 전신

▸ Main Effects
- 일정한 리듬과 템포를 잡아준다.
- 등척성과 등장성 운동을 동시 수행하여 뇌의 활성화 및 움직임 인지능력을 높여준다.
- 어드레스 각도를 유지하며 팔과 다리로 다양한 움직임을 만들어준다.
- 보수볼 위에서 지지하는 발의 안정성을 높여주어 부상 예방 및 밸런스를 향상시켜준다.

5. 아쿠아백 클린

지도법
- 동작을 구간별로 나눠 상세하게 한 구간씩 반복하여 적응하게 하고 다음 동작을 하나씩 이어나가도록 한다.

응용도구 • 보수볼 • 밸런스패드

▶ Ready Position
1. 다리는 어깨너비만큼 벌리고 척추 중립 자세로 서서 두 손으로 아쿠아백을 안정적으로 잡은 상태에서 자연스럽게 늘어뜨려 몸 앞에 들고 선다.

▶ Sequence
1. 들이마시는 호흡에 데드 리프트 동작으로 내려가며, 아쿠아백을 무릎 높이까지 내린다.
2. 내쉬는 호흡에 하체는 지면을 짧은 시간에 강하게 밀고, 골반은 강하게 힙 드라이브를 하며 몸을 똑바로 세운다.
3. 상체는 슈러그 동작을 이용하여 배꼽 높이에서 아쿠아백을 낚아채듯 두 팔 위에 얹고 그대로 말아올려 가슴 높이에 위치시킨다.

▶ Caution
- 보수볼 위에서 넘어지지 않도록 코어 활성화 유지에 집중한다.
- 익스코 소리를 일정하게 유지하기 위해 리듬과 템포가 빨라지지 않도록 호흡 속도에 맞춰 수행한다.

▶ Target Muscle
- 대둔근
- 대퇴사두근
- 복횡근
- 장요근
- 능형근
- 승모근
- 삼각근
- 이두박근

▶ Main Effects
- 클린 동작은 역도 동작으로서 짧은 순간 강한 힘을 쓸 수 있게 만들어주는 동작이다.
- 아쿠아백을 이용해 코어에 불안정을 형성하여 더욱 안정적으로 힘을 쓸 수 있게 만들어준다.

6 아쿠아백 클린 앤 스쿼트

지도법
- 동작을 구간별로 나눠 상세하게 한 구간씩 반복하여 적응하게 하고 다음 동작을 하나씩 이어나가도록 한다.
- 스쿼트할 때, 뒤에서 수행자와 같은 속도로 스쿼트를 하며 팔꿈치를 두 손으로 보조한다.

응용도구 • 보수볼 • 루프밴드 • 밸런스패드

▶ **Ready Position**
1. 다리는 어깨너비만큼 벌리고 척추 중립 자세로 서서 두 손으로 잡은 아쿠아백을 안정적으로 잡은 상태에서 자연스럽게 늘어뜨려 몸 앞에 들고 선다.

▶ **Sequence**
1. 들이마시는 호흡에 데드 리프트 동작으로 내려가며, 아쿠아백을 무릎 높이까지 내린다.
2. 내쉬는 호흡에 하체는 지면을 짧은 시간에 강하게 밀고, 골반은 강하게 힙 드라이브를 하며 몸을 똑바로 세운다.
3. 상체는 슈러그 동작을 이용하여 배꼽 높이에서 아쿠아백을 낚아채듯 두 팔 위에 얹고 그대로 말아올려 가슴 높이에 위치시킨다.
4. 다시 호흡을 들이마시며 앉았다가 내쉬는 호흡에 일어서며 스쿼트를 한다.

▶ **Caution**
- 동작을 수행하는 동안 움직이는 팔과 다리를 제외한 나머지는 최대한 고정시켜준다.
- 같은 방향의 손과 발이 동시에 나가지 않도록 한다.
- 리듬과 템포가 불규칙적으로 변하지 않도록 호흡 속도에 동작을 맞춰 수행한다.

▶ **Target Muscle**
- 대둔근
- 복횡근
- 능형근
- 삼각근
- 대퇴사두근
- 요근
- 승모근
- 이두박근

▶ **Main Effects**
- 클린 동작은 역도 동작으로서 짧은 순간 강한 힘을 쓸 수 있게 만들어주는 동작이다.
- 클린하는 힘을 이용해서 스쿼트까지 연결시켜주어 힘의 전달력을 높여준다.
- 아쿠아백을 이용해 코어에 불안정을 형성하여 더욱 안정적으로 힘을 쓸 수 있게 만들어준다.

7 아쿠아백 싱글레그 클린

지도법
- 동작을 구간별로 나눠 상세하게 한 구간씩 반복하여 적응하게 하고 다음 동작을 하나씩 이어나가도록 한다.

응용도구 • 보수볼 • 밸런스패드

▶ Ready Position
1. 한 다리로 서고 다른 다리는 고관절과 무릎을 90°로 접어 허리 높이로 들어 올린다.
2. 척추 중립 자세로 선 상태에서 아쿠아백을 두 아래팔 위에 얹고 가슴 앞에 들고 선다.

▶ Sequence
1. 들이마시는 호흡에 데드 리프트 동작으로 내려가며, 아쿠아백을 무릎 높이까지 내리고 들고 있는 다리는 뒤로 뻗어준다.
2. 내쉬는 호흡에 하체는 지면을 짧은 시간에 강하게 밀고, 골반은 강하게 힙 드라이브를 하며 몸을 똑바로 세운다.
3. 들고 있는 다리는 무릎으로 강하게 차 올리며 준비 자세로 돌아온다.
4. 상체는 슈러그 동작을 이용하여 배꼽 높이에서 아쿠아백을 낚아채듯 두 팔 위에 얹고 그대로 말아올려 가슴 높이에 위치시킨다.

▶ Caution
- 밸런스를 잘 유지할 수 있도록 발가락으로 지면을 움켜쥐는 느낌으로 족저근막을 활성화시킨다.
- 아쿠아백을 들어 올릴 때 무릎만 뻗어 올려 아쿠아백이 배에 부딪히지 않도록 한다.
- 아쿠아백을 끌어올릴 때 슈러그 대신 로우 동작이 나오지 않도록 팔을 확실히 수직으로 끌어 올린다.
- 아쿠아백을 들어 올릴 때 허리가 너무 뒤로 꺾여 부상당하지 않도록 코어를 잘 잡아준다.

▶ Target Muscle
- 족저근막
- 가자미근
- 대둔근
- 대퇴사두근
- 복횡근
- 장요근
- 능형근
- 승모근
- 삼각근
- 이두박근

▶ Main Effects
- 한 다리로 서서 하는 운동으로 지지하는 발의 족저근막, 다리의 대퇴사두근, 그리고 중둔근 강화 및 가동성을 증진시켜 안정성 향상에 큰 도움을 준다.
- 클린 동작은 역도 동작으로서 짧은 순간 강한 힘을 쓸 수 있게 만들어주는 동작이다.
- 아쿠아백을 이용해 코어에 불안정을 형성하여 더욱 안정적으로 힘을 쓸 수 있게 만들어준다.

8 아쿠아백 클린 앤 런지

지도법 • 수행자 옆이나 뒤에서 따라가면서 넘어지지 않도록 보조하며 정확한 자세를 지도한다.

응용도구 • 덤벨

▶ Ready Position
1. 다리는 어깨너비만큼 벌리고 척추 중립 자세로 서서 두 손으로 잡은 아쿠아백을 안정적으로 잡은 상태에서 자연스럽게 늘어뜨려 몸 앞에 들고 선다.

▶ Sequence
1. 들이마시는 호흡에 데드 리프트 동작으로 내려가며 아쿠아백을 무릎 높이까지 내린다.
2. 하체는 지면을 짧은 시간에 강하게 밀고, 골반은 강하게 힙 드라이브를 한다.
3. 그와 동시에 하체는 런지를 하며 전진하고, 상체는 슈러그 동작을 이용하여 배꼽 높이에서 아쿠아백을 낚아채듯 두 팔 위에 얹고 그대로 말아 올려 가슴 높이에 위치시킨 뒤 호흡을 내쉰다.

▶ Caution
- 런지할 때 뒷다리가 무너져 무릎이 땅에 닿지 않도록 체중을 정확하게 앞다리에 잘 실어준다.
- 런지로 앉을 때 뒷다리가 너무 쭉 펴져 앞다리만 과하게 접혀 과부하가 걸리지 않도록 뒷무릎으로 잘 앉아준다.
- 동작을 수행하는 동안 넘어지지 않도록 코어 활성화에 집중한다.

▶ Target Muscle
- 전신

▶ Main Effects
- 클린 동작은 역도 동작으로서 짧은 순간 강한 힘을 쓸 수 있게 만들어준다.
- 아쿠아백을 이용해 코어에 불안정을 형성하여 더욱 안정적으로 힘을 쓸 수 있게 만들어준다.
- 런지 동작은 기본적으로 하체의 불안정성을 형성하여 하체 근력을 향상시키는 운동이다. 여기서 아쿠아백을 이용하여 더 큰 불안정성을 만들어 안정성을 강화하는 데 큰 도움을 준다.

9. 아쿠아백 스내치

지도법
- 수행자 위에서 아쿠아백을 한 번에 들어 올릴 수 있도록 두 팔꿈치를 보조한다.

응용도구 • 보수볼 • 밸런스패드

▶ Ready Position
1. 다리는 골반 넓이만큼 벌리고 척추 중립 자세로 서서 아쿠아백을 두 손으로 잡고 늘어뜨린 상태로 허벅지 위에 얹고 선다.

▶ Sequence
1. 들이마시는 호흡에 데드 리프트 동작으로 내려가며 아쿠아백을 무릎 높이까지 내린다.
2. 내쉬는 호흡에 클린 동작을 거쳐 한 번에 정수리 위로 프레스하며 아쿠아백을 들어준다.

▶ Caution
- 아쿠아백을 들어 올릴 때 무릎만 뻗어 올려 아쿠아백이 배에 부딪히지 않도록 한다.
- 아쿠아백을 들어 올릴 때 슈러그 대신 로우 동작이 나오지 않도록 팔을 확실히 수직으로 끌어 올린다.
- 아쿠아백을 들어 올릴 때 허리가 너무 뒤로 꺾여 부상당하지 않도록 코어를 잘 잡아준다.
- 프레스 동작에서 아쿠아백이 얼굴에 쓸리지 않도록 머리를 최대한 뒤로 빼주었다가 머리를 지나가는 순간 다시 머리를 중립 자세로 원위치시킨다.

▶ Target Muscle
- 전신

▶ Main Effects
- 스내치 동작은 역도 동작으로서 짧은 순간 강한 힘을 쓸 수 있게 만들어준다.
- 아쿠아백을 이용해 코어에 불안정을 형성하여 더욱 안정적으로 힘을 쓸 수 있게 만들어준다.
- 스내치 동작은 무게를 한 번에 머리 위로 들어 올리는 자세로서 전신 근력을 향상시키는 운동이다. 여기서 아쿠아백을 이용하여 더 큰 불안정성을 만들어 안정성을 강화하는 데 큰 도움을 준다.

10 싱글레그 T 자세 아쿠아백 좌우 천천히 이동

지도법
- 수행자 옆에 서서 부상 방지 차원에서 넘어지지 않도록 보조하며, 최대한 수행자 스스로 밸런스를 잡을 수 있을 정도로 보조한다.

응용도구 • 밸런스패드   • 보수볼

▸ **Ready Position**
1. 상체는 골프 어드레스 자세로 숙여준다.
2. 한 다리로 서고 다른 다리는 뒤로 뻗어준다.
3. 아쿠아백은 두 팔로 자연스럽게 늘어뜨린 상태로 잡아준다.

▸ **Sequence**
1. 들이마시는 호흡에 아쿠아백을 한쪽으로 보내준다.
2. 내쉬는 호흡에 반대로 보내준다.

▸ **Caution**
- 불안정성으로 인해 심리적으로 불안감이 생겨 넘어질 것 같은 느낌으로 인해 몸을 웅크리지 않는다.
- 넘어지더라도 끝까지 안 넘어지려고 하는 시도조차 안정성을 향상시키는 데 도움을 주므로 끝까지 최선을 다한다.

▸ **Target Muscle**
- 전신

▸ **Main Effects**
- 한 다리로 서서 하는 운동으로 지지하는 발의 족저근막, 다리의 대퇴사두근, 그리고 중둔근 강화 및 가동성을 증진시켜 안정성 향상에 큰 도움을 준다.
- 아쿠아백을 이용해 코어에 불안정을 형성하여 더욱 안정적으로 힘을 쓸 수 있게 만들어준다.
- 아쿠아백을 좌우로 천천히 이동시키는 동작은 기본적으로 전신의 불안정성을 형성하여 하체와 코어의 안정성을 향상시킨다.

11 아쿠아백 플라이오메트릭 백 스쿼트

지도법
- 수행자 뒤에서 점프 타이밍에 맞춰 흉곽을 잡고 가볍게 밀어 올리며 보조한다.
- 수행자 뒤에서 척추 중립 자세가 무너지지 않도록 호흡하는 큐를 잡아주고 흉곽을 잘 잡아준다.

응용도구 • 바벨   • 덤벨   • 루프밴드

▶ Ready Position
1. 아쿠아백을 상부와 중부 승모근 사이에 얹어 잡아준다.

▶ Sequence
1. 호흡을 들이마시면서 복압을 탄탄하게 유지하며, 척추 중립 자세를 유지하고 앉아준다.
2. 내쉬는 호흡에 일어섬과 동시에 점프한다.
3. 동작을 반복한다.

▶ Caution
- 동작을 수행하는 동안 척추 중립 자세가 무너져 넘어지거나 허리 부상 예방을 위해 복압 유지에 집중한다.
- 앉으며 최저점에 도달했을 때, 벗윙크(buttwink) 동작, 즉 골반이 후방경사되지 않도록 고관절, 무릎, 발목 가동성 준비운동을 충분히 한 후에 운동을 시작한다.
- 점프할 때, 힙 드라이브를 끝까지 해주어 신체가 최고점에 도달했을 때, 몸이 곧게 펴지도록 한다.

▶ Target Muscle
- 대퇴사두근
- 비복근
- 대둔근

▶ Main Effects
- 스쿼트 동작은 세계적으로 하체운동의 기본이라 불리는 운동으로서 하체 근력 향상의 대표 동작이다.
- 아쿠아백을 이용해 코어에 불안정을 형성하여 더욱 안정적으로 힘을 쓸 수 있게 만들어준다.
- 플라이오메트릭은 근육이 완전히 수축하기 전에 빠르게 신장시켜 큰 장력을 발생시키는 운동법이다. 거기에 아쿠아백의 불안정성을 더하여 밸런스, 협응성, 민첩성, 순발력을 향상시킨다.

12 아쿠아백 플라이오메트릭 스플릿 스쿼트

지도법
- 수행자 뒤에서 점프 타이밍에 맞춰 흉곽을 잡고 가볍게 밀어 올리며 보조한다.
- 수행자 뒤에서 척추 중립 자세가 무너지지 않도록 호흡하는 큐를 잡아주고 흉곽을 잘 잡아준다.

응용도구 • 바벨 • 덤벨 • 루프밴드

▶ Ready Position
1. 아쿠아백을 상부와 중부 승모근 사이에 얹어 잡아준다.

▶ Sequence
1. 호흡을 들이마시면서 복압을 탄탄하게 유지하며 척추 중립 자세를 유지하고 뒷다리로 앉아준다.
2. 내쉬는 호흡에 일어섬과 동시에 점프한다.
3. 동작을 반복한다.

▶ Caution
- 동작을 수행하는 동안 척추 중립 자세가 무너져 넘어지거나 허리, 무릎, 발목 부상 예방을 위해 복압 유지에 집중한다.
- 앉으며 최저점에 도달했을 때 상체가 앞으로 많이 숙여짐과 동시에 무릎이 모이지 않도록 고관절, 무릎, 발목 가동성 준비운동을 충분히 한 후에 운동을 시작한다.
- 점프할 때, 준비 자세를 최대한 유지하며 뛰어오른다.

▶ Target Muscle
- 전신
- 대둔근
- 대퇴사두근
- 비복근

▶ Main Effects
- 스쿼트 동작은 세계적으로 하체운동의 기본이라 불리는 운동으로서 하체 근력 향상의 대표 동작이다.
- 스플릿 스쿼트는 다리를 앞뒤로 벌려 일반 스쿼트보다 안정성을 더 요구하는 스쿼트이며, 앞뒤 다리가 서로 상반된 움직임을 통해 근력 향상은 물론 틀어진 밸런스를 맞춰주는 데도 도움을 준다.
- 아쿠아백을 이용해 코어에 불안정을 형성하여 더욱 안정적으로 힘을 쓸 수 있게 만들어준다.
- 플라이오메트릭은 근육이 완전히 수축하기 전에 빠르게 신장시켜 큰 장력을 발생시키는 운동법이다. 거기에 아쿠아백의 불안정성을 더하여 밸런스, 협응성, 민첩성, 순발력을 향상시킨다.

13 아쿠아백 백 스쿼트 사이드 골프 스텝 (라티시무스 워킹)

지도법
- 수행자의 옆과 뒤를 오가며 동작을 수행하는 동안 부상 방지를 위해 넘어지지 않도록 상체를 보조할 수 있도록 한다.

응용도구 • 덤벨 • 케틀벨 • 바

▸ **Ready Position**
1. 아쿠아백을 상부와 중부 승모근 사이에 얹어 잡아준다.

▸ **Sequence**
1. 들이마시는 호흡에 데드 리프트하듯 상체는 앞으로 숙여주며 버티는 다리의 둔근, 대퇴사두근, 발바닥에 체중을 얹어준다.
2. 오른다리는 신체 중심으로부터 좌측 대각으로 뻗어주며 가볍게 지면을 터치한다.
3. 내쉬는 호흡에 버티는 다리는 펴주며 상체를 들어 올리고 뻗은 다리는 제자리로 돌아온다.
4. 동작을 반복한다.

▸ **Caution**
- 움직이는 다리를 지면에 쿵 떨어뜨리지 않도록 한다.
- 하체가 움직임을 만드는 동안 아쿠아백을 들고 있는 상체는 코어의 활성도가 떨어지지 않도록 코어에 집중한다.

▸ **Target Muscle**
- 족저근막
- 슬괵근
- 중둔근
- 복횡근
- 내복사근
- 다열근
- 가자미근
- 대퇴사두근
- 대둔근
- 외복사근
- 요방형근
- 척추기립근

▸ **Main Effects**
- 상체의 버티는 힘과 하체의 측면 움직임을 강화하는 운동이다.
- 한 다리는 신체 중심을 버텨주는 역할로서 등척성 운동의 효과는 물론 안정성을 만들어준다.
- 아쿠아백을 이용해 코어에 불안정을 형성하여 더욱 안정적으로 힘을 쓸 수 있게 만들어준다.

14 싱글레그 T 자세 상체 좌우 회전

지도법
- 수행자의 옆과 뒤에서 부상 예방을 위해 넘어지지 않도록 골반을 중심으로 보조한다.
- 상체회전이 안 나오는 경우 잘 나올 수 있도록 흉곽을 보조한다.

응용도구 • 밴드 • 얇은 풀업밴드 • 튜빙

▶ **Ready Position**
1. 한 다리로 선 상태에서 상체는 골프 어드레스 자세로 숙여준다.
2. 한 다리로 골프 어드레스 자세를 취했으면 다른 다리는 뒤로 뻗어준다.
3. 두 팔은 좌우로 벌려준다.

▶ **Sequence**
1. 들이마시는 호흡에 뒤로 뻗은 다리 방향으로 회전한다.
2. 내쉬는 호흡에 버티는 다리 방향으로 회전한다.
3. 반대 패턴으로도 수행이 가능하다.

▶ **Caution**
- 회전할 때 골반의 움직임은 최소화하고 상체회전 움직임에 따라 회전한다.
- 뒤로 뻗고 있는 다리는 최대한 뻗은 상태를 유지할 수 있도록 중둔근 활성도를 높여준다.

▶ **Target Muscle**
- 전신

▶ **Main Effects**
- 한 다리는 신체 중심을 버텨주는 역할로서 등척성 운동의 효과는 물론 안정성을 만들어준다.
- 불안정 속에서 흉추 회전 가동성을 더욱 섬세하게 넓혀준다.

15 브레이스드 스쿼트

지도법 • 수행자 뒤에서 부상 예방을 위해 넘어지지 않고 바른 자세로 수행할 수 있게 보조한다.

응용도구 • 밸런스패드 • 보수볼

▸ Ready Position
1. 한 발로 선 상태에서 다른 다리의 발은 선 다리 발목을 뒤로 감고 무릎은 붙여 선다.
2. 두 손은 가벼운 무게의 덤벨 또는 물건을 들어 몸 앞에 자연스럽게 늘어뜨려준다.

▸ Sequence
1. 들이마시는 호흡에 두 무릎을 모아준 상태에서 앉으며, 동시에 두 팔은 뻗어준 상태로 가슴 앞까지 올려준다.
2. 내쉬는 호흡에 하체를 비롯한 골반 주변 코어 근육에 집중하여 준비 자세로 돌아온다.

▸ Caution
• 뒤로 감은 다리의 발이 지면이 닿지 않게 한다.
• 동작을 수행하는 동안 족저근막을 꾸준히 활성화시켜준다.
• 척추 중립 자세가 무너지지 않도록 코어에 집중한다.

▸ Target Muscle
• 족저근막   • 슬괵근   • 내전근   • 척추기립근   • 복횡근
• 가자미근   • 대퇴사두근   • 장요근   • 다열근

▸ Main Effects
• 한 다리로 지지하며 발바닥부터 머리끝까지 집중하여 전신 협응력을 길러준다.
• 협응력을 이용하여 신체 중심으로 힘을 모아 안정성을 높여준다.

16 밸런스패드 스플릿 스쿼트

지도법
- 수행자 뒤에서 흉곽을 잡고 가볍게 밀어 올리며 보조한다.
- 수행자 뒤에서 척추 중립 자세가 무너지지 않도록 호흡하는 큐를 잡아주고 흉곽을 잘 잡아준다.

응용도구 • 바벨 • 덤벨 • 케틀벨 • 토닝볼 • 메디슨볼 • 불가리안백 • 보수볼

▸ **Ready Position**
1. 밸런스패드 위로 스플릿 스탠스로 선다.

▸ **Sequence**
1. 호흡을 들이마시면서 복압을 탄탄하게 유지하며 척추 중립 자세를 유지하고 뒷다리로 앉아준다.
2. 내쉬는 호흡에 일어선다.
3. 동작을 반복한다.

▸ **Caution**
- 동작을 수행하는 동안 척추 중립 자세가 무너져 넘어지거나 허리, 무릎, 발목 부상 예방을 위해 복압 유지에 집중한다.
- 앉으며 최저점에 도달했을 때 상체가 앞으로 많이 숙여짐과 동시에 무릎이 모이지 않도록 고관절, 무릎, 발목 가동성 준비운동을 충분히 한 후에 운동을 시작한다.
- 일어설 때 복압 유지를 끝까지 해주며, 밸런스패드 위에 선다는 느낌보단 지면을 누르는 느낌으로 선다.

▸ **Target Muscle**
- 대퇴사두근
- 비복근
- 다열근
- 대둔근
- 복횡근
- 척추기립근

▸ **Main Effects**
- 스쿼트 동작은 세계적으로 하체운동의 기본이라 불리는 운동으로서 하체 근력 향상의 대표 동작이다.
- 스플릿 스쿼트는 다리를 앞뒤로 벌려 일반 스쿼트보다 안정성을 더 요구하는 스쿼트이며, 앞뒤 다리가 서로 상반된 움직임을 통해 근력 향상은 물론 틀어진 밸런스를 맞춰주는 데도 도움을 준다.
- 밸런스패드를 이용해 코어에 불안정을 형성하여 더욱 안정적으로 힘을 쓸 수 있게 만들어준다.

17 보수볼 & 밸런스패드 밴드 홀딩 스플릿 스쿼트

지도법
- 수행자 뒤에서 두 어깨를 잡고 가볍게 밀어 올리며 보조한다.
- 수행자 뒤에서 척추 중립 자세가 무너지지 않도록 호흡하는 큐를 잡아주고 어깨를 잘 잡아준다.

응용도구 • 바벨 • 덤벨 • 케틀벨 • 토닝볼 • 메디슨볼 • 불가리안백

▶ Ready Position
1. 보수볼 위로 스플릿 스탠스로 선다.
2. 두 손을 명치 앞으로 뻗어주고 밴드를 잡아준다.

▶ Sequence
1. 호흡을 들이마시면서 복압을 탄탄하게 유지하며 척추 중립 자세를 유지하고 뒷다리로 앉아준다.
2. 내쉬는 호흡에 일어선다.
3. 동작을 반복한다.

▶ Caution
- 동작을 수행하는 동안 척추 중립 자세가 무너져 넘어지거나 허리, 무릎, 발목 부상 예방을 위해 복압 유지에 집중한다.
- 앉으며 최저점에 도달했을 때 상체가 앞으로 많이 숙여짐과 동시에 무릎이 모이지 않도록 고관절, 무릎, 발목 가동성 준비운동을 충분히 한 후에 운동을 시작한다.
- 일어설 때 복압 유지를 끝까지 해주며, 보수볼 위에 선다는 느낌보단 지면을 누르는 느낌으로 선다.

▶ Target Muscle
- 대퇴사두근
- 비복근
- 다열근
- 전거근
- 골반기저근
- 대둔근
- 복횡근
- 척추기립근
- 횡격막

▶ Main Effects
- 스쿼트 동작은 세계적으로 하체운동의 기본이라 불리는 운동으로서 하체 근력 향상의 대표 동작이다.
- 스플릿 스쿼트는 다리를 앞뒤로 벌려 일반 스쿼트보다 안정성을 더 요구하는 스쿼트이며, 앞뒤 다리가 서로 상반된 움직임을 통해 근력 향상은 물론 틀어진 밸런스를 맞춰주는 데도 도움을 준다.
- 보수볼을 이용해 코어에 불안정을 형성하여 더욱 안정적으로 힘을 쓸 수 있게 만들어준다.
- 두 손을 명치 앞에 뻗어 밴드를 잡아준 상태로 운동을 수행할 때, 코어에 더 강한 자극을 주어 코어 강화에 도움을 준다.

18 보수볼 & 밸런스패드 스플릿 스탠스 우드찹

지도법 • 수행자의 옆이나 뒤에 서서 몸의 중심축을 잘 지키는지 확인하며 올바른 턴을 할 수 있도록 보조한다.

응용도구 • 밴드 • 덤벨 • 바이퍼

▸ Ready Position
1. 보수볼 위에서 스플릿 스탠스 자세로 선다.
2. 양손으로 메디슨볼을 잡고 자연스럽게 뻗어 명치 앞에 위치시킨 뒤 골프 어드레스만큼 상체를 숙여준다.

▸ Sequence
1. 들이마시는 호흡에 앞다리 쪽으로 백스윙하며 공을 머리 대각 위로 든다.
2. 내쉬는 호흡에 뒷다리 쪽으로 다운스윙하며 공을 바닥으로 내리친다.
3. 공이 떨어지는 지점은 앞발의 안쪽으로 동일선상에 던진다.

▸ Caution
- 백스윙 때 리드하는 팔이 치킨 윙이 되지 않도록 한다.
- 공과 몸 사이의 간격을 항시 유지한다.
- 팔로만 동작하지 않도록 흉추 회전 가동범위를 최대로 움직여준다.
- 백스윙 때 공의 위치가 머리 대각 위보다 낮아지지 않도록 한다.
- 다운스윙 시 슬램하는 반대편으로 넘어지지 않도록 한다.
- 다운스윙 시 공이 앞다리를 가격하지 않도록 수평 턴에 집중한다.
- 공의 낙하 지점이 기준 지점에서 너무 멀어지지 않도록 한다.
- 일어설 때 복압 유지를 끝까지 해주며, 밸런스패드 위에 선다는 느낌보단 지면을 누르는 느낌으로 선다.

▸ Target Muscle
- 전신

▸ Main Effects
- 오른손잡이 기준, 다운스윙 때 오른쪽이 과하게 눕어지는 현상을 방지한다.
- 올바른 수평턴과 다운 블로우 움직임을 향상시켜준다.
- 몸의 중심축을 잡는 데 도움을 준다.
- 보수볼이나 밸런스패드 위에서 불안정성을 형성하여 안정성을 향상시키는 데 도움을 준다.

19 보수볼 & 밸런스패드 케틀벨 싱글 암 스플릿 스쿼트

지도법
- 수행자 뒤에서 두 어깨를 잡고 가볍게 밀어 올리며 보조한다.
- 수행자 뒤에서 척추 중립 자세가 무너지지 않도록 호흡하는 큐를 잡아주고 어깨를 잘 잡아준다.

응용도구 • 덤벨 • 토닝볼 • 메디슨볼

▶ **Ready Position**
1. 보수볼 위에 스플릿 스탠스로 선다.
2. 한 손으로 케틀벨을 수직으로 들어 어깨 앞, 팔꿈치 위에 위치시킨다.

▶ **Sequence**
1. 호흡을 들이마시면서 복압을 탄탄하게 유지하며, 척추 중립 자세를 유지하고 뒷다리로 앉아준다.
2. 내쉬는 호흡에 일어선다.
3. 동작을 반복한다.

▶ **Caution**
- 동작을 수행하는 동안 척추 중립 자세가 무너져 넘어지거나 허리, 무릎, 발목 부상 예방을 위해 복압 유지에 집중한다.
- 앉으며 최저점에 도달했을 때 상체가 앞으로 많이 숙여짐과 동시에 무릎이 모이지 않도록 고관절, 무릎, 발목 가동성 준비운동을 충분히 한 후에 운동을 시작한다.
- 일어설 때 복압 유지를 끝까지 해주며 보수볼 위에 선다는 느낌보단 지면을 누르는 느낌으로 선다.

▶ **Target Muscle**
- 대퇴사두근
- 비복근
- 다열근
- 전거근
- 골반기저근
- 대둔근
- 복횡근
- 척추기립근
- 횡격막
- 아래팔 근육들

▶ **Main Effects**
- 스쿼트 동작은 세계적으로 하체운동의 기본이라 불리는 운동으로서 하체 근력 향상의 대표 동작이다.
- 스플릿 스쿼트는 다리를 앞뒤로 벌려 일반 스쿼트보다 안정성을 더 요구하는 스쿼트이며, 앞뒤 다리가 서로 상반된 움직임을 통해 근력 향상은 물론 틀어진 밸런스를 맞춰주는 데도 도움을 준다.
- 보수볼을 이용해 코어에 불안정을 형성하여 더욱 안정적으로 힘을 쓸 수 있게 만들어준다.
- 한 손으로 케틀벨을 들어 어깨 앞에 위치한 상태로 운동을 수행할 때, 팔 힘과 더 큰 불안정성을 주어 코어 강화에 도움을 준다.

20 싱글레그 데드 리프트

지도법 • 수행자 옆에 서서 부상 예방을 위해 정자세를 유지하도록 지도하며, 넘어지지 않도록 정확하게 수행자의 골반이나 어깨를 보조한다.

응용도구 • 밸런스패드 • 보수볼 • 덤벨 • 아쿠아백 • 바벨 • 토닝볼

▸ Ready Position
1. 한 발로 서있는 상태에서 들고 있는 다리는 고관절과 무릎을 90° 접어 허리 높이로 들어준다.
2. 척추는 반드시 중립 자세를 유지한다.

▸ Sequence
1. 들이마시는 호흡에 척추 중립 자세를 유지하며 지면을 지지하는 다리의 고관절을 접어(힙힌지) 상체를 숙여준다. 이때 무릎은 고관절의 굽힘에 맞게 자연스럽게 굽혀 체중을 잘 실어줄 수 있도록 한다.
2. 내쉬는 호흡에 역순으로 준비 자세로 돌아온다.

▸ Caution
• 동작을 수행하는 동안 반드시 척추 중립 자세를 유지한다.
• 힙힌지 동작 시 골반이 반드시 중립 자세를 유지하도록 한다.
• 발바닥을 활성화시켜 족저근막을 강화시켜준다.

▸ Target Muscle
• 족저근막   • 대퇴사두근   • 중둔근   • 장요근   • 다열근   • 광배근
• 가자미근   • 대둔근   • 복횡근   • 복횡근   • 척추기립근

▸ Main Effects
• 한 다리로 서서 하는 운동으로 지지하는 발의 족저근막, 다리의 대퇴사두근, 그리고 중둔근 강화 및 가동성을 증진시켜 안정성 향상에 큰 도움을 준다.
• 밸런스를 잡기 위한 코어의 활성도도 높여준다.
• 안정성을 유지하기 위한 집중력 향상에 도움을 준다.

21 싱글레그 T 자세 케틀벨 좌우 이동

지도법 • 수행자의 옆에 서서 부상 방지 차원에서 넘어지지 않도록 보조하며, 최대한 수행자 스스로 밸런스를 잡을 수 있을 정도로 보조한다.

응용도구 • 밸런스패드 • 보수볼

▸ **Ready Position**
1. 상체는 골프 어드레스 자세로 숙여준다.
2. 한 다리로 서고 다른 다리는 뒤로 뻗어준다.
3. 케틀벨은 두 팔로 자연스럽게 늘어뜨린 상태로 잡아준다.

▸ **Sequence**
1. 들이마시는 호흡에 아쿠아백을 한쪽으로 보내준다.
2. 내쉬는 호흡에 반대로 보내준다.

▸ **Caution**
• 불안정성으로 인해 심리적으로 불안감이 생겨 넘어질 것 같은 느낌으로 인해 몸을 웅크리지 않는다.
• 넘어지더라도 끝까지 안 넘어지려고 하는 시도조차 안정성을 향상시키는 데 도움을 주므로 끝까지 최선을 다한다.

▸ **Target Muscle**
• 전신

▸ **Main Effects**
• 한 다리로 서서 하는 운동으로 지지하는 발의 족저근막, 다리의 대퇴사두근, 그리고 중둔근 강화 및 가동성을 증진시켜 안정성 향상에 큰 도움을 준다.
• 케틀벨을 이용해 코어에 불안정을 형성하여 더욱 안정적으로 힘을 쓸 수 있게 만들어준다.
• 케틀벨을 좌우로 천천히 이동시키는 동작은 기본적으로 전신의 불안정성을 형성하여 하체와 코어의 안정성을 향상시킨다.

22 싱글레그 스테빌리티볼 받고 던지기(좌우)

지도법
- 벽이 없을 경우, 수행자와 공을 주고받으며 구두로 동작을 지적한다.
- 벽이 있을 경우, 수행자의 움직임에 걸리지 않게 옆이나 뒤에 서서 올바른 회전 및 골반 움직임을 만들 수 있도록 보조한다.

응용도구 • 밸런스패드 • 보수볼 • 메디슨볼

▸ Ready Position
1. 오른손잡이 기준, 왼발을 들고 오른다리로 서서 보조자로부터 공을 받을 준비한다.
2. 왼다리의 고관절과 무릎은 90°로 접어 허리 높이까지 유지한다.
3. 왼다리로 서있을 때도 마찬가지로 오른다리의 고관절과 무릎은 90°로 접어 허리 높이까지 유지한다.

▸ Sequence
1. 왼다리를 들고 있을 때
2. 스테빌리티볼을 받음과 동시에 호흡을 들이마시며 백스윙을 하고, 상체는 앞으로 숙이며 왼다리는 뒤로 뻗어준다.
3. 내쉬는 호흡에 뒤로 뻗은 왼다리를 원위치로 차 올리며 보조자에게 던진다.
4. 오른다리를 들고 있을 때
5. 스테빌리티볼을 받음과 동시에 호흡을 들이마시면서 오른다리는 들고 있는 그대로 버티며 백스윙한다.
6. 내쉬는 호흡에 오른다리는 우측 대각 뒤편으로 뻗어주며 보조자를 향해 공을 던진다.

▸ Caution
- 공을 받을 때 최대한 넘어지지 않도록 발바닥 및 코어 활성화에 집중하며 버틴다.
- 공을 던질 때 넘어지려는 불안감으로 인해 회전 없이 팔로만 던지지 않도록 한다.

▸ Target Muscle
- 전신

▸ Main Effects
- 한 다리로 서서 하는 운동으로 지지하는 발의 족저근막, 다리의 대퇴사두근, 그리고 중둔근 강화 및 가동성을 증진시켜 안정성 향상에 큰 도움을 준다.
- 불안정 속에서 신체를 대각 패턴으로 움직여 한 다리로 최대 힘을 사용할 수 있는 움직임을 만들어준다.
- 회전할 때 각 다리의 역할을 인지시켜준다.

23 메디슨볼 싱글레그 슬램 앤 점프

지도법
- 수행자 옆에서 부상 방지를 위해 넘어지지 않도록 골반을 잡고 보조한다.
- 수행자가 숙련자인 경우, 앞에서 메디슨볼을 받아주며 부족한 동작은 구두로 지도한다.

응용도구 • 밸런스패드 • 보수볼

▶ Ready Position
1. 한 다리로 서서 메디슨볼을 잡고 선다.
2. 들고 있는 다리는 고관절과 무릎을 90° 접어 허리 높이까지 들어 올린다.

▶ Sequence
1. 들이마시는 호흡에 메디슨볼을 정수리 위로 높게 들어 올린다.
2. 짧게 내쉬는 호흡에 짧은 스쿼트를 하며 상체를 숙이는 힘으로 메디슨볼을 땅에 슬램하고 그 힘을 이용해 점프한다.

▶ Caution
- 착지할 때 발목을 다치지 않도록 충분한 착지 훈련 후 실시한다.
- 메디슨볼을 내려칠 때 어깨를 다치지 않도록 어깨 안정성을 확실히 만들어준 상태에서 슬램한다.

▶ Target Muscle
- 족저근막
- 비복근
- 내전근
- 대둔근
- 가자미근
- 대퇴사두근
- 중둔근
- 장요근

▶ Main Effects
- 한 다리로 서서 하는 운동으로 지지하는 발의 족저근막, 다리의 대퇴사두근, 그리고 중둔근 강화 및 가동성을 증진시켜 안정성 향상에 큰 도움을 준다.
- 한 다리로 점프하는 동작은 순발력, 짧은 시간에 쓰는 힘이 좋아져 지면반력을 더 강한 힘으로 사용할 수 있게 도움을 준다.
- 메디슨볼을 강한 힘으로 지면에 내리친 후 점프하는 동작은 평범한 점프보다 더 빠른 시간에 더 강한 힘을 모아 지면반력을 쓸 수 있게 한다.

24 원 핸드 업 스테빌리티볼 스플릿(싱글레그) 스쿼트

지도법 • 뒷다리가 안으로 말려 넘어지지 않도록 수행자 옆에 서서 보조한다.

응용도구 • 토닝볼 • 밴드 • 덤벨 • 메디슨볼

▶ Ready Position
1. 스플릿 스탠스에서 뒷다리는 스테빌리티볼 위에 쭉 뻗은 상태에서 발등으로 눌러준다.
2. 상체는 최대한 중립 자세로 세워주고 뻗은 다리의 같은 방향 손을 천장 쪽으로 뻗어준다.
3. 다른 손은 허리에 얹어준다.

▶ Sequence
1. 들이마시는 호흡에 앞다리는 앉아주며 동시에 뒷다리는 스테빌리티볼을 눌러줌과 동시에 뒤로 밀어준다.
2. 내쉬는 호흡에 다시 준비 자세로 천천히 돌아온다.
3. 동작을 수행하는 동안 상체와 팔 위치는 그대로 유지한다.

▶ Caution
• 앞다리의 발바닥을 충분히 활성화시켜 중심을 잘 잡을 수 있도록 한다.
• 뒷다리는 스테빌리티볼을 충분히 눌러주어 흔들리지 않도록 한다.
• 신체 전반적인 중심을 잡기 위해 골반 주변 코어 근육 활성화에 집중한다.
• 들고 있는 팔이 앞으로 떨어지지 않도록 주의한다.

▶ Target Muscle
• 족저근막   • 대퇴사두근   • 중둔근   • 복횡근   • 전거근
• 가자미근   • 내전근   • 대둔근   • 척추기립근   • 삼각근
• 슬괵근   • 장요근   • 골반 기저근 • 다열근   • 회전근개

▶ Main Effects
• 한 다리로 서서 하는 운동으로 지지하는 발의 족저근막, 다리의 대퇴사두근, 그리고 중둔근 강화 및 가동성을 증진시켜 안정성 향상에 큰 도움을 준다.
• 스테빌리티볼에 다리를 얹어서 하는 운동은 좌우로 상당히 많이 흔들리는 동작 중 하나다. 이를 이용하여 골반 및 허벅지 내측 근육들을 강화한다.

25 시티드 스테빌리티볼 싱글레그 밴딩 버티기(옆에서 당기기)

지도법 • 수행자가 넘어지지 않도록 뒤에서 흔들리는 부위를 가볍게 밀어주며, 넘어짐을 방지하고 밸런스를 유지할 수 있는 큐를 잡아준다.

응용도구 • 밴드에 원판 걸기

▶ Ready Position
1. 스테빌리티볼 위에 앉은 상태에서 한 다리는 지면을 지지하고 다른 다리는 들고 최대한 펴준다.
2. 두 손은 명치 앞에 자연스럽게 뻗은 상태에서 밴드를 잡는다.

▶ Sequence
1. 준비 자세를 유지하며, 호흡을 일정한 속도로 유지하여 코어를 컨트롤하며 정해놓은 시간 동안 버틴다.

▶ Caution
• 넘어지지 않도록 지면을 지지하는 발바닥을 최대한 활성화시킨다.
• 들고 있는 다리는 지면에 떨어지지 않도록 장요근과 대퇴사두근을 수축시켜준다.
• 골반 기저근을 중심으로 내전근과 협응하여 골반의 중심을 잡아준다.

▶ Target Muscle
• 전신

▶ Main Effects
• 스테빌리티볼 위에 앉아서 한 다리로 지면을 지지하므로 코어를 활용한 안정성을 잡아주는 데 매우 효과적이다.
• 옆에서 당기는 밴드는 더욱 큰 불안정성을 형성해 복부 힘을 더 강하게 사용하게 한다.

26 하이 플랭크 런지 로테이션(World's greatest stretch)

지도법
- 수행자 옆에서 지쳤을 때 다리를 더 들어 올릴 수 있게 보조한다.
- 허리가 처지지 않도록 뻗은 다리 옆에서 골반을 보조한다.

응용도구 • 밴드 • 토닝볼 • 덤벨

▸ **Ready Position**
1. 푸시업 준비 자세처럼 플랭크 자세로 있는다.

▸ **Sequence**
1. 준비 자세에서 호흡을 들이마시고 내쉬는 호흡에 왼다리를 왼손 옆까지 접어 올린다.
2. 다시 들이마시는 호흡에 왼손은 오른 겨드랑이 밑으로 찔러 넣는다.
3. 다시 내쉬는 호흡에 몸통은 왼쪽으로 회전하며 왼팔을 천장으로 뻗어 올린다.

▸ **Caution**
- 동작을 하는 동안 뻗어 버티는 다리의 무릎이 바닥에 닿지 않게 한다.
- 동작을 하는 동안 허리가 아래로 처지지 않도록 복횡근 활성화에 집중한다.

▸ **Target Muscle**
- 전신

▸ **Main Effects**
- 전신의 움직임과 협응력을 높여준다.
- 각각의 팔과 다리는 서로 반대로 한쪽이 수축하면 이완하고 버티면 움직이는 동작으로서 '세계 최고의 스트레칭(World's greatest stretch)'이라는 명칭을 가지고 있다.

27 에어로빅 스텝박스 빠르게 딛고 멈추기

지도법
- 스텝박스 옆에서 수행자가 착지했을 때 넘어지지 않고 올바른 자세로 버틸 수 있도록 보조한다.

응용도구 • 덤벨 • 케틀벨 • 밴드

▶ **Ready Position**
1. 스텝박스로부터 뜀걸음으로 한 발 물러서서 스플릿 스탠스로 있는다.
2. 두 손은 달리기 자세로 앞뒤로 교차해 들고 있는다.

▶ **Sequence**
1. 준비 자세에서 호흡을 들이마신다.
2. 빠르게 앞으로 튀어나가며 스텝박스를 밟는다.
3. 그 순간 다른 다리는 고관절과 무릎을 90° 접어 허리 높이까지 올리며, 짧고 굵게 호흡을 내쉬며 버틴다.
4. 두 팔은 하체 움직임에 맞춰 달리기하듯 빠르게 저어준다.

▶ **Caution**
- 스텝박스 위에 착지할 때 앞으로 넘어지지 않기 위해 버티다가 측면 방향으로 넘어지는 것은 더욱 안 좋다. 차라리 앞으로 걸어나가는 것이 좋다.
- 들고 있는 다리는 확실히 무릎으로 차 올리듯 힘차게 찬다.
- 버틸 때 확실하게 코어 근육 활성화에 집중한다.

▶ **Target Muscle**
- 족저근막
- 비복근
- 대퇴사두근
- 중둔근
- 복횡근
- 다열근
- 가자미근
- 슬괵근
- 장요근
- 대둔근
- 골반 기저근
- 척추기립근

▶ **Main Effects**
- 자동차가 급발진이나 급정거하듯 순간적으로 튀어나가 급격하게 멈춰 순간 가속과 감속하는 힘을 높여준다.
- 한 다리로 서서 하는 운동으로 지지하는 발의 족저근막, 다리의 대퇴사두근, 그리고 중둔근 강화 및 가동성을 증진시켜 안정성 향상에 큰 도움을 준다.
- 순간 감속하는 힘을 이용하여 작용·반작용 원리를 이해한다.

C. 힘 전달 트레이닝

1 니킥

지도법
- 수행자 옆에서 척추 중립 자세 및 지지하는 다리를 보조하며, 특히 힘차게 무릎을 차 올릴 수 있도록 손이나 미트 같은 도구로 타깃을 만들어준다.

응용도구 • 플라이오 박스 • 에어로빅 스텝박스 • 보수볼 • 밸런스패드 • 밸런스볼

▸ **Ready Position**
1. 달리기 전력질주 자세: 앞다리는 구부린 상태에서 체중을 앞으로 실어주고, 뒷다리는 최대로 멀리 뻗은 상태에서 발가락으로만 지면을 지지한 상태에서 두 손은 허리나 양쪽 귀에 얹어준다.

▸ **Sequence**
1. 준비 자세에서 호흡을 들이마신다.
2. 내쉬는 호흡에 앞다리는 지면을 최단시간에 최대 힘으로 밀며 다리를 펴고, 뒤로 뻗은 다리는 고관절과 무릎이 90°로 접힌 상태에서 허리 높이까지 힘차게 차 올린다.
3. 동작을 반복한다.

▸ **Caution**
- 앞다리보다 뒷다리가 앞서나가지 않도록 호흡 속도에 맞춰 순서를 지킨다.
- 지면을 지지하는 다리가 넘어지지 않도록 웅크리는 자세보단 발바닥의 활성화와 다리를 쭉 펴는 것과 코어 활성화에 집중한다.
- 상체는 반드시 척추 중립 자세를 유지한다.

▸ **Target Muscle**
- 족저근막
- 가자미근
- 내전근
- 대둔근
- 복횡근
- 척추기립근
- 비복근
- 대퇴사두근
- 중둔근
- 장요근
- 다열근

▸ **Main Effects**
- 한 다리로 짧은 시간에 지면을 차 올리는 동작으로 순발력과 폭발적인 힘을 길러준다.
- 지면반력을 더 효율적으로 사용하게 해준다.
- 척추 중립 자세를 최대로 유지한 상태에서 발끝부터 머리까지 효과적으로 힘을 전달시킬 수 있게 도와준다.
- 팔의 움직임을 제한하고 하는 하체 동작인 만큼 코어 활성화에 집중하여 상체 흔들림을 잡아준다.

2 싱글레그 연속 니킥 (한 발은 바닥에 안 닿고)

지도법 • 수행자 옆에서 척추 중립 자세 및 지지하는 다리를 보조하며, 특히 힘차게 무릎을 차 올릴 수 있도록 손이나 미트 같은 도구로 타깃을 만들어준다.

응용도구 • 플라이오 박스 • 에어로빅 스텝박스 • 보수볼 • 밸런스패드 • 밸런스볼

▶ Ready Position
1. 달리기 전력질주 자세: 앞다리는 구부린 상태에서 체중을 앞으로 실어주고, 뒷다리는 최대로 멀리 뻗은 상태에서 발가락으로만 지면을 지지한 상태에서 두 손은 허리나 양쪽 귀에 얹어준다.

▶ Sequence
1. 준비 자세에서 호흡을 들이마신다.
2. 내쉬는 호흡에 앞다리는 지면을 최단시간에 최대 힘으로 밀며 다리를 펴고, 뒤로 뻗은 다리는 고관절과 무릎이 90°로 접힌 상태에서 허리 높이까지 힘차게 차 올린다.
3. 준비 자세로 돌아올 때 들고 있는 다리가 지면에 닿지 않은 상태를 유지하며 반복한다.

▶ Caution
- 앞다리보다 뒷다리가 앞서나가지 않도록 호흡 속도에 맞춰 순서를 지킨다.
- 지면을 지지하는 다리가 넘어지지 않도록 웅크리는 자세보단 발바닥의 활성화와 다리를 쭉 펴는 것과 코어 활성화에 집중한다.
- 상체는 반드시 척추 중립 자세를 유지한다.

▶ Target Muscle
- 족저근막
- 가자미근
- 내전근
- 대둔근
- 복횡근
- 척추기립근
- 비복근
- 대퇴사두근
- 중둔근
- 장요근
- 다열근

▶ Main Effects
- 한 다리로 짧은 시간에 지면을 차 올리는 동작으로 순발력과 폭발적인 힘을 길러준다.
- 움직이는 다리를 지면에 닿지 않게 함으로써 지면을 지지하는 다리의 안정성은 더욱 강하게 그리고 파워는 더 빠르게 사용할 수 있게 만들어준다.
- 지면반력을 더 효율적으로 사용하게 해준다.
- 척추 중립 자세를 최대로 유지한 상태에서 발끝부터 머리까지 효과적으로 힘을 전달시킬 수 있게 도와준다.
- 팔의 움직임을 제한하고 하는 하체 동작인 만큼 코어 활성화에 집중하여 상체 흔들림을 잡아준다.

3 스프린터 패턴 점프

지도법 • 수행자가 움직임 순서를 헷갈려 할 때, 옆에서 한 동작씩 리드하며 동작의 순서를 맞춰준다.

응용도구 • 토닝볼　• 덤벨　• 스텝박스

▸ **Ready Position**
1. 달리기 전력질주 자세로 선다.
2. 이때 체중은 앞다리에 실어준다.
3. 왼발이 앞일 경우, 오른팔을 왼편 앞으로 들어준다.

▸ **Sequence**
1. 준비 자세에서 호흡을 들이마신다.
2. 호흡을 참고 앞으로 준비 자세 보폭만큼 한 발 넓게 나가 지면을 딛는다.
3. 팔은 스텝에 맞춰 지속적으로 움직여준다.
4. 호흡을 내쉬며 디딘 다리는 힘차게 지면을 차 올리며 점프하고 공중에서 스프린터 자세를 만든다.
5. 다시 호흡을 들이마시며 준비 자세로 돌아오고 원위치하여 반복 수행한다.

▸ **Caution**
• 점프할 때 발이 미끄러지듯 점프하지 않도록 지면을 확실하게 밀어준다.
• 점프한 상태에서 상·하체가 서로 반대로 비트는 동작은 지면에서보다 어려우므로 많은 회전 보단 전반적인 대각의 움직임과 척추 중립 자세를 유지한다.
• 올리는 다리의 무릎은 허리까지 확실히 차 올린다.
• 호흡 속도에 맞춰 동작을 실시한다.

▸ **Target Muscle**
• 전신

▸ **Main Effects**
• 단거리 육상 선수들이 달릴 때 폭발적인 힘을 내는 패턴을 이용해 중심축을 지키고 회전하는 운동
• 맨몸을 이용하도록 힘 전달 및 회전의 기본을 잡아주는 데 도움을 준다.
• 골프 스윙 패턴에 맞게 하체, 상체, 팔 순서대로 움직임을 만들어준다.

4 메디슨볼 스텝 슬램

지도법
- 수행자의 공을 잡아줘야 할 경우, 동작이 끝나고 난 후 구두로 동작을 보완해준다.
- 벽에다 공을 던질 경우, 수행자의 전면에서 구분 동작으로 확실한 움직임을 만들어준 후 던질 수 있게 보조한다.

응용도구
- 골프 클럽

▸ Ready Position
1. 두 발을 모은 상태로 메디슨볼을 들고 골프 어드레스로 선다.

▸ Sequence
1. 오른손잡이 기준
2. 호흡을 들이마시며 왼발을 어깨너비보다 넓게 벌리며 디뎌주고, 동시에 상체는 오른쪽으로 회전하여 최단시간에 몸통에 회전 및 꼬임을 만들어준다.
3. 내쉬는 호흡에 하체는 8틸트 자세를 만들며, 상체는 우드찹 하듯 메디슨볼을 강하게 내려치며 폴로스루에서 멈춘다.
4. 정확한 동작을 만들었으면 보조자의 구령에 맞춰 피니시로 넘어온다.
5. 폴로스루에서 멈추는 동작이 좋아지면 피니시까지 한 번에 넘어가는 동작으로 이어간다.

▸ Caution
- 얼리 익스텐션, 오버 더 톱, 손으로 과도한 던지기 동작이 나오지 않도록 한다.
- 스텝을 좁게 디디지 않도록 주의한다.
- 스텝은 넓게 디디지만 상체회전이 과해 체중이 우측에 실리지 않도록 한다.
- 스텝을 디뎠을 때 무릎은 넓게 벌어진 상태로 유지한다.

▸ Target Muscle
- 전신

▸ Main Effects
- 메디슨볼을 스윙 동작 중 트랜지션(전환) 구간에 맞춰 강하게 슬램하여 파워를 증가시킨다.
- 공 맞기 직전부터 피니시 구간까지 빠르게 한 번에 스윙할 수 있게 도움을 준다.

5 메디슨볼 어드레스 슬램

지도법
- 수행자의 공을 잡아줘야 할 경우, 동작이 끝나고 난 후 구두로 동작을 보완해준다.
- 벽에다 공을 던질 경우, 수행자의 전면에서 구분 동작으로 확실한 움직임을 만들어준 후 던질 수 있게 보조한다.

응용도구 • 골프 클럽 • 케이블 • 밴드

▸ **Ready Position**
1. 메디슨볼을 들고 골프 어드레스로 선다.

▸ **Sequence**
1. 오른손잡이 기준: 2초 또는 2박자에 맞춰 백스윙을 들어준다.
2. 내쉬는 호흡에 하체는 8틸트 자세를 만들며, 상체는 우드찹 하듯 메디슨볼을 강하게 내려치며 폴로스루에서 멈춘다.
3. 정확한 동작을 만들었으면 보조자의 구령에 맞춰 피니시로 넘어온다.
4. 폴로스루에서 멈추는 동작이 좋아지면 피니시까지 한 번에 넘어가는 동작으로 이어간다.

▸ **Caution**
- 얼리 익스텐션, 오버 더 톱, 손으로 과도한 던지기 동작이 나오지 않도록 한다.
- 리듬과 템포가 일정하게 유지되도록 지도자의 구령에 맞춰 운동을 수행한다.
- 백스윙 때 팔만 들지 않도록 상체회전을 먼저 한다.
- 메디슨볼을 슬램할 때 확실히 8틸트 동작이 선행된 후 슬램한다.

▸ **Target Muscle**
- 전신

▸ **Main Effects**
- 메디슨볼을 이용하여 전체 스윙 동작 맞춰 강하게 슬램하여 파워를 증가시킨다.
- 정확한 리듬과 템포를 만들어 올바른 타이밍에 정확히 한 번 강력하게 스윙할 수 있게 도움을 준다.

6 메디슨볼 90° 턴 슬램(좌우)

지도법
- 수행자의 전면에서 구간별 정확한 동작을 확인 및 교정한 후 연결 동작으로 이어질 수 있도록 지도한다.

응용도구 • 밸런스패드 • 보수볼

▸ **Ready Position**
1. 다리는 어깨너비로 벌려 선다.
2. 메디슨볼을 잡고 명치 앞에 위치시킨다.

▸ **Sequence**
1. 들이마시는 호흡에 상체는 우측 회전하며 팔은 몸통 앞에 유지한다.
2. 내쉬는 호흡에 좌측 회전하며 메디슨볼을 던진다.

▸ **Caution**
- 공을 던질 때 골반이 뒤로 빠지지 않도록 체중을 회전하는 방향 발에 확실히 실어놓는다.
- 상체를 한 바퀴 돌릴 때 상체회전에 따라 두 팔도 같이 회전한다.

▸ **Target Muscle**
- 전신

▸ **Main Effects**
- 하체 체중이동, 상체회전, 마지막 팔로 힘을 내보내는 순서에 맞춰 움직여 힘을 전달하는 패턴을 만들어준다.

7 플라이오 박스 점프

지도법 • 수행자가 점프 후 착지 때 넘어지지 않도록 옆에서 보조한다.

응용도구

▶ **Ready Position**
1. 두 발을 골반 또는 어깨너비로 벌려 플라이오 박스 정면을 보고 선다.

▶ **Sequence**
1. 들이마시는 호흡에 새가 날아오르듯 앞으로 숙이며 두 팔은 상체 뒤로 뻗어준다.
2. 내쉬는 호흡에 지면을 최단시간에 최대 힘으로 밀어 점프하며 플라이오 박스 위로 올라 착지한다.

▶ **Caution**
• 착지할 때 중력에 맡기며, 둔근의 힘으로 버티며 착지한다.
• 점프할 때 발이 지면을 미끄러지듯 무릎만 접어 점프하지 않도록 한다.

▶ **Target Muscle**
• 족저근막
• 비복근
• 대퇴사두근
• 내전근
• 대둔근

▶ **Main Effects**
• 점프는 모든 운동 선수들에게 폭발적인 힘을 길러주는 세계적으로 대표적인 운동이다.
• 순발력, 민첩성, 힘 전달 능력을 향상시켜주어 어떠한 동작을 하건 순간적으로 강한 힘을 사용하는 데 큰 도움을 준다.

8 플라이오 박스 90° 점프

지도법 • 수행자가 점프 후 착지 때 넘어지지 않도록 옆에서 보조한다.

응용도구

▸ **Ready Position**
1. 두 발을 골반 또는 어깨너비로 벌려 플라이오 박스에서 90° 옆으로 선다.

▸ **Sequence**
1. 들이마시는 호흡에 새가 날아오르듯 앞으로 숙이며 두 팔은 상체 뒤로 뻗어준다.
2. 내쉬는 호흡에 지면을 최단시간에 최대 힘으로 밀어 측면으로 점프함과 동시에 90° 회전하며 플라이오 박스 위로 올라 착지한다.

▸ **Caution**
- 착지할 때 중력에 맡기며, 둔근의 힘으로 버티며 착지한다.
- 점프할 때 발이 지면을 미끄러지듯 무릎만 접어 점프하지 않도록 한다.
- 점프보다 회전이 선행되어 박스 끝에 걸려 넘어지지 않도록 주의한다.

▸ **Target Muscle**
- 족저근막
- 비복근
- 대퇴사두근
- 내전근
- 대둔근
- 복횡근
- 외복사근
- 내복사근
- 능형근

▸ **Main Effects**
- 점프는 모든 운동 선수들에게 폭발적인 힘을 길러주는 세계적으로 대표적인 운동이다.
- 순발력, 민첩성, 힘 전달 능력을 향상시켜주어 어떠한 동작을 하건 순간적으로 강한 힘을 사용하는 데 큰 도움을 준다.
- 점프에 회전을 더하여 회전력을 높여준다.

9 플라이오 박스 180° 점프

지도법 • 수행자가 점프 후 착지 때 넘어지지 않도록 옆에서 보조한다.

응용도구

▸ **Ready Position**
1. 두 발을 골반 또는 어깨너비로 벌려 플라이오 박스에서 뒤돌아선다.

▸ **Sequence**
1. 들이마시는 호흡에 새가 날아오르듯 앞으로 숙이며 두 팔은 상체 뒤로 뻗어준다.
2. 내쉬는 호흡에 지면을 최단시간에 최대 힘으로 밀어 후면으로 점프함과 동시에 180° 회전하며 플라이오 박스 위로 올라 착지한다.

▸ **Caution**
- 착지할 때 중력에 맡기며, 둔근의 힘으로 버티며 착지한다.
- 점프할 때 발이 지면을 미끄러지듯 무릎만 접어 점프하지 않도록 한다.
- 점프보다 회전이 선행되어 박스 끝에 걸려 넘어지지 않도록 주의한다.

▸ **Target Muscle**
- 족저근막
- 비복근
- 대퇴사두근
- 내전근
- 대둔근
- 복횡근
- 외복사근
- 내복사근
- 능형근

▸ **Main Effects**
- 점프는 모든 운동 선수들에게 폭발적인 힘을 길러주는 세계적으로 대표적인 운동이다.
- 순발력, 민첩성, 힘 전달 능력을 향상시켜주어 어떠한 동작을 하건 순간적으로 강한 힘을 사용하는 데 큰 도움을 준다.
- 점프에 회전을 더하여 회전력을 높여준다.

10 허들 스텝 90° 점프 & 플라이오 박스 점프

지도법
- 수행자가 착지할 때 넘어지지 않도록 수행자의 움직임에 맞춰 따라가며 넘어졌을 시 받쳐줄 준비를 한다.
- 동작을 지도할 때 구분 동작으로 지도한 후 연결할 때는 구두로 진행한다.

응용도구 • 콘   • 다양한 패턴의 허들 세팅

▸ **Ready Position**
1. 허들에서 90° 돌아선 상태로 선다.

▸ **Sequence**
1. 들이마시는 호흡에 새가 날아오르듯 앞으로 숙이며 두 팔은 상체 뒤로 뻗어준다.
2. 짧게 호흡을 내쉬며 90° 점프 회전한다. 허들을 넘고 플라이오 박스를 정면으로 바라보며 착지하며, 다시 짧게 호흡을 들이마신다.
3. 다시 호흡을 짧게 내쉬며 점프하여 플라이오 박스 위로 올라간다.

▸ **Caution**
- 착지할 때 중력에 맡기며 둔근의 힘으로 버티며 착지한다.
- 점프할 때 발이 지면에서 미끄러지듯 무릎만 접어 점프하지 않도록 한다.
- 점프보다 회전이 선행되어 허들 끝에 걸려 넘어지지 않도록 주의한다.

▸ **Target Muscle**
- 족저근막
- 가자미근
- 내전근
- 대둔근
- 비복근
- 슬괵근
- 대퇴사두근

▸ **Main Effects**
- 점프를 이용하여 연속으로 방향전환, 회전, 수직 움직임을 만들어 우리 몸이 다양한 동작을 빠르고 민첩하고 힘있게 반응하도록 한다.

11 플라이오 박스 스플릿 점프

지도법 • 수행자 옆에서 점프하거나 착지할 때 넘어질 경우에 대비해서 옆에서 항상 잡아줄 준비를 한다.

응용도구

▶ **Ready Position**
1. 플라이오 박스 2개를 앞뒤에 두고 사이에 서서 두 발은 골반 넓이로 선다.

▶ **Sequence**
1. 들이마시는 호흡에 새가 날아오르듯 앞으로 숙이며 두 팔은 상체 뒤로 뻗어준다.
2. 순간적으로 호흡을 짧게 끊듯 내쉬며 점프하고, 공중에서 다리를 앞뒤로 벌려 스플릿 스탠스로 플라이오 박스 위에 착지한다.

▶ **Caution**
• 점프는 플라이오 박스에 걸리지 않도록 수행자의 점프 높이에 맞게 설정한다.
• 착지 후 원위치로 내려올 때 발목 부상 방지를 위해 걸어서 조심스럽게 내려온다.
• 점프할 때 순간적으로 지면을 짧은 시간에 강한 힘으로 지면을 밀어내듯 점프한다.
• 착지할 때 넘어지지 않도록 발바닥과 코어의 활성도를 유지한다.

▶ **Target Muscle**
• 족저근막   • 가자미근   • 슬괵근   • 장요근   • 중둔근
• 비복근   • 대퇴사두근 • 내전근   • 대둔근   • 복횡근

▶ **Main Effects**
• 점프 후 스플릿 스탠스로 착지하는 동작으로서 착지할 때 불안정성을 형성하여 안정성을 더 높여줄 수 있다.

12 플라이오메트릭 점프 스쿼트

지도법
- 수행자 뒤에서 점프 타이밍에 맞춰 흉곽을 잡고 가볍게 밀어 올리며 보조한다.
- 수행자 뒤에서 척추 중립 자세가 무너지지 않도록 호흡하는 큐를 잡아주고 흉곽을 잘 잡아준다.

응용도구 • 바벨 • 덤벨 • 루프밴드

▸ **Ready Position**
1. 두 손을 허리에 얹고 다리는 어깨너비로 벌려 선다.

▸ **Sequence**
1. 호흡을 들이마시며 복압을 탄탄하게 유지하여 척추 중립 자세를 유지하고 앉아준다.
2. 내쉬는 호흡에 일어섬과 동시에 점프한다.
3. 동작을 반복한다.

▸ **Caution**
- 동작을 수행하는 동안 척추 중립 자세가 무너져 넘어지거나 허리 부상 예방을 위해 복압 유지에 집중한다.
- 앉으며 최저점에 도달했을 때, 벗윙크(buttwink) 동작, 즉 골반이 후방 경사되지 않도록 고관절, 무릎, 발목 가동성 준비운동을 충분히 실시한 후에 운동을 시작한다.
- 점프할 때, 힙 드라이브를 끝까지 해주어 신체가 최고점에 도달했을 때, 몸이 곧게 펴지도록 한다.

▸ **Target Muscle**
- 대퇴사두근
- 비복근
- 대둔근

▸ **Main Effects**
- 스쿼트 동작은 세계적으로 하체운동의 기본이라 불리는 운동으로서 하체 근력 향상의 대표 동작이다.
- 플라이오메트릭은 근육이 완전한 수축을 하기 전에 빠르게 신장시켜 큰 장력을 발생시키는 운동법이다.
- 협응성, 민첩성, 순발력을 향상시킨다.

13 에어로빅 스텝박스 러닝 연속

지도법
- 수행자 옆에서 하체와 상체 움직임의 협응력이 일정하게 유지되도록 박자를 맞춰준다.
- 부상 방지를 위해 넘어지지 않도록 항시 대기한다.

응용도구 • 세라밴드 • 밸런스패드 • 보수볼 • 밸런스볼

▸ Ready Position
1. 한 발을 스텝박스에 올리고 달리기 자세를 준비한다.

▸ Sequence
1. 준비 자세에서 호흡을 들이마시고 내쉬는 호흡에 니킥 하듯 앞으로 치고 나간다.
2. 호흡을 들이마시며 다시 돌아오고, 호흡 속도에 맞춰 지속적으로 반복한다.

▸ Caution
- 하체 속도에 맞춰 두 팔도 같이 맞춰 앞뒤로 흔들어야 한다.
- 같은 손과 발이 나가지 않도록 주의한다.

▸ Target Muscle
- 전신

▸ Main Effects
- 제자리에서 러닝하는 동작이다.
- 짧고 빠르게 치고 나가는 동작을 반복하여 순발력과 민첩성을 향상시킨다.
- 세라밴드를 두 손으로 잡고 수행할 때, 하체 속도에 맞춰 두 팔을 저어주는 속도도 같이 향상되어 순발력을 향상시킨다.

14 세라밴드 펀치

지도법
- 수행자 옆에서 밴드를 잡아줄 땐 구분 동작을 통해 정확한 동작을 구두로 알려준 뒤 연속 동작으로 실시한다.
- 밴드를 걸어주었을 땐 수행자의 뒤에서 하체, 상체, 팔 순서로 동작을 보조한다.

응용도구 • 밸런스패드 • AB 슬라이드 • 케이블 • 가벼운 덤벨

▶ Ready Position
1. 7번 아이언 스탠스 넓이로 골프 어드레스를 선다.
2. (오른손잡이 기준) 오른손으로 세라밴드를 잡고 팔을 몸통에 최대한 가까이 접어준다.
3. 보조자는 세라밴드를 오른발 옆에서 낮게 잡아준다.

▶ Sequence
1. 들이마시는 호흡에 스쿼트하듯 앉으며, 상체는 백스윙 동작을 하여 전환(Transition) 동작을 만들어준다.
2. 내쉬는 호흡에 8틸트 동작을 힘차게 만들어주고, 그 힘을 받아 상체는 회전하며 오른손은 수행자로부터 왼편에 있는 목표를 향해 힘차게 주먹을 뻗어준다.

▶ Caution
- 펀치할 때 팔을 휘젓는 것이 아니라 몸 앞 직선으로 뻗어준다.
- 회전 없이 펀치할 경우 밴드가 몸으로부터 멀리 또는 위로 벗어나므로 반드시 회전 후 펀치한다.
- 8틸트 동작을 반드시 선행하며 이어서 상체와 팔을 움직여준다.

▶ Target Muscle
- 전신

▶ Main Effects
- 8틸트 움직임에서 세라밴드의 장력을 이용해 강력한 펀치를 날리는 동작이다.
- 하체는 버텨주고 상체는 회전하는 힘을 이용해 팔을 효과적으로 힘있게 뻗을 수 있다.
- 이 뻗는 힘은 골프 스윙 시 임팩트에서 팔로우까지 동작을 개선시켜준다.

15 케틀벨 스내치

지도법 • 수행자 뒤에서 손을 들어 케틀벨이 혹시 뒤로 넘어갈 상황에 대비한다.

응용도구 • 바벨

▸ **Ready Position**
1. 다리는 어깨너비로 벌리고, 케틀벨을 들고 자연스럽게 몸 앞에 늘어뜨리며 선다.

▸ **Sequence**
1. 들이마시는 호흡에 고블릿 스쿼트처럼 상체를 최대한 수직으로 세운 상태로 앉으며, 케틀벨도 수직으로 내려가게 한다.
2. 내쉬는 호흡에 점프하듯 최단시간에 몸을 뻗어주고 그와 동시에 케틀벨을 수직으로 머리 위까지 한 번에 올려준다.

▸ **Caution**
- 스쿼트를 할 때 케틀벨 스윙하듯 앞으로 많이 숙이지 않도록 한다.
- 케틀벨 스윙 동작으로 스내치를 할 경우, 케틀벨이 몸 뒤로 넘어가 큰 부상을 입을 수 있으니 주의한다.
- 케틀벨을 끌어 올릴 때 몸에 최대한 가까이 수직으로 들어 올린다.
- 복압을 잘 유지하여 허리 부상을 방지한다.

▸ **Target Muscle**
- 전신

▸ **Main Effects**
- 역도에서 인상이라고 불리는 동작이며, 무게를 한 번에 머리 위로 던지듯 올리는 운동이다.
- 클린과 같이 최단시간에 최대 힘을 길러준다.
- 골프와 매우 흡사한 리듬과 템포로 정확한 타이밍에 힘을 한번 확실하게 쓸 수 있게 해준다.

16 케틀벨 스내치 90° 턴

지도법 • 수행자 뒤에서 손을 들어 케틀벨이 혹시 뒤로 넘어갈 상황에 대비한다.

응용도구 • 바벨

▸ Ready Position
1. 다리는 어깨너비로 벌리고 케틀벨을 들고 자연스럽게 몸 앞에 늘어뜨리며 선다.

▸ Sequence
1. 들이마시는 호흡에 고블릿 스쿼트처럼 상체를 최대한 수직으로 세운 상태로 앉으며, 케틀벨도 수직으로 내려가게 한다.
2. 내쉬는 호흡에 점프하듯 최단시간에 몸을 뻗어주고 그와 동시에 케틀벨을 수직으로 머리 위까지 한 번에 올림과 동시에 왼쪽으로 90° 회전하여 케틀벨을 머리 위로 들고 있는 상태에서 몸은 골프 피니시 동작을 만든다.
3. 다시 호흡을 들이마시며 스쿼트하고 반대편으로 똑같이 반복한다.

▸ Caution
- 회전보다 뻗는 힘을 선행한다.
- 스쿼트를 할 때 케틀벨 스윙하듯 앞으로 많이 숙이지 않도록 한다.
- 케틀벨 스윙 동작으로 스내치를 할 경우, 케틀벨이 몸 뒤로 넘어가 큰 부상을 입을 수 있으니 주의한다.
- 케틀벨을 끌어 올릴 때 몸에 최대한 가까이 수직으로 들어 올린다.
- 복압을 잘 유지하여 허리 부상을 방지한다.

▸ Target Muscle
- 전신

▸ Main Effects
- 클린과 같이 최단시간에 최대 힘을 길러준다.
- 골프와 매우 흡사한 리듬과 템포로 정확한 타이밍에 힘을 한번 확실하게 쓸 수 있게 해준다.
- 회전 양이 너무 많아 클럽을 휘두르지 못하는 사람들은 뻗는 힘을 전달한 후 회전 패턴을 익힐 수 있다.

17 올림픽 바 스플릿 펀치

지도법
- 수행자 앞에서 올림픽 바를 잡고 수행자가 지쳐 올리기 힘들어할 때 가볍게 들어 올리며 보조한다.
- 앞에서 정확한 동작을 구두로 설명하며 리듬과 템포를 맞춰준다.

응용도구 • 케이블   • 밴드   • 가벼운 덤벨

▶ **Ready Position**
1. 올림픽 바를 오른손으로 받쳐들고 팔을 접어 어깨 앞에 얹는다.
2. 왼손은 정수리 위로 자연스럽게 뻗어준다.
3. 하체는 오른다리가 앞, 왼다리가 뒤로 위치하도록 스플릿 스탠스를 잡는다.

▶ **Sequence**
1. 들이마시는 호흡에 준비 자세에서 두 박자에 맞춰 스플릿 스쿼트하며 내려간다.
2. 내쉬는 호흡에 한 박자에 최단시간에 점프하듯 양팔, 다리의 앞뒤를 바꾸며 바를 들고 있던 손은 펀치한다.
3. 펀치 동작을 하자마자 바로 다시 두 박자에 맞춰 돌아오고 동작을 반복한다.

▶ **Caution**
- 바를 들고 있는 손이 몸으로부터 바깥으로 벌어져 어깨를 다치지 않도록 한다.
- 다리는 펀치할 때 확실하고 정확하게 준비 자세 넓이만큼 반대로 바꿔주고 돌아온다.
- 펀치할 때 상체를 올림픽 바 쪽으로 많이 기울이지 않는다.

▶ **Target Muscle**
- 전신

▶ **Main Effects**
- 역도의 저크 동작처럼 하체로 짧은 순간 강하게 뻗는 힘을 길러준다.
- 하체로 뻗는 힘을 손까지 전달시키는 힘 전달 능력이 향상된다.
- 골프와 매우 흡사한 리듬과 템포로 정확한 타이밍에 힘을 한번 확실하게 쓸 수 있게 해준다.

18 올림픽 바 골프 클린

지도법
- 동작을 구간별로 나눠 상세하게 한 구간씩 반복하여 적응하게 하고 다음 동작을 하나씩 이어나가도록 한다.

응용도구 • 보수볼 • 밸런스패드

▸ Ready Position
1. 다리는 어깨너비만큼 벌리고, 척추 중립 자세로 선 상태에서 두 손으로 잡은 올림픽 바를 안정적으로 어깨너비로 잡은 상태에서 자연스럽게 늘어뜨려 몸 앞에 들고 선다.

▸ Sequence
1. 들이마시는 호흡에 데드 리프트 동작으로 내려가며 올림픽 바를 무릎 높이까지 내린다.
2. 내쉬는 호흡에 하체는 지면을 짧은 시간에 강하게 밀고, 골반은 강하게 힙 드라이브를 하며 골프 피니시하듯 몸을 똑바로 세운다.
3. 상체는 슈러그 동작을 이용하여 배꼽 높이에서 올림픽 바를 낚아채듯 그대로 말아올려 삼각근 위에 위치시킨다.

▸ Caution
- 올림픽 바를 들어 올릴 때 무릎만 뻗어 올려 올림픽 바가 배에 부딪히지 않도록 한다.
- 올림픽 바를 끌어올릴 때 슈러그 대신 로우 동작이 나오지 않도록 팔을 확실히 수직으로 끌어 올린다.
- 올림픽 바를 들어 올릴 때 허리가 너무 뒤로 꺾여 부상당하지 않도록 코어를 잘 잡아준다.

▸ Target Muscle
- 대둔근
- 복횡근
- 능형근
- 삼각근
- 대퇴사두근
- 장요근
- 승모근
- 이두박근

▸ Main Effects
- 클린은 역도 동작으로서 짧은 순간 끌어올리는 힘을 강하게 쓸 수 있게 만들어주는 동작이다.
- 올림픽 바를 이용해 더욱 안정적이고 폭발적으로 힘을 쓸 수 있게 만들어준다.

19 올림픽 바 골프 클린 앤 저크

지도법
- 동작을 구간별로 나눠 상세하게 한 구간씩 반복하여 적응하게 하고 다음 동작을 하나씩 이어나가도록 한다.
- 수행자 뒤에서 올림픽 바가 머리 위에서 뒤로 넘어가 다치지 않도록 보조한다.

응용도구 • 무게 조절 • 덤벨

▸ Ready Position
1. 다리는 어깨너비만큼 벌리고 척추 중립 자세로 선 상태에서 두 손으로 잡은 올림픽 바를 안정적으로 어깨너비로 잡은 상태에서 자연스럽게 늘어뜨려 몸 앞에 들고 선다.

▸ Sequence
1. 들이마시는 호흡에 데드 리프트 동작으로 내려가며 올림픽 바를 무릎 높이까지 내린다.
2. 내쉬는 호흡에 하체는 지면을 짧은 시간에 강하게 밀고, 골반은 강하게 힙 드라이브를 하며 몸을 똑바로 세운다.
3. 상체는 슈러그 동작을 이용하여 배꼽 높이에서 올림픽 바를 낚아채듯 그대로 말아올려 삼각근 위에 위치시킨다.
4. 짧은 순간 호흡을 들이마시며 30° 정도로 앉자마자 바로 짧고 굵은 호흡을 내쉬며 점프하듯 두 다리를 앞뒤로 뻗어주며 올림픽 바는 머리 위로 뻗어 올린다.

▸ Caution
- 올림픽 바를 들어 올릴 때 무릎만 뻗어 올려 올림픽 바가 배에 부딪히지 않도록 한다.
- 올림픽 바를 끌어올릴 때 슈러그 대신 로우 동작이 나오지 않도록 팔을 확실히 수직으로 끌어 올린다.
- 올림픽 바를 들어 올릴 때 허리가 너무 뒤로 꺾여 부상당하지 않도록 코어를 잘 잡아준다.
- 저크 동작 때 올림픽 바가 턱에 맞지 않도록 머리는 최대한 뒤로 당겨주고 바는 수직보단 머리를 피해 자연스러운 곡선 형태로 머리 위로 뻗어 올린다.

▸ Target Muscle
- 전신

▸ Main Effects
- 클린은 역도 동작으로서 짧은 순간 끌어올리는 힘을 강하게 쓸 수 있게 만들어주는 동작이다.
- 저크는 역도 동작으로서 짧은 순간 머리 위로 뻗어 올리는 힘을 강하게 쓸 수 있게 만들어주는 동작이다.
- 올림픽 바를 이용해 더욱 안정적이고 폭발적으로 힘을 쓸 수 있게 만들어준다.

20 올림픽 바 골프 스러스터

지도법 • 수행자 뒤에서 두 손으로 팔꿈치 아래를 받쳐주고, 같은 리듬과 템포를 따라 움직이며 수행자가 무게를 버거워할 때 바로 보조할 수 있도록 한다.

응용도구 • 덤벨 • 케틀벨 • 밴드

▶ **Ready Position**
1. 올림픽 바를 클린으로 어깨에 올린 자세로 선다.

▶ **Sequence**
1. 호흡을 들이마시며 앉는다.
2. 호흡을 내쉬며 일어서는 힘으로 올림픽 바를 머리 위로 뻗어 올려준다.

▶ **Caution**
• 팔꿈치는 반드시 올림픽 바의 수직 아래에 위치하여 손목 부상을 방지한다.
• 앉을 때 복압을 확실하게 유지하여 올림픽 바로 인해 척추 각도가 앞으로 굽어지거나 몸의 중심이 앞으로 넘어지지 않도록 한다.
• 들어 올릴 때 올림픽 바가 턱에 맞지 않도록 머리는 최대한 뒤로 당겨주고, 바는 수직보단 머리를 피해 자연스런 곡선 형태로 머리 위로 뻗어 올린다.

▶ **Target Muscle**
• 전신

▶ **Main Effects**
• 힘 전달의 기본이 되는 운동이다.
• 하체부터 시작해 머리 위까지 일정한 리듬과 템포로 한 번에 뻗어 올려주는 힘을 향상시킨다.
• 전신 근력을 증가시키는 데 초석이 되는 운동이다.

21 올림픽 바 플라이오메트릭 스쿼트

지도법
- 수행자 뒤에서 점프 타이밍에 맞춰 흉곽을 잡고 가볍게 밀어 올리며 보조한다.
- 수행자 뒤에서 척추 중립 자세가 무너지지 않도록 호흡하는 큐를 잡아주고 흉곽을 잘 잡아준다.

응용도구 • 아쿠아백 • 덤벨 • 루프밴드

▸ **Ready Position**
1. 올림픽 바를 상부와 중부 승모근 사이에 얹어 잡아준다.

▸ **Sequence**
1. 호흡을 들이마시며 복압을 탄탄하게 유지하여 척추 중립 자세를 유지하고 앉아준다.
2. 내쉬는 호흡에 일어섬과 동시에 점프한다.
3. 동작을 반복한다.

▸ **Caution**
- 동작을 수행하는 동안 척추 중립 자세가 무너져 넘어지거나 허리 부상을 예방하기 위해 복압 유지에 집중한다.
- 앉으며 최저점에 도달했을 때, 벗윙크(buttwink) 동작, 즉 골반이 후방 경사되지 않도록 고관절, 무릎, 발목 가동성 준비운동을 충분히 한 후에 운동을 시작한다.
- 점프할 때, 힙 드라이브를 끝까지 해주어 신체가 최고점에 도달했을 때, 몸이 곧게 펴지도록 한다.

▸ **Target Muscle**
- 대퇴사두근
- 내전근
- 족저근막
- 다열근
- 장요근
- 대둔근
- 비복근
- 복횡근
- 척추기립근

▸ **Main Effects**
- 스쿼트 동작은 세계적으로 하체운동의 기본이라 불리는 운동으로서 하체 근력 향상의 대표 동작이다.
- 올림픽 바를 이용해 더욱 안정적이고 폭발적으로 힘을 쓸 수 있게 만들어준다.
- 플라이오메트릭은 근육이 완전한 수축을 하기 전에 빠르게 신장시켜 큰 장력을 발생시키는 운동법이다. 거기에 올림픽 바의 무게를 더하여 밸런스, 협응성, 민첩성, 순발력, 파워를 향상시킨다.

22 올림픽 바 스플릿 스쿼트

지도법
- 동작을 구간별로 나눠 상세하게 한 구간씩 반복하여 적응하게 하고 다음 동작을 하나씩 이어나가도록 한다.
- 수행자 뒤에서 올림픽 바가 머리 위에서 뒤로 넘어가 다치지 않도록 보조한다.

응용도구 • 아쿠아백 • 덤벨 • 케틀 벨 • 토닝볼 • 메디슨볼 • 불가리안백

▸ Ready Position
1. 올림픽 바를 스플릿 스탠스로 선다.

▸ Sequence
1. 호흡을 들이마시며 복압을 탄탄하게 유지하여 척추 중립 자세를 유지하고 뒷다리로 앉아준다.
2. 내쉬는 호흡에 일어선다.
3. 동작을 반복한다.
4. 동성 준비운동을 충분히 실시한 후에 운동을 시작한다.
5. 일어설 때 복압 유지를 끝까지 해주며, 뒤로 뻗은 다리의 중둔근을 수축하며 선다.

▸ Caution
- 동작을 수행하는 동안 척추 중립 자세가 무너져 넘어지거나 허리, 무릎, 발목 부상 예방을 위해 복압 유지에 집중한다.
- 앉으며 최저점에 도달했을 때 상체가 앞으로 많이 숙여짐과 동시에 무릎이 모이지 않도록 고관절, 무릎, 발목 가동성 준비운동을 충분히 한 후에 운동을 시작한다.
- 일어설 때 복압 유지를 끝까지 해주며, 뒤로 뻗은 다리의 중둔근을 수축하며 선다.

▸ Target Muscle
- 대퇴사두근
- 비복근
- 다열근
- 대둔근
- 복횡근
- 척추기립근

▸ Main Effects
- 스쿼트 동작은 세계적으로 하체운동의 기본이라 불리는 운동으로서 하체 근력 향상의 대표 동작이다.
- 스플릿 스쿼트는 다리를 앞뒤로 벌려 일반 스쿼트보다 안정성을 더 요구하는 스쿼트이며, 앞뒤 다리가 서로 상반된 움직임을 통해 근력 향상은 물론 틀어진 밸런스를 맞춰주는 데도 도움을 준다.
- 올림픽 바를 이용해 무게를 더하여 더욱 안정적이고 폭발적으로 힘을 쓸 수 있게 만들어준다.

23 올림픽 바 사이드 런지

지도법
- 수행자 뒤에서 따라가며 체중을 실어줄 때 체중심을 지켜줄 수 있도록 디뎌준 다리의 중심을 보조한다.
- 일어설 때 수행자의 허리 부상에 대비해 흉곽, 겨드랑이, 올림픽 바를 보조한다.

응용도구 • AB 슬라이더   • 무게 끌고가기   • 벤드   • 덤벨

▸ **Ready Position**
1. 올림픽 바를 상부와 중부 승모근 사이에 얹어 잡아준다.
2. 두 다리는 차렷자세처럼 모아서 선다.

▸ **Sequence**
1. 호흡을 들이마시며 옆으로 어깨너비보다 살짝 넓게 벌려 움직인 다리로 체중을 실어주며 앉아주고 다른 다리는 뻗어준다.
2. 호흡을 내쉬며 체중을 실어준 다리를 중심으로 지면을 밀며 펴주고, 뻗은 다리는 뻗은 상태로 모아 선다.

▸ **Caution**
- 체중을 실어준 다리는 고관절, 무릎, 발목 관절이 다 접혀 있고 정렬은 수직으로 맞춰진 상태여야 한다.
- 한 다리로 체중을 실어줄 때 상체는 스쿼트하듯 앞으로 숙이며, 복부가 허벅지와 가까워지는 느낌을 만들어 척추 각도 및 코어를 지속적으로 활성화시킨다.
- 일어설 때 반드시 하체부터 먼저 움직인다. 상체가 먼저 들리면 허리에 부담이 갈 수 있다.
- 동작을 수행하는 동안 복압은 계속 유지하여 코어 활성도를 높인다.

▸ **Target Muscle**
- 족저근막
- 내전근
- 중둔근
- 장요근
- 다열근
- 가자미근
- 대퇴사두근
- 대둔근
- 복횡근
- 척추기립근

▸ **Main Effects**
- 런지 동작은 스플릿 스쿼트처럼 하체의 안정성을 만들어주고 가동성을 높여준다.
- 사이드 런지는 체중이동의 기본이라고 부를 수 있을 만큼 매우 중요한 기초 동작이다.
- 체중이 실려 있는 다리로 지면을 확실하게 밀어 지면반력을 향상시킨다.

24 리버스 던지기(머리 위 뒤로)

지도법 • 수행자가 정확한 힘을 모으고 쓸 수 있도록 정확한 자세로 힘을 모을 수 있게 지도한 후 던질 수 있게 보조한다.

응용도구 • 토닝볼 • 메디슨볼 • 케틀벨

▶ Ready Position
1. 무게를 들고 다리는 어깨너비로 벌려 선다.

▶ Sequence
1. 호흡을 들이마시며 상체는 준비 자세를 유지하며 앉는다.
2. 내쉬는 호흡에 점프하듯 하체를 뻗어주며, 무게를 머리 위 뒤로 빠르고 강하게 멀리 던진다.

▶ Caution
• 수행자가 던질 수 있는 무게를 사용한다. 너무 무거운 무게를 사용하면 큰 부상의 위험이 있다.
• 하체, 상체, 팔 순서로 던져 힘 전달을 확실하게 한다.
• 복압을 유지하여 허리 부상을 방지한다.

▶ Target Muscle
• 전신

▶ Main Effects
• 저크, 스내치, 스러스터와 같이 최단시간에 최대 힘으로 머리 위로 뻗어 올리는 폭발적인 동작이다.
• 머리 위 뒤로 메디슨볼 또는 케틀벨 같은 무게를 던질 때 신체의 후면사슬을 많이 활성화시킨다.

25 덤벨 싱글 암 저크

지도법
- 동작을 구간별로 나눠 상세하게 한 구간씩 반복하여 적응하게 하고 다음 동작을 하나씩 이어나가도록 한다.
- 수행자 옆에서 덤벨이 어깨 중심에서 벗어나 다치지 않도록 보조한다.

응용도구 • 무게 조절 • 케틀벨 • 토닝볼

▸ **Ready Position**
1. 다리는 골반 넓이만큼 벌리고, 척추 중립 자세로 선 상태에서 한 손으로 잡은 덤벨을 뉴트럴 그립으로 잡고 팔을 접어 어깨 앞에 들고 선다.
2. 다른 팔은 옆으로 뻗어 신체 중심을 잡아준다.

▸ **Sequence**
1. 들이마시는 호흡에 덤벨 위치를 유지하며 저크 동작으로 내려간다.
2. 짧고 굵은 호흡을 내쉬며 점프하듯 두 다리를 앞뒤로 뻗어주고, 덤벨은 어깨 위 수직으로 뻗어 올린다.

▸ **Caution**
- 덤벨을 들어 올릴 때 어깨를 다치지 않도록 반드시 수직으로 올리며 다른 방향으로 벗어나지 않게 한다.
- 복압을 유지하여 코어의 안정성을 높이고 허리 부상을 방지한다.
- 하체, 상체, 팔 순서로 움직일 수 있도록 호흡 속도에 맞춰 수행한다.

▸ **Target Muscle**
- 전신

▸ **Main Effects**
- 저크는 역도 동작으로서 짧은 순간 머리 위로 뻗어 올리는 힘을 강하게 쓸 수 있게 만들어주는 동작이다.
- 덤벨을 이용해 두 손 또는 한 손으로 올림픽 바보다 자유롭고 넓은 가동범위로 폭발적인 힘을 쓸 수 있게 만들어준다.

26 메디슨볼 푸시 토스

지도법
- 수행자가 벽으로 토스할 경우 수행자 옆에서 정확한 자세로 토스할 수 있도록 처음부터 끝까지 구분 동작으로 정확히 지도한다.
- 벽이 없을 경우, 메디슨볼을 받아주며 구두로 정확한 동작 설명 및 지도 후 연결 동작으로 할 수 있도록 한다.

응용도구 • 보수볼 • 스텝박스

▸ **Ready Position**
1. 두 발은 어깨너비로 서서 메디슨볼을 흉골 앞에 가까이 잡고 선다.

▸ **Sequence**
1. 준비 자세에서 호흡을 들이마시고 짧고 굵은 호흡으로 내쉬며, 벽이나 보조자에게 메디슨볼을 강하게 토스한다.
2. 앞으로 런지하며 토스할 시 더 강한 파워를 끌어 올릴 수 있다.

▸ **Caution**
- 공을 토스할 때 등과 가슴 같은 대근육들을 먼저 사용하여 팔로 토스한다.
- 팔로만 토스할 경우 손목이나 팔꿈치에 부상을 입을 수 있다.
- 이 운동을 수행하기 전에 등과 가슴 운동을 충분히 하여 대근육들을 활성화시킨다.

▸ **Target Muscle**
- 전신

▸ **Main Effects**
- 메디슨볼을 최단시간에 최대 힘으로 몸 앞으로 토스하는 폭발적인 동작이다.
- 최단시간에 최대 힘을 쓰는 패턴을 몸으로 익혀 리듬과 템포, 반응 속도, 정확성, 파워를 동시에 향상시킨다.
- 골프 스윙에서 임팩트 구간에서 더욱 정확하게 힘을 쓰는 타이밍을 향상시킨다.

27. 90° 스탠딩 메디슨볼 슬램

지도법
- 벽이 있을 경우, 수행자의 앞에서 정확한 회전과 던지는 타이밍을 일정하게 유지할 수 있게 구체적 방법 설명 및 동작을 지도한다.
- 벽이 없을 경우, 메디슨볼을 받아주고 보조자 역할과 지도를 동시에 한다.
- 수행자의 동작을 지도할 때는 반드시 운동을 멈추고 시범 및 교정 후 다시 운동을 진행한다.

응용도구
- 스텝을 디디며 슬램
- 밴드 또는 케이블

▶ **Ready Position**
1. 똑바로 선 상태에서 두 팔을 뻗어 명치 앞에 메디슨볼을 들고 선다.

▶ **Sequence**
1. 들이마시는 호흡에 수평으로 돌며 백스윙을 한다.
2. 내쉬는 호흡에 수평으로 돌며, 보조자 또는 벽을 향해 메디슨볼을 던지며 피니시 자세까지 간다.

▶ **Caution**
- 메디슨볼을 던질 때 얼리 익스텐션 동작이 나오지 않도록 반드시 몸의 중심축을 지키며 동작을 수행한다.
- 상체가 덤벼지지 않도록 반드시 몸의 중심축을 지키며 동작을 수행한다.
- 손 또는 팔로만 던지지 않도록 반드시 몸의 중심으로부터 순서를 지키며 동작을 수행한다.
- 회전은 반드시 흉추를 사용하여 수평 회전을 하며 피니시까지 회전한다.

▶ **Target Muscle**
- 전신

▶ **Main Effects**
- 메디슨볼을 던짐으로써 리듬과 템포를 향상시키고 골프 스윙과 매우 흡사한 타이밍을 만드는 데 매우 효과적이다.
- 케이블이나 밴드를 당기는 것보다 공을 던지는 트레이닝은 위에서 설명한 바와 같이 안정성, 가동성, 힘 전달 능력, 정확성, 리듬과 템포를 골고루 향상시킬 수 있다.

28 스텝 스윙

지도법 • 수행자의 앞과 옆을 번갈아가며 구분 동작으로 정확한 자세를 교정한다.

응용도구 • 메디슨볼 • 밴드

▶ Ready Position
1. 두 발을 모은 상태로 골프 클럽을 들고 골프 어드레스 자세로 선다.

▶ Sequence
1. 오른손잡이 기준
2. 호흡을 들이마시며 왼발을 어깨너비보다 넓게 벌리며 디뎌주고, 동시에 상체는 오른쪽으로 회전하여 최단시간에 몸통에 회전 및 꼬임을 만들어 전환(Transition) 자세를 만든다.

▶ Caution
- 얼리 익스텐션, 오버 더 톱, 손으로 과도한 던지기 동작이 나오지 않도록 한다.
- 스텝을 좁게 디디지 않도록 주의한다.
- 스텝은 넓게 디디지만 상체회전이 과해 체중이 우측에 실리지 않도록 한다.
- 스텝을 디뎠을 때 무릎은 넓게 벌어진 상태로 유지한다.

▶ Target Muscle
- 전신

▶ Main Effects
- 전환(Transition)을 정확하게 해주고, 폴로스루 또는 피니시까지 한 번에 회전할 수 있게 도움을 준다.
- 몸통과 팔이 같이 회전할 수 있게 정확한 상체회전을 만들어준다.
- 골프 클럽을 사용하여 시퀀스를 맞추고 스윙 스피드를 높이는 데 도움을 준다.

29 무빙 스텝 스윙

지도법
- 수행자 뒤에서 숙인 상태로 수행자와 같이 스텝하며 하체 회전을 보조한다. 이 때 두손은 골반 양쪽을 잡는다.
- 반드시 수행자와 같은 리듬 & 템포를 지키며 보조하여 부상 및 사고를 예방한다.

응용도구 • 튜빙 • 케이블 머신 • 메디슨볼

▸ Ready Position
1. 골프 클럽을 들고 클럽에 맞는 스탠스 넓이로 골프 어드레스 자세로 선다.

▸ Sequence
1. 들이마시는 호흡에 사이드 스텝은 오른발이 먼저 왼발로 차주며 왼발을 바깥으로 이동시킨다.
2. 사이드 스텝을 하면서 동시에 상체는 백스윙을 하고, 착지할 땐 스텝 스윙처럼 전환(Transition) 자세로 착지한다.
3. 호흡을 내쉬며 왼발로 체중을 완전히 실어주며, 8틸트 동작을 이용하여 피니시까지 최단시간에 최대 힘으로 회전한다.

▸ Caution
- 얼리 익스텐션으로 인해 회전이 막히지 않도록 조심한다.
- 피니시를 할 때 하체는 둔근을 최대로 수축한 상태를 유지하며, 골반은 반드시 목표를 향해야 한다.
- 상체는 완전히 스윙 방향으로 돌아 몸 전체가 바르게 서도록 한다.
- 오른손잡이 스윙 기준으로 오른쪽 어깨가 덮어 들어오면 상체가 앞으로 쏠려 넘어질 수 있다.

▸ Target Muscle
- 전신

▸ Main Effects
- 사이드 스텝으로 체중이동 때 가속을 더하여 힘 전달과 스윙 스피드를 향상시킨다.
- 상체회전이 막히거나 하체 체중이동이 부족한 사람들에게 효과적이다.

30 런 스탠스 스쿼트 위드 픽업

지도법 • 수행자가 회전하는 방향을 헷갈리지 않게 앞에서 구령으로 리드한다.

응용도구 • 토닝볼 옮기기

▶ **Ready Position**
1. 다리는 어깨너비로 벌린 상태로 선다.
2. 왼발 바깥 옆에 콘을 둔다.

▶ **Sequence**
1. 호흡을 들이마시며 앉고, 자연스럽게 콘이 있는 방향으로 체중이동을 하며, 왼손으로 터치한다.
2. 호흡을 내쉬며 점프함과 동시에 180° 회전하여 방향을 바꾼다.
3. 착지함과 동시에 다시 호흡을 들이마시고, 오른손으로 콘을 터치하며 동작을 반복한다.

▶ **Caution**
• 회전할 때 콘이 위치한 방향으로만 회전한다.
• 착지할 때는 반드시 발 앞꿈치부터 부드럽게 닿으며, 고관절을 접어 둔근으로 충격을 완화하며 앉는다.

▶ **Target Muscle**
- 족저근막
- 비복근
- 슬괵근
- 대퇴사두근
- 내전근
- 대둔근
- 외복사근
- 내복사근

▶ **Main Effects**
• 점프 스쿼트하며 회전하는 동작이다.
• 폭발적인 힘을 기를 수 있는 점프와 회전력, 방향전환 능력을 향상시킬 수 있는 180° 회전 동작이다.
• 짧은 시간에 목표를 터치하거나 물건을 옮기는 동작으로 전신 협응력을 향상시킨다.

31 풀업 밴드 파워 스윙(어깨 걸고 손은 가슴에 고정)

지도법
- 밴드를 걸어두는 곳이 없을 경우, 밴드를 잡고 보조하며 구분 동작으로 정확한 움직임과 느낌을 익힐 수 있게 지도한다.
- 밴드를 잡아줄 수 있는 다른 보조자나 걸어둘 수 있을 경우, 수행자 뒤에 앉아 많이 실수하는 움직임부터 보조하며 지도한다.

응용도구
- 연습 스윙 도구 또는 골프 채

▸ **Ready Position**
1. 풀업 밴드를 우측 어깨에 걸고 수행자는 왼쪽으로 돌며 몸을 감고, 두 손은 가슴에 고정한 후 골프 어드레스를 선다.
2. 보조자는 수행자의 우측 옆에 앉아 밴드를 잡는다.

▸ **Sequence**
1. 들이마시는 호흡에 백스윙을 한다.
2. 내쉬는 호흡에 8틸트 동작을 활용하여 강하게 딛고 펴는 힘으로 상체를 돌려 폴로스루 동작까지 한다.

▸ **Caution**
- 얼리 익스텐션으로 인해 회전이 막히지 않도록 한다.
- 밴드를 이겨내기 위해 상체가 오버 더 톱 동작을 하지 않도록 축을 잘 지키며 회전한다.
- 오른발이 먼저 들려 무릎이 앞으로 튀어나오지 않도록 지면을 잘 밟아준다.

▸ **Target Muscle**
- 전신

▸ **Main Effects**
- 스윙의 모든 부분을 향상시킨다.
- 밴드를 몸에 감은 상태로 스윙하면 밴드의 탄성을 이겨내기 위한 파워와 흔들림을 잡기 위한 밸런스, 그리고 작용·반작용 법칙을 더 효율적으로 사용하여 상체회전을 극대화시켜준다.

D. 코어 트레이닝

1. 러시안 트위스트 메디슨볼 슬램(1,2,3,4 슬램 / 1,2 슬램)

지도법
- 공을 받아주는 보조자가 있을 경우, 수행자가 올바르게 슬램할 수 있도록 수행자의 뒤에서 어깨를 잡고 회전을 보조한다.
- 공을 받아주는 보조자가 없을 경우, 수행자의 공을 받아주며 리듬과 템포 조절 및 구두로 동작을 교정한다.

응용도구 • 익스코 • 케틀벨 • 덤벨 • 플레이트 • 아쿠아백 • 다리 들고 하기

▸ **Ready Position**
1. 앉은 상태에서 고관절과 무릎을 90°로 굽히고 발은 지면에서 떨어뜨린 상태에서 상체는 30° 정도 눕힌다.
2. 이때 상체는 척추 중립 자세를 유지한다.
3. 팔은 전거근을 수축한 상태에서 자연스럽게 뻗어 메디슨볼을 받을 준비한다.

▸ **Sequence**
1. 보조자가 수행자 왼쪽에서 메디슨볼을 던져준다.
2. 수행자는 공을 받으며 우측으로 먼저 회전을 시작해 우, 좌, 우 순으로 지면을 터치한 후 보조자에게 슬램한다.
3. 이때 호흡은 우측에서 들이마시고 좌측에서 내쉰다.

▸ **Caution**
- 허리에 부상이 있는 사람들은 더 큰 부상을 예방하기 위해 이 운동을 지양한다.
- 메디슨볼을 슬램 할 때 손목 스냅, 팔로만 던지기, 밀어던지기를 하지 않도록 몸통 회전으로 던진다.
- 회전할 때 팔의 높낮이가 변하지 않도록 어깨를 안정화시켜준다.
- 동작을 수행하는 동안 리듬과 템포를 일정하게 유지하여 일정한 힘과 정확성으로 슬램할 수 있도록 한다.

▸ **Target Muscle**
- 장요근
- 외복사근
- 전거근
- 복횡근
- 내복사근
- 능형근

▸ **Main Effects**
- 하복부 및 고관절 굽힘근들을 강화시켜 골반의 안정성을 잡아준다.
- 하복부의 안정성을 유지하며 상체를 회전시켜 사선사슬을 강화시킨다.

2 하이 플랭크 싱글 암 체스트 터치

지도법
- 수행자 옆에서 골반의 위치를 바로 유지할 수 있도록 보조한다.
- 수행자가 지쳤을 때 무릎이 지면에 강하게 떨어지지 않도록 골반을 보조한다.

응용도구 • 터치하고 버티기 • 보수볼 • 스텝박스 위에 발 올리기

▸ **Ready Position**
1. 푸시업 자세와 같은 자세를 취한다.
2. 두 팔 간격은 어깨너비로, 다리는 드라이버 어드레스 간격으로 벌린다.

▸ **Sequence**
1. 준비 자세에서 호흡을 들이마시고, 내쉬는 호흡에 오른팔을 들어 왼쪽 가슴을 터치한 후 내려온다.
2. 호흡 속도에 맞춰 두 팔을 번갈아가며 진행한다.

▸ **Caution**
- 오른팔을 들었을 때 우측 골반이 위로 들리지 않도록 오른다리에 체중을 더 실어준다.
- 오른팔을 들었을 때 우측 어깨가 위로 들리지 않도록 우측 어깨 위치를 지킨다.

▸ **Target Muscle**
- 전신

▸ **Main Effects**
- 팔로 지면을 밀어 버티며 어깨 및 팔의 안정성을 높여준다.
- 한 팔을 지면에서 들었을 때 대각의 힘으로 코어 활성도를 높여 몸통의 안정성을 높여준다.

3 하이 플랭크 싱글 암 로테이션

지도법
- 수행자 옆에서 골반의 위치를 바로 유지할 수 있도록 보조한다.
- 수행자가 지쳤을 때 무릎이 지면에 강하게 떨어지지 않도록 골반을 보조한다.

응용도구 • 보수볼 • 스텝박스 위에 발 올리기

▸ **Ready Position**
1. 푸시업 자세와 같은 자세를 취한다.
2. 두 팔 간격은 어깨너비로, 다리는 드라이버 어드레스 간격으로 벌린다.

▸ **Sequence**
1. 호흡을 들이마시며 오른팔을 들고 왼쪽 겨드랑이 밑으로 찔러 넣어준다.
2. 호흡을 내쉬며 상체를 오른쪽으로 회전하며 오른팔을 천장 방향으로 뻗어준다.

▸ **Caution**
- 오른팔을 왼쪽 겨드랑이로 찔러 넣을 때 골반이 틀어지지 않도록 한다.
- 오른팔을 왼쪽 겨드랑이로 찔러 넣을 때 왼 어깨가 버틸 수 있을 만큼 움직인다.
- 오른팔을 들었을 때 우측 골반이 위로 들리지 않도록 오른다리에 체중을 더 실어준다.
- 오른쪽으로 회전할 때 왼쪽 어깨에 상체 체중이 정확히 실리며 회전하도록 한다.

▸ **Target Muscle**
- 전신

▸ **Main Effects**
- 팔로 지면을 밀어 버티며 어깨 및 팔의 안정성을 높여준다.
- 한 팔을 지면에서 들었을 때 대각의 힘으로 코어 활성도를 높여 몸통의 안정성을 높여준다.

4 슈퍼맨

지도법 • 수행자 옆에서 둔근과 복횡근이 활성화되도록 지속적으로 큐잉하며 활성도를 확인한다.

응용도구 • 보수볼　• 토닝볼

▶ Ready Position
1. 매트 위에 엎드린 상태로 팔과 다리는 어깨너비로 벌리고 뻗어준다.
2. 머리와 두 팔, 다리는 지면으로부터 조금만 들어 올린 상태로 유지한다.

▶ Sequence
1. 준비 자세에서 호흡을 들이마신다.
2. 내쉬는 호흡에 복횡근, 둔근의 힘을 이용하여 두 팔과 다리를 짧게 들어 올린다.
3. 호흡 속도에 맞춰 동작을 반복한다.

▶ Caution
• 이 운동을 수행할 때, 복근과 둔근의 힘을 메인으로 이용하지만 척추기립근과 어깨 근육에 자극이 제일 많다. 그러므로 단순히 어깨 근육과 척추기립근의 힘만으로 동작을 수행할 경우, 오히려 허리나 승모근에 부상을 초래할 수 있으므로 주의하며 반드시 둔근과 복횡근을 먼저 활성화한다.

▶ Target Muscle
- 삼각근
- 능형근
- 광배근
- 요방형근
- 복횡근
- 승모근
- 회전근개
- 척추기립근
- 둔근

▶ Main Effects
• 몸의 후면 근육과 코어 근육을 강화한다.

5 슈퍼맨 얼터네이팅

지도법 • 수행자 옆에서 둔근과 복횡근이 활성화되도록 지속적으로 큐잉하며 활성도를 확인한다.

응용도구 • 보수볼 • 토닝볼

▸ **Ready Position**
1. 매트 위에 엎드린 상태로 팔과 다리는 어깨너비로 벌리고 뻗어준다.
2. 머리와 두 팔, 다리는 지면으로부터 조금만 들어 올린 상태로 유지한다.

▸ **Sequence**
1. 준비 자세에서 호흡을 들이마신다.
2. 내쉬는 호흡에 복횡근, 둔근의 힘을 이용하여 오른팔과 왼다리를 짧게 들어 올린다.
3. 다음 호흡 때 왼팔과 오른다리를 들어 올린다.
4. 세 번째 호흡 때 두 팔과 다리를 들어 올린다.
5. 호흡 속도에 맞춰 동작을 반복한다.

▸ **Caution**
- 이 운동을 수행할 때, 복근과 둔근의 힘을 메인으로 이용하지만 척추기립근과 어깨 근육에 자극이 제일 많다. 그러므로 단순히 어깨 근육과 척추기립근의 힘만으로 동작을 수행할 경우, 오히려 허리나 승모근에 부상을 초래할 수 있으므로 주의하며 반드시 둔근과 복횡근을 먼저 활성화한다.
- 같은 팔과 다리를 들어올리지 않도록 한다.
- 허리가 약하거나 초보자들은 두 팔과 다리는 지면에 내려놓은 상태에서 진행한다.

▸ **Target Muscle**
- 삼각근
- 능형근
- 광배근
- 요방형근
- 복횡근
- 승모근
- 회전근개
- 척추기립근
- 둔근

▸ **Main Effects**
- 우리 몸의 후면 근육과 코어 근육을 강화한다.
- 팔과 다리를 대각으로 사용하여 사선사슬과 협응력을 향상시킨다.

6. 슈퍼맨 개구리 or 도마뱀 자세 (팔다리 대각으로 들어 올리기)

지도법
- 이 운동은 팔보다 다리를 움직일 때 더 어려운 동작이므로 다리를 접어 올릴 때 수행자의 다리를 보조한다.

응용도구 • 토닝볼

▶ **Ready Position**
1. 매트 위에 엎드린 상태로 이마는 지면에 대고 팔과 다리는 어깨너비로 벌리고 뻗어준다.
2. 오른팔과 왼다리는 지면에서 조금만 들어 올린다.

▶ **Sequence**
1. 준비 자세에서 호흡을 들이마신다.
2. 내쉬는 호흡에 오른팔은 팔꿈치와 겨드랑이를 접어 내린다.
3. 왼다리는 고관절을 외회전하며 중둔근의 힘으로 고관절과 무릎을 접어 올린다.
4. 호흡을 들이마시며 다시 준비 자세로 돌아오고 호흡 속도에 맞춰 반복한다.

▶ **Caution**
- 머리와 버티는 팔, 다리는 코어 활성도를 유지하며 지면을 잘 눌러준다.
- 움직이는 팔의 아래팔은 지면과 수평을 유지하며 땅에 닿지 않도록 주의한다.
- 움직이는 다리는 지면과 수평을 유지하며 땅에 닿지 않도록 주의한다.

▶ **Target Muscle**
- 삼각근
- 능형근
- 광배근
- 요방형근
- 복횡근
- 승모근
- 회전근개
- 척추기립근
- 중둔근

▶ **Main Effects**
- 몸의 후면 근육과 코어 근육을 강화한다.
- 팔과 다리를 대각으로 사용하여 사선사슬과 협응력을 향상시킨다.

7 슈퍼맨 자세 위로 손 뻗어 얼터네이트 로테이션

지도법
- 수행자 옆에서 몸을 잘 회전할 수 있도록 큐 잡을 신체 부위를 가볍게 보조하여 가능하면 수행자가 직접 움직임과 힘을 기를 수 있게 보조한다.

응용도구 • 템포 조절

▸ Ready Position
1. 매트 위에 엎드린 상태로 머리와 두 팔, 다리는 지면에서 조금 들어주고 팔 다리는 뻗어준다.

▸ Sequence
1. 준비 자세에서 호흡을 들이마신다.
2. 내쉬는 호흡에 오른다리를 뻗어준 상태로 유지하며 왼쪽으로 먼저 넘기며 몸을 뒤집어 눕는다.
3. 다시 호흡을 들이마시며 준비한 후 오른다리를 왼쪽으로 넘기며 몸을 뒤집어 엎드린다.
4. 호흡 속도에 맞춰 동작을 반복한다.

▸ Caution
- 몸을 뒤집고 난 뒤 흔들리지 않도록 코어로 버티는 힘에 집중한다.
- 뒤집어 누울 때 팔, 다리를 너무 높게 들지 않는다.
- 엎드려 있을 때 둔근과 복횡근으로 버티주며 기립근에만 과부하 걸리지 않도록 한다.

▸ Target Muscle
- 삼각근
- 능형근
- 광배근
- 요방형근
- 복횡근
- 승모근
- 회전근개
- 척추기립근
- 둔근

▸ Main Effects
- 몸의 후면 근육과 코어 근육을 강화한다.
- 몸을 뻗어준 상태에서 버티는 힘을 길러줌과 동시에 회전력을 길러 사선사슬의 움직임을 향상시킨다.

8 롤볼 브리지

지도법
- 수행자 옆에서 정확히 못 밀어 올릴 때 양쪽 골반을 잡고 후방 경사 느낌을 살려주며 올려준다.
- 롤볼이 멀어지지 않도록 롤볼이나 정강이 쪽을 가볍게 받쳐주며 보조한다.

응용도구 • 스테빌리티볼 • 보수볼

▶ Ready Position
1. 지면에 누운 상태로 무릎은 90° 접어준다.
2. 두 발은 골반 너비로 롤볼 위에 얹어 가볍게 눌러준다.

▶ Sequence
1. 준비 자세에서 호흡을 들이마신다.
2. 내쉬는 호흡에 둔근의 힘으로 골반을 밀어 올린다.
3. 내려올 때 호흡을 들이마시며 복압을 유지하며 천천히 내려온다.
4. 호흡 속도에 맞춰 반복한다.

▶ Caution
- 골반을 밀어 올릴 때 허리가 아닌 반드시 둔근의 힘으로 밀어 허리 부상을 예방한다.
- 골반을 밀어 올릴 때 반드시 두 발은 롤볼이 납작해진다는 이미지를 가지고 누르며 올려야 밀려 넘어지지 않고 안전하게 동작을 수행할 수 있다.
- 지면에 닿아 있는 모든 신체부위는 지면을 눌러준다.

▶ Target Muscle
- 대둔근
- 척추기립근
- 복횡근
- 중둔근
- 슬괵근

▶ Main Effects
- 지면에서 수행하는 브리지보다 지면을 누르는 힘과 골반을 밀어 올리는 힘을 더 강화시켜준다.
- 코어 및 하체 후면의 안정성을 향상시킨다.

9 롤볼 싱글레그 브리지

지도법 • 수행자 옆에서 정확히 못 밀어 올릴 때 양쪽 골반을 잡고 후방 경사 느낌을 살려주며 올려준다.

응용도구 • 스테빌리티볼 • 보수볼

▸ **Ready Position**
1. 지면에 누운 상태로 무릎은 90° 접어준다.
2. 오른다리는 롤볼 위에 얹어 가볍게 눌러준다.
3. 왼다리는 오른다리 허벅지 높이에 맞춰 다리를 편다.

▸ **Sequence**
1. 준비 자세에서 호흡을 들이마신다.
2. 내쉬는 호흡에 둔근의 힘으로 골반을 밀어 올린다.
3. 내려올 때 호흡을 들이마시며 복압을 유지하며 천천히 내려온다.
4. 호흡 속도에 맞춰 반복한다.

▸ **Caution**
- 골반을 밀어 올릴 때 허리가 아닌 반드시 둔근의 힘으로 밀어 허리 부상을 예방한다.
- 골반을 밀어 올릴 때 반드시 두 발은 롤볼이 납작해진다는 이미지를 가지고 누르며 올려야 밀려 넘어지지 않고 안전하게 동작을 수행할 수 있다.
- 지면에 닿아 있는 모든 신체부위는 지면을 눌러준다.
- 들고 있는 다리의 높이를 유지한다.

▸ **Target Muscle**
- 대둔근
- 척추기립근
- 복횡근
- 중둔근
- 슬괵근

▸ **Main Effects**
- 지면에서 수행하는 브리지보다 지면을 누르는 힘과 골반을 밀어 올리는 힘을 더 강화시켜준다.
- 코어 및 하체 후면의 안정성을 향상시킨다.
- 한 발로 수행할 때 슬괵근의 안정성을 더 높여준다.

10 롤볼 브리지 롤

지도법
- 수행자 옆에서 정확히 못 밀어 올릴 때 양쪽 골반을 잡고 후방 경사 느낌을 살려주며 올려준다.
- 롤볼이 멀어지지 않도록 롤볼이나 정강이 쪽을 가볍게 받쳐주며 보조한다.
- 다리를 뻗고 접을 때 골반의 높이 유지와 부상 방지를 위해 두 손으로 골반 양쪽을 보조한다.

응용도구 • 스테빌리티볼 • 보수볼

▸ Ready Position
1. 지면에 누운 상태로 무릎은 90° 접어준다.
2. 두 발은 골반 너비로 롤볼 위에 얹어 가볍게 눌러준다.

▸ Sequence
1. 준비 자세에서 호흡을 들이마신다.
2. 내쉬는 호흡에 둔근의 힘으로 골반을 밀어 올린다.
3. 다시 호흡을 들이마시고 롤볼을 밀며 다리를 뻗어준다.
4. 내쉬는 호흡에 다시 다리를 당긴다.
5. 호흡을 들이마시며 준비 자세로 돌아오고 호흡 속도에 맞춰 반복한다.

▸ Caution
- 골반을 밀어 올릴 때 허리가 아닌 반드시 둔근의 힘으로 밀어 허리 부상을 예방한다.
- 골반을 밀어 올릴 때 반드시 두 발은 롤볼이 납작해진다는 이미지를 가지고 누르며 올려야 밀려 넘어지지 않고 안전하게 동작을 수행할 수 있다.
- 지면에 닿아 있는 모든 신체부위는 지면을 눌러준다.
- 다리를 뻗을 때 무릎이 과신전되어 부상을 입지 않도록 코어와 슬괵근으로 확실하게 버텨준다.
- 다리를 다시 접을 때 골반이 아래로 처진 상태에서 다리를 접지 않도록 둔근을 지속적으로 수축하여 골반 높이를 확실하게 유지한다.

▸ Target Muscle
- 대둔근
- 척추기립근
- 복횡근
- 중둔근
- 슬괵근

▸ Main Effects
- 지면에서 수행하는 브리지보다 지면을 누르는 힘과 골반을 밀어 올리는 힘을 더 강화시켜준다.
- 코어 및 하체 후면의 안정성을 향상시킨다.
- 등장성과 등척성 효과를 동시에 볼 수 있다.

11 롤볼 브리지 싱글레그 롤

지도법
- 수행자 옆에서 정확히 못 밀어 올릴 때 양쪽 골반을 잡고 후방 경사 느낌을 살려주며 올려준다.
- 롤볼이 멀어지지 않도록 롤볼이나 정강이 쪽을 가볍게 받쳐주며 보조한다.
- 다리를 뻗고 접을 때 골반의 높이 유지와 부상 방지를 위해 두 손으로 골반 양쪽을 보조한다.

응용도구 • 스테빌리티볼 • 보수볼

▶ **Ready Position**
1. 지면에 누운 상태로 무릎은 90° 접어준다.
2. 오른다리는 롤볼 위에 얹어 가볍게 눌러준다.
3. 왼다리는 오른다리 허벅지 높이에 맞춰 다리를 편다.

▶ **Sequence**
1. 준비 자세에서 호흡을 들이마신다.
2. 내쉬는 호흡에 둔근의 힘으로 골반을 밀어 올린다.
3. 다시 호흡을 들이마시고 롤볼을 밀며 다리를 뻗어준다.
4. 내쉬는 호흡에 다시 다리를 당긴다.
5. 호흡을 들이마시며 준비 자세로 돌아오고 호흡 속도에 맞춰 반복한다.

▶ **Caution**
- 골반을 밀어 올릴 때 허리가 아닌 반드시 둔근의 힘으로 밀어 허리 부상을 예방한다.
- 골반을 밀어 올릴 때 반드시 한 발은 롤볼이 납작해진다는 이미지를 가지고 누르며 올려야 밀려 넘어지지 않고 안전하게 동작을 수행할 수 있다.
- 지면에 닿아 있는 모든 신체부위는 지면을 눌러준다.
- 다리를 뻗을 때 무릎이 과신전되어 부상을 입지 않도록 코어와 슬괵근으로 확실하게 버텨준다.
- 다리를 다시 접을 때 골반이 아래로 처진 상태에서 다리를 접지 않도록 둔근을 지속적으로 수축하여 골반 높이를 확실하게 유지한다.

▶ **Target Muscle**
- 대둔근
- 척추기립근
- 복횡근
- 중둔근
- 슬괵근

▶ **Main Effects**
- 지면에서 수행하는 브리지보다 지면을 누르는 힘과 골반을 밀어 올리는 힘을 더 강화시켜준다.
- 코어 및 하체 후면의 안정성을 향상시킨다.
- 한 발로 수행할 때 슬괵근의 안정성을 더 높여준다.
- 등장성과 등척성 효과를 동시에 볼 수 있다.

12 롤볼 로우 플랭크 버티기

지도법
- 수행자가 동작을 수행하는 동안 옆에서 몸이 균형이 깨져 비틀어지거나 골반이 지면에 닿으며 허리 및 어깨 부상을 미연에 방지한다.

응용도구 • 두 발을 롤볼 위에 올리고 플랭크   • 스태빌리티볼

▸ Ready Position
1. 두 팔꿈치를 어깨너비로 11자 형태를 만들어 아래팔로 롤볼을 지지하고 삼두근과 삼각근의 힘으로 롤볼을 밀어준다.
2. 두 다리는 어깨너비로 벌려 뻗어주고 골반을 들어 올려 머리끝부터 발끝까지 몸을 널빤지처럼 평평하게 만들어준다.

▸ Sequence
1. 지도자가 지정한 시간 동안 버텨준다.

▸ Caution
- 동작을 수행하는 동안 허리가 바닥으로 처지지 않도록 복횡근을 지속적으로 활성화한다.
- 갑골이 들려 가슴이 바닥으로 처지지 않도록 둔근과 복횡근의 힘으로 버틴다.
- 어깨가 좋지 않은 수행자는 두 손을 모아 잡아 어깨에 무리가 가지 않도록 두 팔은 반드시 11자 형태를 유지한다.

▸ Target Muscle
- 전신

▸ Main Effects
- 롤볼 위에서 수행하는 플랭크 동작은 지면에서 수행하는 것보다 더 높은 안정성을 향상시킨다.
- 지면을 지속적으로 눌러 밀어주는 힘의 유지력을 높인다.

13 롤볼 상반신 롤

지도법
- 수행자의 옆에서 양쪽 위팔을 잡고 정확히 당겨준다.
- 롤볼이 멀어지지 않도록 가볍게 받쳐주며 보조한다.
- 팔을 밀고 당길 때 골반의 높이 유지와 부상 방지를 위해 두 손으로 골반 양쪽을 보조한다.
- 수행자가 버틸 수 있을 가동범위만큼 수행할 수 있도록 지도한다.

응용도구 • 스테빌리티볼 • 보수볼

▸ **Ready Position**
1. 팔꿈치를 어깨너비로 11자 형태를 만들어 아래팔로 롤볼을 지지하고 삼두근과 삼각근의 힘으로 롤볼을 밀어준다.
2. 두 다리는 어깨너비로 벌려 뻗어주고 골반을 들어 올려 머리끝부터 발끝까지 몸을 널빤지처럼 평평하게 만들어준다.

▸ **Sequence**
1. 준비 자세에서 호흡을 들이마신다.
2. 내쉬는 호흡에 팔과 어깨 힘으로 팔을 뻗는다.
3. 다시 호흡을 들이마시고 롤볼을 당기며 팔을 접는다.
4. 호흡을 들이마시며 준비 자세로 돌아오고 호흡 속도에 맞춰 반복한다.

▸ **Caution**
- 팔을 밀 때 허리가 아닌 반드시 복근과 둔근의 힘으로 버티며 허리 부상을 예방한다.
- 팔을 밀 때 반드시 두 팔은 롤볼이 납작해진다는 이미지를 가지고 누르며 뻗어야 안전하게 동작을 수행할 수 있다.
- 지면에 닿아 있는 모든 신체부위는 지면을 눌러준다.
- 팔을 밀 때 허리가 과신전되어 부상을 입지 않도록 복근과 둔근의 힘으로 확실하게 버텨준다.
- 팔을 다시 접을 때 견갑골이 뜬 상태로 팔을 접지 않도록 전거근과 대흉근을 지속적으로 수축하여 상체 높이를 확실하게 유지한다.

▸ **Target Muscle**
- 전신

▸ **Main Effects**
- 지면에서 수행하는 브리지보다 지면을 누르는 힘과 상체를 밀어 올리는 힘을 더 강화시켜준다.
- 코어 및 상체 전면의 안정성을 향상시킨다.
- 등장성과 등척성 효과를 동시에 볼 수 있다.

14 스테빌리티볼 돌핀 투 플랭크

지도법
- 밸런스를 못 잡는 수행자는 스테빌리티볼이 옆으로 굴러 수행자가 넘어지지 않도록 미리 잡을 준비한다.
- 복근이 약한 경우, 수행자의 옆에서 양쪽 골반을 잡고 보조한다.

응용도구 • 롤볼   • AB 슬라이드

▸ Ready Position
1. 고관절을 접어 올릴 때 척추가 너무 굽어지지 않도록 척추 중립 상태를 최대한 유지한다.
2. 슬괵근의 유연성이 부족할수록 높이 올릴 때 척추가 굽을 수 있으므로 동작을 수행하는 동안 척추 중립 자세를 유지한다.
3. 동작을 수행하는 동안 두 발은 스테빌리티볼 정중앙을 잘 눌러준 상태를 유지한다.
4. 골반을 올릴 때 상체가 앞으로 많이 숙여져 어깨 부상을 입지 않도록 지면을 잘 밀어주며 상체에 체중심을 잘 유지한다.

▸ Sequence
1. 준비 자세에서 호흡을 들이마신다.
2. 내쉬는 호흡에 무릎을 신전한 상태를 유지하며 고관절을 접어 몸을 'ㅅ'자 모양으로 접어 올린다.
3. 호흡을 들이마시며 다시 준비 자세로 돌아온다.

▸ Caution
- 하이 플랭크 자세에서 두 발은 앞꿈치로 스테빌리티볼 위에 얹어 눌러준다.

▸ Target Muscle
- 복횡근
- 장요근
- 삼각근
- 능형근
- 다열근
- 복직근
- 대퇴사두근
- 척추기립근
- 승모근

▸ Main Effects
- 고관절 굴곡근을 강화한다.
- 고관절 굴곡근을 강화하면 얼리 익스텐션 동작을 방지할 수 있는 힘을 길러준다.
- 불안정한 상태에서 몸 전체의 안정성을 높여준다.
- 어깨와 팔의 버티는 힘을 향상시킨다.

15 스테빌리티볼 하이 플랭크 싱글레그 사이드 터치

지도법
- 밸런스를 못 잡는 수행자는 스테빌리티볼이 옆으로 굴러 수행자가 넘어지지 않도록 미리 잡을 준비한다.
- 복근이 약한 경우, 수행자의 옆에서 양쪽 골반을 잡고 보조한다.

응용도구 • 스텝박스 • 롤볼 • 보수볼

▸ **Ready Position**
1. 하이 플랭크 자세에서 두 발은 앞꿈치로 스테빌리티볼 위에 얹어 눌러준다.

▸ **Sequence**
1. 준비 자세에서 호흡을 들이마신다.
2. 호흡을 유지하며 오른다리를 뻗은 상태로 유지하고 오른손에 가깝게 바닥을 터치하며 호흡을 내쉰다.
3. 다시 호흡을 들이마시며 준비 자세로 돌아오고 반대편과 번갈아가며 진행한다.

▸ **Caution**
- 다리를 뻗어 움직일 때 버티는 다리는 지속적으로 스테빌리티볼을 눌러주며 체중심을 유지한다.
- 상체는 어깨, 가슴, 팔 힘으로 지면을 지속적으로 밀어주며 버텨주는 힘으로 안정성을 유지한다.

▸ **Target Muscle**
- 전신

▸ **Main Effects**
- 불안정한 상태에서 몸 전체의 안정성을 높여준다.
- 어깨와 팔의 버티는 힘을 향상시킨다.
- 고관절의 가동성을 높이며 중둔근을 강화시켜준다.

16 스테빌리티볼 하이 플랭크 킥 백

지도법
- 밸런스를 못 잡는 수행자는 스테빌리티볼이 옆으로 굴러 수행자가 넘어지지 않도록 미리 잡을 준비한다.
- 복근이 약한 경우, 다리를 올렸을 때 수행자가 넘어질 수 있으므로 수행자의 옆에서 양쪽 골반을 잡고 보조한다.

응용도구 • 롤볼 • AB 슬라이드

▶ Ready Position
1. 하이 플랭크 자세에서 두 발은 앞꿈치로 스테빌리티볼 위에 얹어 눌러준다.

▶ Sequence
1. 들이마시는 호흡에 무릎을 신전한 상태를 유지하며 고관절을 접어 몸을 'ㅅ'자 모양으로 접어 올린다.
2. 호흡을 내쉬며 둔근을 이용해 오른다리를 뒤로 뻗어 올린다.
3. 천천히 호흡을 들이마시며 다리를 내리고 준비 자세까지 돌아온다.

▶ Caution
- 고관절을 접어 올릴 때 척추가 너무 굽어지지 않도록 척추 중립 상태를 최대한 유지한다.
- 슬곡근의 유연성이 부족할수록 높이 올릴 때 척추가 굽을 수 있으므로 동작을 수행하는 동안 척추 중립 자세를 유지한다.
- 동작을 수행하는 동안 두 발은 스테빌리티볼 정중앙을 잘 눌러준 상태를 유지한다.
- 골반을 올릴 때 상체가 앞으로 많이 숙여져 어깨에 부상을 입지 않도록 지면을 잘 밀어주며 상체에 체중심을 잘 유지한다.
- 다리를 올릴 때 무릎만 접어 올릴 수 있으므로 반드시 뻗은 상태를 유지하며 둔근에 집중하여 운동한다.

▶ Target Muscle
- 복횡근
- 복직근
- 장요근
- 대퇴사두근
- 삼각근
- 척추기립근
- 능형근
- 승모근
- 다열근
- 둔근

▶ Main Effects
- 고관절 굴곡근을 강화한다.
- 고관절 굴곡근을 강화하면 얼리 익스텐션 동작을 방지할 수 있는 힘을 길러준다.
- 불안정한 상태에서 몸 전체의 안정성을 높여준다.
- 어깨와 팔의 버티는 힘을 향상시킨다.
- 고관절의 가동성을 높이며 둔근을 강화시킨다.

17 스테빌리티볼 싱글레그 브리지 로테이션

지도법 • 수행자 옆에서 정확히 못 밀어 올릴 때 양쪽 골반을 잡고 후방 경사 느낌을 살려 돌려준다.

응용도구 • 보수볼 • 롤볼

▸ Ready Position
1. 지면에 누운 상태로 두 다리를 모아 뻗어준 상태로 스테빌리티볼 위에 두 발을 얹어준다.
2. 골반을 밀어 올려 몸이 대각으로 펴져 있는 상태로 유지한다.
3. 오른다리를 뻗은 상태로 고관절을 90° 접어 올려 유지한다.

▸ Sequence
1. 호흡을 들이마시며 오른다리를 뻗은 상태로 골반을 왼쪽으로 회전한다.
2. 내쉬는 호흡에 준비 자세로 돌아온다.

▸ Caution
- 상·하체 분리에서 하체만 움직일 땐 반드시 허리와 골반 전체가 같이 움직여야 한다.
- 골반을 돌릴 때 허리가 아닌 반드시 허리와 골반 전체 힘으로 돌려 허리 부상을 예방한다.
- 골반을 돌릴 때 반드시 지지하는 발은 스테빌리티볼이 납작해진다는 이미지를 갖고 누르며 올려야 밀려 넘어지지 않고 안전하게 동작을 수행할 수 있다.
- 지면에 닿아 있는 모든 신체부위는 지면을 눌러준다.
- 들고 있는 다리의 높이를 유지한다.

▸ Target Muscle
- 대둔근
- 척추기립근
- 복횡근
- 내복사근
- 중둔근
- 슬괵근
- 외복사근

▸ Main Effects
- 지면에서 수행하는 브리지보다 지면을 누르는 힘과 골반을 밀어올리는 힘을 더 강화시켜준다.
- 코어 및 하체 후면의 안정성을 향상시킨다.
- 한 발로 수행할 때 슬괵근의 안정성을 더 높여준다.

18 하이 플랭크 스파이더 워킹

지도법
- 수행자의 골반 높이를 유지하기 위해 옆에서 골반 양옆을 보조한다.
- 수행자가 회전이 부족할 경우 수행자의 뒤에서 골반 회전을 보조한다.

응용도구 • 루프밴드   • 세라밴드   • AB 슬라이드

▸ Ready Position
1. 푸시업 자세와 같은 자세를 취한다.
2. 두 팔 간격은 어깨너비로, 다리는 드라이버 어드레스 간격으로 벌린다.

▸ Sequence
1. 준비 자세에서 호흡을 들이마신다.
2. 내쉬는 호흡에 오른다리의 고관절과 무릎을 접어 바깥으로 올리며 하체는 우측으로 회전한다.
3. 이때 시선은 접어 올리는 무릎을 본다.
4. 호흡을 들이마시며 준비 자세로 돌아오고 다시 내쉬며 반대편으로 회전한다.
5. 호흡 속도에 맞춰 반복한다.

▸ Caution
- 상·하체 분리에서 하체만 움직일 땐 반드시 허리와 골반 전체가 같이 움직여야 한다.
- 골반을 돌릴 때 허리가 아닌 반드시 허리와 골반 전체 힘으로 돌려 허리 부상을 예방한다.
- 다리를 접어 올릴 때 무릎보단 고관절 움직임에 집중하여 무릎이 땅에 닿지 않도록 주의한다

▸ Target Muscle
- 삼각근
- 전거근
- 복직근
- 내복사근
- 장요근
- 대흉근
- 승모근
- 외복사근
- 복횡근

▸ Main Effects
- 맨몸으로 하는 플랭크에서 상·하체 분리를 통해 하체 회전력을 향상시킨다.

19 하이 플랭크 마운틴 클라이머

지도법 • 수행자의 옆에 대기하며 수행자의 골반 움직임이 커지거나 무너질 경우 골반 양쪽을 보조하며 안정성을 유지해준다.

응용도구 • AB 슬라이더 • 리듬과 템포 조절

▸ **Ready Position**
1. 하이 플랭크 자세를 만든다.
2. 오른다리의 고관절과 무릎은 몸 앞으로 접어 올린다.
3. 왼다리는 완전히 펴준 상태에서 발의 앞꿈치로 지면을 눌러 버텨준다.

▸ **Sequence**
1. 호흡을 들이마시면서 오른다리는 펴주며 내리고 왼다리는 접어 올린다.
2. 내쉬는 호흡에 반대로 수행한다.
3. 호흡 속도에 맞춰 반복수행한다.

▸ **Caution**
- 운동을 수행하는 동안 견갑골이 들리는 윙잉(winging) 현상에 주의하며 지면을 계속 밀어준다.
- 다리를 접어 올릴 때 무릎으로만 접어 올리면 땅에 부딪힐 수 있으므로 반드시 고관절을 접어 올리는 데 집중한다.
- 골반의 높낮이가 크게 흔들리지 않도록 주의한다.

▸ **Target Muscle**
- 삼각근
- 전거근
- 복직근
- 내복사근
- 장요근
- 비복근
- 대흉근
- 승모근
- 외복사근
- 복횡근
- 대퇴사두근

▸ **Main Effects**
- 팔로 지면을 밀어 버티며 어깨 및 팔의 안정성을 높여준다.
- 상체로 버티며 코어 활성도를 올려 몸통의 안정성을 높여준다.
- 체중심을 유지한 상태에서 앞으로 치고 나가는 힘을 향상시킨다.

20 하이 플랭크 변형 마운틴 클라이머

지도법
- 수행자의 옆에 대기하며 수행자의 골반 움직임이 커지거나 무너질 경우 골반 양쪽을 보조하며 안정성을 유지해준다.

응용도구
- 리듬과 템포 조절

▶ **Ready Position**
1. 하이 플랭크 자세를 만든다.
2. 골반은 우측으로 회전하며 틀어준다.
3. 오른다리의 고관절과 무릎은 몸 바깥으로 접어 올린다.
4. 왼다리는 완전히 펴준 상태에서 발의 앞꿈치로 지면을 눌러 버텨준다.

▶ **Sequence**
1. 호흡을 들이마시면서 오른다리는 펴주며 내리고 골반은 좌측으로 회전하며 왼다리를 바깥으로 접어 올린다.
2. 내쉬는 호흡에 반대로 수행한다.
3. 호흡 속도에 맞춰 반복수행한다.

▶ **Caution**
- 운동을 수행하는 동안 견갑골이 들리는 윙잉(winging) 현상을 주의하며 지면을 계속 밀어준다.
- 다리를 접어 올릴 때 무릎으로만 접어 올리면 땅에 부딪힐 수 있으므로 반드시 고관절을 접어 올리는데 집중한다.
- 골반의 높낮이가 크게 흔들리지 않도록 주의한다.
- 골반의 회전 없이 다리만 바깥으로 올릴 경우 고관절 부상을 입을 수 있으므로 회전을 반드시 해준다.

▶ **Target Muscle**
- 삼각근
- 전거근
- 복직근
- 내복사근
- 장요근
- 비복근
- 대흉근
- 승모근
- 외복사근
- 복횡근
- 대퇴사두근

▶ **Main Effects**
- 팔로 지면을 밀어 버티며 어깨 및 팔의 안정성을 높여준다.
- 상체로 버티며 코어 활성도를 올려 몸통의 안정성을 높여준다.
- 체중심을 유지한 상태에서 앞으로 치고 나가는 힘을 향상시킨다.
- 변형된 하체 움직임으로 기존 마운틴 클라이머 효과에 골반 가동성도 높여준다.

21 로우 & 하이 플랭크 연속 동작

지도법 • 수행자 옆에 대기하며 수행자의 골반 움직임이 커지거나 무너질 경우 골반 양쪽을 보조하며 안정성을 유지해준다.

응용도구 • 밸런스패드   • 높낮이 변화

▸ **Ready Position**
1. 두 팔의 어깨와 팔꿈치를 90° 접어준 상태에서 중립 자세(11자 모양)로 로우 플랭크 자세를 만든다.

▸ **Sequence**
1. 오른손부터 지면을 짚고 밀어낸 후 왼팔을 펴주며 하이 플랭크 자세를 만든다.
2. 다시 오른팔부터 지면을 짚고 내려간 후 왼팔을 접어 로우 플랭크 자세로 돌아온다.
3. 두 팔을 번갈아가며 밀어 올리고 내려온다.

▸ **Caution**
• 한 팔만 밀어 올려 불균형이 오지 않도록 주의한다.
• 골반이 많이 흔들리지 않도록 복횡근과 둔근의 활성도를 높인다.
• 팔로 지면을 밀어 올릴 때 윙잉(winging) 현상이 나오지 않도록 견갑골의 안정성을 유지한다.

▸ **Target Muscle**
• 전신

▸ **Main Effects**
• 코어의 안정성을 유지한 상태에서 팔 근력을 향상시킨다.
• 어깨, 팔꿈치, 손목의 안정성을 향상시킨다.

22 로우 플랭크 스파이더 워킹

지도법
- 수행자의 골반 높이를 유지하기 위해 옆에서 골반 양옆을 보조한다.
- 수행자가 회전이 부족할 경우 수행자의 뒤에서 골반 회전을 보조한다.

응용도구 • 루프밴드 • 콘

▸ **Ready Position**
1. 로우 플랭크 자세를 취한다.
2. 두 팔 간격은 어깨너비에 11자 형태로, 그리고 다리는 골반 넓이로 벌린다.

▸ **Sequence**
1. 준비 자세에서 호흡을 들이마신다.
2. 내쉬는 호흡에 오른다리의 고관절과 무릎을 접어 바깥으로 올리며 하체는 우측으로 회전한다.
3. 이때 시선은 접어 올리는 무릎을 본다.
4. 호흡을 들이마시며 준비 자세로 돌아오고 다시 내쉬며 반대편으로 회전한다.
5. 호흡 속도에 맞춰 반복한다.

▸ **Caution**
- 상·하체 분리에서 하체만 움직일 땐 반드시 허리와 골반 전체가 같이 움직여야 한다.
- 골반을 돌릴 때 허리가 아닌 반드시 허리와 골반 전체 힘으로 돌려 허리 부상을 예방한다.
- 다리를 접어 올릴 때 무릎보단 고관절 움직임에 집중하여 무릎이 땅에 닿지 않도록 주의한다.
- 가슴이 닿지 않도록 두 어깨로 지면을 계속 밀어준다.

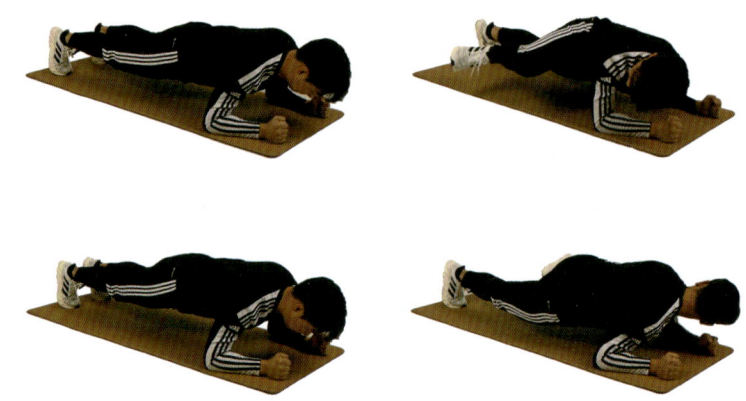

▸ **Target Muscle**
- 전신

▸ **Main Effects**
- 맨몸으로 하는 플랭크에서 상·하체 분리를 통해 하체 회전력을 향상시킨다.

23 로우 플랭크 힙 사이드 터치

지도법 • 수행자의 뒤에서 골반 회전을 보조한다.

응용도구 • 높이 변형 • 보수볼

▸ **Ready Position**
1. 로우 플랭크 자세를 취한다.
2. 두 팔 간격은 어깨너비에 11자 형태로, 그리고 다리는 모아준다.

▸ **Sequence**
1. 호흡을 들이마시며 우측 골반이 바닥에 닿도록 회전한다.
2. 호흡을 내쉬며 좌측 골반이 바닥에 닿도록 회전한다.

▸ **Caution**
- 가슴이 닿지 않도록 두 어깨로 지면을 계속 밀어준다.
- 골반의 높이가 낮아지지 않도록 높이를 유지한다.
- 골반을 회전할 때 팔이 지면으로부터 떨어지지 않도록 상체를 견고하게 버텨준다.

▸ **Target Muscle**
- 대흉근
- 능형근
- 늑간근
- 외복사근
- 둔근
- 삼각근
- 삼두근
- 복횡근
- 내복사근

▸ **Main Effects**
- 상체를 고정한 상태에서 하체를 분리하여 골반의 가동성 및 하복부 근력 향상에 도움을 준다.

24 로우 플랭크 버티기

지도법
- 수행자가 동작을 수행하는 동안 옆에서 몸이 균형이 깨져 비틀어지거나 골반이 지면에 닿으며 허리 및 어깨 부상을 미연에 방지한다.

응용도구
- 두 발을 롤볼 위에 올리고 플랭크
- 스테빌리티볼

▸ Ready Position
1. 두 팔꿈치를 어깨너비로 11자 형태를 만들어 아래팔로 지면을 지지하고, 삼두근과 삼각근의 힘으로 롤볼을 밀어준다.
2. 두 다리는 어깨너비로 벌려 뻗어주고 골반을 들어 올려 머리끝부터 발끝까지 몸을 널빤지처럼 평평하게 만들어준다.

▸ Sequence
1. 지도자가 지정한 시간 동안 버텨준다.

▸ Caution
- 동작을 수행하는 동안 허리가 바닥으로 처지지 않도록 복횡근과 둔근을 지속적으로 활성화한다.
- 견갑골이 들려 가슴이 바닥으로 처지지 않도록 삼각근, 삼두근, 대흉근 힘으로 버틴다.
- 어깨가 좋지 않은 수행자는 두 손을 모아 잡아 어깨에 무리가 가지 않도록 두 팔은 반드시 11자 형태를 유지한다.

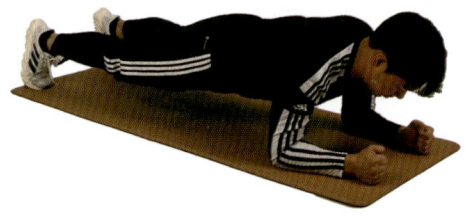

▸ Target Muscle
- 전신

▸ Main Effects
- 로우 플랭크 동작은 전신의 안정성을 향상시켜 불필요한 회전 움직임을 잡아준다.
- 지면을 지속적으로 눌러 밀어주는 힘의 유지력을 높인다.

25 엉덩이 걷기

지도법 • 수행자가 척추 중립 자세를 유지할 수 있도록 옆에서 이동 속도에 맞춰 척추를 보조한다.

응용도구 • 루프밴드 • 세라밴드 • 네거티브 • 무게 밀고 당기기

▸ **Ready Position**
1. 두 다리를 쭉 펴고 앉은 상태에서 상체는 척추 중립 자세를 만든다.
2. 두 손은 X자 모양으로 양 어깨에 얹어준다.

▸ **Sequence**
1. 들이마시는 호흡에 오른 엉덩이를 들어 앞으로 밀어준다.
2. 내쉬는 호흡에 왼 엉덩이를 들어 앞으로 밀어준다.
3. 호흡 속도에 맞춰 반복 수행하며 지정된 지점까지 도달했을 경우 호흡 속도에 맞춰 뒤로 걸으며 돌아온다.

▸ **Caution**
- 동작을 수행하는 동안 두 다리가 구부러지지 않도록 뻗는 힘을 유지하며 고관절 굴곡근의 힘으로 이동한다.
- 척추의 중립 상태를 유지할 수 있도록 복횡근과 다열근 활성화에 집중한다.
- 거북목이 되지 않도록 주의한다.

▸ **Target Muscle**
- 대퇴사두근
- 복횡근
- 내복사근
- 다열근
- 장요근
- 외복사근
- 척추기립근
- 능형근

▸ **Main Effects**
- 척추와 골반의 안정성을 높여준다.
- 고관절 굴곡근을 강화시켜준다.
- 상체의 회전력을 이용하여 하체 움직임을 만들어준다.

26 스테빌리티볼 로우 플랭크 버티기

지도법 • 수행자가 동작을 수행하는 동안 옆에서 몸이 균형이 깨져 비틀어지거나 골반이 지면에 닿으며 허리 및 어깨 부상을 미연에 방지한다.

응용도구 • 하이 플랭크 • 두 발을 스테빌리티볼 위에 올리고 플랭크 • 롤볼

▸ Ready Position
1. 동작을 수행하는 동안 허리가 바닥으로 처지지 않도록 복횡근을 지속적으로 활성화한다.
2. 견갑골이 들려 가슴이 바닥으로 처지지 않도록 둔근과 복횡근의 힘으로 버틴다.
3. 어깨가 좋지 않은 수행자는 두 손을 모아 잡아 어깨에 무리가 가지 않도록 두 팔은 반드시 11자 형태를 유지한다.

▸ Sequence
1. 지도자가 지정한 시간 동안 버텨준다.

▸ Caution
• 두 팔꿈치를 어깨너비로 11자 형태를 만들어 아래팔로 스테빌리티볼을 지지하고, 삼두근과 삼각근의 힘으로 롤볼을 밀어준다.
• 두 다리는 어깨너비로 벌려 뻗어주고 골반을 들어 올려 머리끝부터 발끝까지 몸을 널빤지처럼 평평하게 만들어준다.

▸ Target Muscle
• 전신

▸ Main Effects
• 스테빌리티볼 위에서 수행하는 플랭크 동작은 지면에서 수행하는 것보다 안정성을 향상시킨다.
• 지면을 지속적으로 눌러 밀어주는 유지력을 높인다.

27 플로윈 AB 슬라이더 상반신 롤

지도법
- 수행자 뒤에 서서 두 손으로 골반을 잡아 지면으로 엎어지거나 당겨오는 힘이 부족할 때 보조하여 부상 예방 및 올바른 자세를 지도한다.

응용도구
- 두 발로 서서 수행, AB 슬라이더에 원판 얹어서 수행

▸ Ready Position
1. 두 다리는 골반 넓이로 벌리고 무릎을 꿇고 앉는다.
2. 두 손은 지면에 있는 AB 슬라이더를 짚는다.

▸ Sequence
1. 들이마시는 호흡에 두 무릎과 발로 지면을 눌러 지지하며, 골반을 밀어 상체와 두 팔을 머리 위로 지면과 최대한 가까워질 때까지 뻗어 올려준다.
2. 내쉬는 호흡에 두 무릎과 발로 지면반력을 사용하여 골반을 당겨주고, 상체와 두 팔은 뻗은 상태를 유지하며 두 무릎까지 끌어당겨준다.

▸ Caution
- 두 팔을 밀어줄 때 수행자가 버틸 수 있는 거리까지 뻗어주어 어깨 부상을 예방한다.
- 상체만 먼저 밀고 나갈 때, 고양이 기지개 자세처럼 나오며 어깨를 다칠 수 있으므로 밀고 당길 때 반드시 하체 힘부터 사용한다.
- 하체 힘부터 사용할 때 반드시 두 무릎과 두 발로 지면을 강하게 눌러주고 지지하는 힘을 유지한다.

▸ Target Muscle
- 전신

▸ Main Effects
- 하체를 고정한 채 코어의 힘으로 상체를 밀어 뻗어주고 당겨오는 동작이다.
- 상체를 펴서 버티는 힘을 향상시킨다.
- 하체의 힘을 이용하여 상체의 당기는 힘을 향상시킨다.

28 플로윈 AB 슬라이더 와이파이 롤

지도법
- 수행자 뒤에 서서 두 손으로 골반을 잡아 지면으로 엎어지거나 당겨오는 힘이 부족할 때 보조하여 부상 예방 및 올바른 자세를 지도한다.

응용도구
- 두 발로 서서 수행
- AB 슬라이더에 원판 얹어서 수행

▸ Ready Position
1. 두 다리는 골반 넓이로 벌리고 무릎을 꿇고 앉는다.
2. 두 손은 지면에 있는 AB 슬라이더를 짚는다.

▸ Sequence
1. 들이마시는 호흡에 두 무릎과 발로 지면을 눌러 지지하며 골반을 밀어 두 팔을 Y자 모양으로 넓게 지면과 최대한 가까워질 때까지 뻗어 올려준다.
2. 내쉬는 호흡에 두 무릎과 발로 지면반력을 사용하여 골반을 당겨주고, 상체와 두 팔은 뻗은 상체를 유지하며 두 무릎까지 끌어당겨준다.

▸ Caution
- 두 팔을 밀어줄 때 수행자가 버틸 수 있는 거리까지 뻗어주어 어깨 부상을 예방한다.
- 상체만 먼저 밀고 나갈 시, 고양이 기지개 자세처럼 나오며 어깨를 다칠 수 있으므로 밀고 당길 때 반드시 하체 힘부터 사용한다.
- 하체 힘부터 사용할 때 반드시 두 무릎과 두 발로 지면을 강하게 눌러주고 지지하는 힘을 유지한다.

▸ Target Muscle
- 전신

▸ Main Effects
- 하체를 고정한 채 코어의 힘으로 상체를 밀어 뻗어주고 당겨오는 동작이다.
- 상체를 펴서 버티는 힘을 향상시킨다.
- 하체의 힘을 이용하여 상체의 당기는 힘을 향상시킨다.

29 플로윈 AB 슬라이더 플라이

지도법
- 수행자의 뒤에 서서 두 손으로 골반을 잡아 지면으로 엎어지거나 당겨오는 힘이 부족할 때 보조하여 부상 예방 및 올바른 자세를 지도한다.

응용도구 • 원판

▸ Ready Position
1. AB 슬라이더 위에 두 아래팔을 얹어 로우 플랭크 자세를 만든다.

▸ Sequence
1. 들이마시는 호흡에 두 팔을 벌려 대흉근을 이완시킨다.
2. 내쉬는 호흡에 두 팔을 모아 준비 자세로 돌아오며 대흉근을 수축한다.
3. 호흡 속도에 맞춰 반복한다.

▸ Caution
- 동작을 수행하는 동안 팔꿈치만 벌어지지 않도록 반드시 두 팔을 11자 형태로 유지한다.
- 허리가 과신전 또는 굴곡이 심해지지 않도록 척추의 중립 자세를 유지한다.
- 견갑골이 winging 동작이 나오지 않도록 두 팔로 지면을 밀어주어 전거근을 지속적으로 활성화한다.

▸ Target Muscle
- 전신

▸ Main Effects
- 로우 플랭크 자세에서 지면을 활용한 플라이 자세로 전반적인 상체 근력을 강화시킨다.
- 대흉근 및 코어 근육 강화

30 플로윈 AB 슬라이더 하반신 돌핀 투 플랭크

지도법
- 하체 미끄러짐을 못 잡는 수행자는 두 발이 미끄러져 넘어지지 않도록 옆에서 골반을 잡을 준비한다.
- 복근이 약한 경우, 수행자 옆에서 양쪽 골반을 잡고 보조한다.

응용도구 • 롤볼 • 스테빌리티볼

▸ Ready Position
1. 하이 플랭크 자세에서 두 발은 앞꿈치로 AB 슬라이더 위에 얹어 눌러준다.

▸ Sequence
1. 준비 자세에서 호흡을 들이마신다.
2. 내쉬는 호흡에 무릎을 신전한 상태를 유지하며 고관절을 접어 몸을 'ㅅ'자 모양으로 접어 올린다.
3. 호흡을 들이마시며 다시 준비 자세로 돌아온다.

▸ Caution
- 고관절을 접어 올릴 때 척추가 너무 굽어지지 않도록 척추 중립 상태를 최대한 유지한다.
- 슬곡근의 유연성이 부족할수록 높이 올릴 때 척추가 굽을 수 있으므로 동작을 수행하는 동안 척추 중립 자세를 유지한다.
- 동작을 수행하는 동안 두 발은 AB 슬라이더 정중앙을 잘 눌러준 상태를 유지한다.

▸ Target Muscle
- 복횡근
- 장요근
- 삼각근
- 능형근
- 다열근
- 복직근
- 대퇴사두근
- 척추기립근
- 승모근

▸ Main Effects
- 고관절 굴곡근을 강화한다.
- 고관절 굴곡근을 강화하면 얼리 익스텐션 동작을 방지할 수 있는 힘을 길러준다.
- 지면이 미끄러운 상태에서 수행함으로써 몸 전체의 안정성을 높여준다.
- 어깨와 팔의 버티는 힘을 향상시킨다.

31 플로윈 AB 슬라이더 마운틴 클라이머

지도법 • 수행자 옆에 대기하며 수행자의 골반 움직임이 커지거나 무너질 경우 골반 양쪽을 보조하며 안정성을 유지해준다.

응용도구 • 리듬과 템포 조절 • 싱글레그 얼터네이트 서클

▶ Ready Position
1. 하이 플랭크 자세를 만든다.
2. 두 발은 AB 슬라이더를 밟는다.
3. 오른다리의 고관절과 무릎은 몸 앞으로 접어 올린다.
4. 왼다리는 완전히 펴준 상태에서 발의 앞꿈치로 AB 슬라이더를 눌러 버텨준다.

▶ Sequence
1. 호흡을 들이마시며 오른다리는 펴주며 내리고 왼다리는 접어 올린다.
2. 내쉬는 호흡에 반대로 수행한다.
3. 호흡 속도에 맞춰 반복 수행한다.

▶ Caution
- 운동을 수행하는 동안 견갑골이 들리는 윙잉(winging) 현상에 주의하며 지면을 계속 밀어준다.
- 다리를 접어 올릴 때 무릎으로만 접어 올리면 땅에 부딪힐 수 있으므로 반드시 고관절을 접어 올리는 데 집중한다.
- 골반의 높낮이가 크게 흔들리지 않도록 주의한다.
- 상체는 못 버티고 하체는 점점 발 아래쪽으로 미끄러지지 않도록 주의한다.

▶ Target Muscle
- 삼각근
- 전거근
- 복직근
- 내복사근
- 장요근
- 비복근
- 대흉근
- 승모근
- 외복사근
- 복횡근
- 대퇴사두근

▶ Main Effects
- 팔로 지면을 밀어 버티며 어깨 및 팔의 안정성을 높여준다.
- 상체로 버티며 코어 활성도를 올려 몸통의 안정성을 높여준다.
- 체중심을 유지한 상태에서 앞으로 치고 나가는 힘을 향상시킨다.
- 지면이 미끄러운 상태에서 수행함으로써 몸 전체의 안정성을 높여준다.

32 플로윈 AB 슬라이더 서클

지도법 • 수행자의 발밑에서 회전을 못 할 때 두 손으로 발을 잡고 진행 방향으로 보조하며 돌려준다.

응용도구 • 로우 플랭크 • 콘 • 플레이트

▸ **Ready Position**
1. 하이 플랭크 자세를 만든다.
2. 두 발은 AB 슬라이더를 밟고 모아준다.

▸ **Sequence**
1. 들이마시는 호흡에 두 다리를 모은 상태를 유지하여 끌어올리며 우측으로 반원을 그리며 회전한다.
2. 두 다리가 몸의 중심을 지나 좌측으로 회전하며 내려올 때 나머지 반원을 그리며 호흡을 내쉰다.
3. 돌핀 투 플랭크 동작에서 원 그리는 동작을 추가한 것과 같다.
4. 호흡 속도에 맞춰 반복한다.

▸ **Caution**
• 하체를 회전할 때 두 무릎이 구부러지지 않도록 곧게 편 상태를 유지한다.
• 두 다리를 돌리기 위해서는 반드시 고관절을 최대한 접어 돌릴 수 있는 공간을 확보한다.
• 두 팔은 지면을 지속적으로 밀어주어 어깨의 안정성을 유지한다.

▸ **Target Muscle**
• 복직근   • 외복사근   • 내전근   • 대퇴사두근
• 복횡근   • 내복사근   • 둔근

▸ **Main Effects**
• 팔로 지면을 밀어 버티며 어깨 및 팔의 안정성을 높여준다.
• 상체로 버티며 코어 활성도를 올려 몸통의 안정성을 높여준다.
• 복횡근과 복사근들의 협응력으로 하체 회전 움직임 및 근력을 강화한다.

33 스테빌리티볼 싯업 슬램

지도법
- 벽으로 슬램 할 수 있는 경우 수행자 옆에 앉아서 못 올라올 때 흉추를 보조하며 올려준다.
- 벽이 없을 경우, 수행자와 볼을 주고받으며 구두로 지도한다.

응용도구 • 메디슨볼 • 세라밴드

▶ Ready Position
1. 두 다리는 수행자의 유연성에 따라 골반이나 어깨너비로 벌리고 다 펴준 상태로 앉는다.
2. 상체는 척추 중립 자세를 만들고 스테빌리티볼을 받을 준비한다.

▶ Sequence
1. 보조자가 던져준 볼을 받음과 동시에 호흡을 들이마시고 척추 분절하며 뒤로 눕는다.
2. 누웠을 때 공은 머리 위에 위치한다.
3. 내쉬는 호흡에 복부 힘으로 올라오며 공을 강하게 던진다.

▶ Caution
- 하체 반동은 최대한 자제한다.
- 팔 힘으로만 공을 던질 경우 공이 낮게 던져지므로 반드시 복부의 힘으로 올라오며 슬램한다.

▶ Target Muscle
- 복직근
- 복횡근
- 고관절 굴곡근
- 삼각근
- 회전근개
- 전거근

▶ Main Effects
- 복근의 힘을 이용하여 공을 강하게 던지는 동작이다.
- 이 동작을 통해 코어의 힘을 이용하여 순간적으로 던지는 힘을 향상시킨다.
- 공을 던지는 힘이 강해질수록 클럽 스피드가 증가한다.

34 테이블톱 메디슨볼 싯업 연속

지도법
- 수행자의 옆에 무릎 앉아 자세로 메디슨볼이 떨어지지 않도록 잡아준다.
- 수행자의 하체가 무너지지 않도록 보조한다.

응용도구
- 메디슨볼 2개를 이용하여 수행자는 보조자에게 던지고 보조자는 수행자의 다리 위에 공을 올려 물레방아와 같이 무한 반복한다.
- 무릎과 발 사이에 토닝볼 같은 도구를 고정한다.

▶ Ready Position
1. 지면에 누운 상태에서 고관절, 무릎, 발목은 90° 접어준다.
2. 다리는 골반 넓이로 유지하며 다리 사이 위에 메디슨볼을 얹는다.
3. 두 손은 머리 위로 올린다.

▶ Sequence
1. 준비 자세에서 호흡을 들이마신다.
2. 내쉬는 호흡에 상복부만 수축하여 올라오며 메디슨볼을 가져온다.
3. 다시 들이마시는 호흡에 누우며 메디슨볼을 머리 위로 가져온다.
4. 내쉬는 호흡에 다시 올라오며 공을 원위치한다.
5. 호흡 속도에 맞춰 반복 수행한다.

▶ Caution
- 목의 힘으로 올라오지 않도록 가슴을 하늘로 올리는 느낌으로 올라온다.
- 하체 관절들의 90° 각도가 무너지지 않도록 유지한다.
- 동작을 수행하는 동안 복횡근은 버티는 힘을 유지한다.

▶ Target Muscle
- 복직근
- 늑간근
- 복횡근
- 고관절 굴곡근

▶ Main Effects
- 상복부는 이완 수축, 하복부는 버티는 힘을 향상시킨다.
- 코어의 안정성을 높여 불필요한 회전을 잡아준다.

35 스테빌리티볼 T.Y.I.W.

지도법
- 수행자 옆에서 올바른 어깨 움직임을 만들 수 있게 견갑골을 낮출 수 있도록 보조한다.
- 수행자 앞에서 지쳤을 때 팔을 보조한다.

응용도구 • 매트 • 토닝볼 • 덤벨 • 세라밴드

▸ Ready Position
1. 스테빌리티볼 위에 가슴을 얹어 플랭크 상태로 준비한다.
2. T 자세는 두 팔을 양옆으로 뻗고 두 엄지를 세워 후면을 향하게 한다.
3. Y 자세는 두 팔을 Y자 모양으로 뻗어 들고 두 엄지를 세워 후면을 향하게 한다.
4. I 자세는 두 팔을 머리 위로 똑바로 들어 올리고 두 엄지를 세워 후면을 향하게 한다.
5. W 자세는 두 어깨와 팔꿈치를 대략 60° 접어주어 W자 모양을 만들고 두 엄지를 세워 후면을 향하게 한다.

▸ Sequence
1. 준비 자세에서 호흡을 들이마신다.
2. 내쉬는 호흡에 팔의 형태를 유지하며 후면으로 올린다.
3. 호흡 속도에 맞춰 반복한다.

▸ Caution
- 동작을 수행할 때 견갑골의 안정성을 반드시 유지하여 상부 승모근의 개입을 최소화한다.
- 척추 중립 자세를 유지하여 동작을 수행하는 동안 등이 굽거나 허리가 과신전되지 않도록 한다.

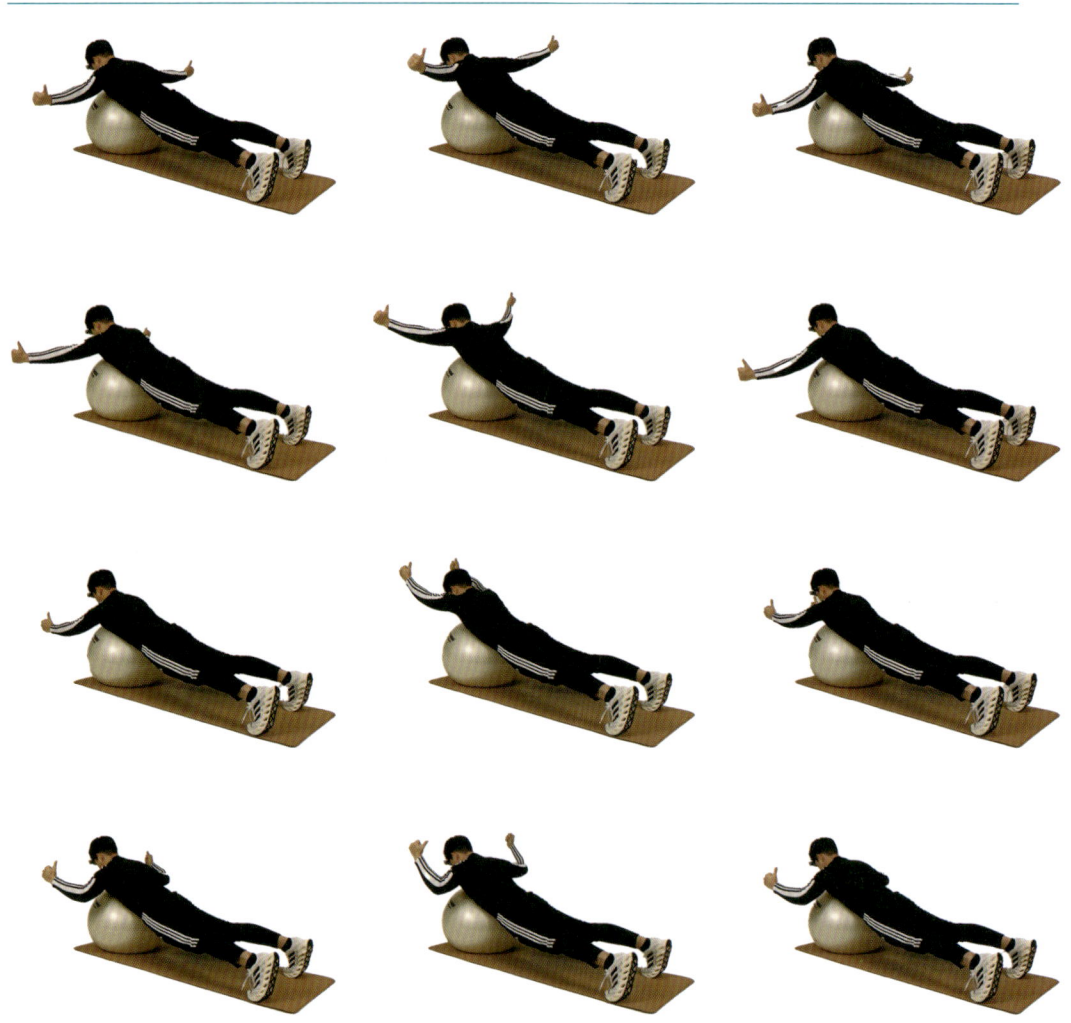

▸ **Target Muscle**
- 삼각근
- 회전근개
- 능형근
- 승모근

▸ **Main Effects**
- 견갑골 주변 근육의 안정성, 가동성을 높여준다.
- 어깨 재활운동으로 효과적이다.
- 골프 스윙에서 몸통 회전에 맞는 어깨 움직임이 떨어지는 사람들에게 효과적이다.

36 스테빌리티볼 리버스(하체) 익스텐션

지도법
- 수행자 옆에서 둔근과 두 다리를 모아주는 힘에 집중할 수 있도록 지도하며 들어 올린 다리가 넘어지지 않도록 보조한다.

응용도구
- 준비 자세를 처음부터 상체에 실어준 상태에서 시작

▶ Ready Position
1. 스테빌리티볼을 매트 중앙 위에 올려놓는다.
2. 배꼽을 중심으로 수행자의 신체 구조에 맞게 스테빌리티볼 위에 엎드린다.
3. 이때 두 다리는 뻗어주고 두 발은 지면을 지지하여 앞으로 밀어줄 준비를 한다.
4. 두 손은 뻗어 매트 끝을 잡아준다.

▶ Sequence
1. 들이마시는 호흡에 스테빌리티볼 위에 엎드린 상태에서 앞으로 굴러가 가슴이 지면에 가까워지면 플랭크 자세를 잡는다.
2. 이때 가슴은 지면에 닿지 않는다.
3. 상체를 기반으로 복횡근, 둔근, 기립근으로 중심을 잡으며 두 다리를 모은 상태로 뻗어 올린다.
4. 천천히 호흡을 내쉬며 다리를 내리고 다시 준비 자세로 돌아온다.

▶ Caution
- 하체를 들어 올릴 때 허리가 머리 쪽으로 꺾이지 않도록 코어를 확실하게 잡아놓은 상태에서 천천히 들어 올린다.
- 두 팔은 지면을 밀어주는 힘으로 지지하여 턱과 가슴이 지면에 닿지 않도록 버텨준다.

▶ Target Muscle
- 척추기립근
- 승모근
- 둔근
- 복횡근
- 슬괵근
- 다열근
- 능형근
- 내전근
- 대퇴사두근

▶ Main Effects
- 상체 저중심 기반으로 척추를 곧게 세워 신체 중심을 잡아주는 안정성을 높인다.
- 척추기립근을 강화시킨다.
- 두 다리의 뻗고 모아주는 힘을 향상시킨다.

E. 리듬 & 템포 트레이닝

1. 익스코 워킹(20회 보통 속도, 30회 템포 변화)

지도법
- 옆에서 수행자의 자세가 흐트러지는지 확인한다.
- 지속적으로 움직여야 하는 운동이므로 동작을 교정할 때 잠시 멈추고 정확한 자세를 지도한 뒤 다시 수행하기를 반복한다.

응용도구 • 보수볼

▸ **Ready Position**
1. 제자리에서 체중을 앞으로 실어주며 걷는 자세를 취한다.
2. 상체는 힙힌지를 통해 약 30° 앞으로 숙여준다.
3. 앞다리는 살짝 구부린 상태에서 체중을 실어주고 유지한다.
4. 뒷발은 뒤꿈치를 들고 있는 상태 유지
5. 양손은 익스코의 중앙을 잡고 걷는 자세를 취한다. 이때 왼발이 앞에 있으면 오른손을 들어준다.

▸ **Sequence**
1. 시작과 동시에 양팔과 뒷다리는 지속적으로 앞뒤로 움직이며 제자리걸음을 한다.
2. 호흡은 뒷발이 뒤에 있을 때 들이마시고 앞으로 디딜 때 내쉬어준다.
3. 동작 수행 중 지도자의 구령에 맞춰 변칙적인 리듬과 템포를 조절한다.

▸ **Caution**
- 동작을 수행하는 동안 움직이는 팔과 다리를 제외한 나머지는 최대한 고정시켜준다.
- 같은 방향의 손과 발이 동시에 나가지 않도록 한다.
- 리듬과 템포가 불규칙적인 변화로 인해 수행동작이 흐트러지지 않도록 집중한다.

▸ **Target Muscle**
- 전신

▸ **Main Effects**
- 일정한 리듬과 템포를 잡아준다.
- 등척성과 등장성 운동을 동시 수행하여 뇌의 활성화 및 움직임의 이해도 향상
- 어드레스 각도를 유지하며 팔과 다리로 다양한 움직임 만듦.
- 자유로운 리듬과 템포 조절 능력을 향상시켜준다.

2. 보수볼 3 스텝 4 스텝

지도법
- 수행자 앞에서 박수 또는 구령으로 수행자의 운동 속도를 조절하며 리듬과 템포 조절 능력을 향상시킬 수 있게 지도한다.
- 동작을 지도할 때 구분 동작과 느린 동작으로 한 동작씩 교정하여 정확한 움직임과 흐름을 몸으로 익히게 만들어준다.

응용도구
- 스텝박스

▸ Ready Position
1. 보수볼을 가운데 두고 수행자는 두 발을 모은 상태로 보수볼 옆에 살짝 앉아 낮춘 상태로 서있는다.

▸ Sequence
1. 3 스텝: 옆으로 스텝 세 번 밟는데, 이때 처음 건너가는 보수볼 위는 두 번 밟고 착지해서 버틸 때 한 번 밟아 총 세 번의 스텝을 밟는다.
2. 착지했을 때 마지막으로 들고 있는 다리는 고관절과 무릎을 접은 채 지지한 다리로 모아준다.
3. 4 스텝: 옆으로 스텝 네 번 밟는데, 이때 처음 건너가는 보수볼 위는 두 번 밟고 착지할 때 두 번 밟아 총 네 번의 스텝을 밟는다.
4. 착지했을 때 준비 자세와 똑같은 자세로 서있는다.

▸ Caution
- 신체능력보다 마음이 앞서갈 경우 스스로 발에 걸려 넘어질 수 있으니 본인이 유지할 수 있는 스피드로 운동을 수행한다.
- 보수볼을 밟고 넘어갈 때 최대한 물 위를 걷듯 가볍게 터치하며 넘어간다.
- 뒤꿈치는 항상 들고 있는다.
- 일정한 리듬과 템포, 움직임을 유지하기 위해 코어는 지속적으로 활성화시킨다.

▸ Target Muscle
- 족저근막
- 비복근
- 가자미근
- 슬괵근
- 대퇴사두근
- 내전근
- 복횡근

▸ Main Effects
- 스텝으로 우리 신체의 리듬과 템포 조절 능력을 향상시켜 원하는 타이밍에 원하는 힘을 자유자재로 조절할 수 있다.
- 스텝으로 리듬과 템포를 조절함과 동시에 협응력, 순발력, 민첩성, 심폐지구력, 근지구력을 향상시킨다.

3 보수볼 원, 투 스텝(정면 보고)

지도법
- 수행자 앞에서 박수 또는 구령으로 수행자의 운동 속도를 조절하며 리듬과 템포 조절 능력을 향상시킬 수 있게 지도한다.
- 동작을 지도할 땐 구분 동작과 느린 동작으로 한 동작씩 교정하여 정확한 움직임과 흐름을 몸으로 익히게 만들어준다.

응용도구 • 스텝박스 • 플라이오 박스

▸ **Ready Position**
1. 보수볼을 수행자 앞에 두고 한 발은 보수볼 위, 다른 발은 지면을 지지하며 달리기 자세를 만든다.

▸ **Sequence**
1. 들이마시는 호흡에 제자리달리기 하듯 다리 위치를 바꾼다.
2. 내쉬는 호흡에 다시 바꾼다.
3. 짧은 호흡 속도에 맞춰 반복한다.

▸ **Caution**
- 같은 편의 손과 발이 같이 나가지 않도록 한다.
- 뒤꿈치는 항상 들고 있는다.
- 일정한 리듬과 템포, 움직임을 유지하기 위해 코어는 지속적으로 활성화시킨다.

▸ **Target Muscle**
- 족저근막
- 비복근
- 가자미근
- 슬괵근
- 대퇴사두근
- 내전근
- 복횡근

▸ **Main Effects**
- 스텝으로 신체의 리듬과 템포 조절 능력을 향상시켜 원하는 타이밍에 원하는 힘을 자유자재로 조절할 수 있다.
- 스텝으로 리듬과 템포를 조절함과 동시에 협응력, 순발력, 민첩성, 심폐지구력, 근지구력을 향상시킨다.

4 콘 중첩 사이드 스텝

지도법
- 횟수만큼 초 단위로 휴식 시간을 제공한다.
- 수행자가 저산소증 증상을 보이는지 수시로 얼굴을 체크한다.

응용도구 · 속도 조절

▶ **Ready Position**
1. 콘 앞에 서서 다리는 어깨너비보다 조금 더 넓게 서서 자세를 낮춘다.

▶ **Sequence**
1. 사이드 스텝 세 번으로 콘과 콘 사이를 주어진 횟수만큼 반복 왕복한다.

▶ **Caution**
- 운동을 수행하면서 어지러움, 구토 증상, 이명, 별 보임 등 저산소증 증상이 나타나면 즉시 중단한다.
- 몸보다 마음이 앞서나가 스스로 발에 걸려 넘어지지 않도록 한다.

▶ **Target Muscle**
- 족저근막
- 비복근
- 가자미근
- 슬괵근
- 대퇴사두근
- 내전근
- 복횡근

▶ **Main Effects**
- 스텝으로 우리 신체의 리듬과 템포 조절 능력을 향상시켜 원하는 타이밍에 원하는 힘을 자유자재로 조절할 수 있다.
- 스텝으로 리듬과 템포를 조절함과 동시에 협응력, 순발력, 민첩성, 심폐지구력, 근지구력을 향상시킨다.
- 반복 횟수를 중첩으로 쌓아가는 운동법으로 체력 향상에 매우 효과적이다.

5 바이퍼 사이드 스텝

지도법
- 수행자가 저산소증 증상을 보이는지 수시로 얼굴을 체크한다.
- 수행자가 지쳤을 때 뒤에서 같이 사이드 스텝하며 흉곽이나 어깨를 잡고 보조한다.

응용도구
- 바이퍼 무게 변경

▸ Ready Position
1. 콘 앞에 서서 다리는 어깨너비보다 조금 더 넓게 서서 자세를 낮춘다.

▸ Sequence
1. 바이퍼 끝을 한 손으로 잡고 다리와 다리 사이에 늘어뜨리며 스쿼트 상태로 준비한다.
2. 점프하듯 일어나며 두 번의 사이드 스텝으로 반대편으로 넘어간다.
3. 중간 지점에서 바이퍼가 똑바로 세워졌을 때 반대손으로 넘겨 받으며 이동한다.

▸ Caution
- 바이퍼가 몸으로부터 멀어지지 않도록 중간에서 바이퍼를 넘겨 받을 때 잡아 돌리지 않고 옆으로 넘긴다.
- 뒤꿈치는 항상 들고 있는다.
- 운동을 수행하면서 어지러움, 구토 증상, 이명, 별 보임 등 저산소증 증상이 나타나면 즉시 중단한다.
- 몸보다 마음이 앞서나가 스스로 발에 걸려 넘어지지 않도록 한다.

▸ Target Muscle
- 족저근막
- 가자미근
- 대퇴사두근
- 복횡근
- 비복근
- 슬괵근
- 내전근

▸ Main Effects
- 스텝으로 우리 신체의 리듬과 템포 조절 능력을 향상시켜 원하는 타이밍에 원하는 힘을 자유자재로 조절할 수 있다.
- 스텝으로 리듬과 템포를 조절함과 동시에 협응력, 순발력, 민첩성, 심폐지구력, 근지구력을 향상시킨다.
- 사이드 스텝에 무게를 더하여 끝지점에 도착했을 때 하체로 버티고 밀어주는 힘을 향상시킨다.

6 콘 지그재그 포고 점프 & 래터럴 필라 런 (콘 8개)

지도법
- 수행자가 넘어질 때를 대비해서 수행자의 이동 속도와 경로에 맞춰 이동하며 정확한 동작과 박자를 구두로 지도한다.

응용도구 · 콘의 개수 조절

▸ **Ready Position**
1. 콘 8개를 한 발 들어갈 수 있는 간격으로 일직선으로 위치시킨다.
2. 두 발을 모은 상태로 콘 옆에 선다.

▸ **Sequence**
1. 짧은 호흡으로 앞에 있는 콘의 반대편으로 넘어가며 끝까지 지그재그로 반복하며 뛴다.
2. 동작이 끝나면 뒤로 뛰며 돌아온다. 뒤로 뛸 때는 돌아왔던 콘의 위치를 기억하며 뛴다.
3. 지그재그 포고 점프가 끝나면 바로 래터럴 필라 런을 시작한다.
4. 짧은 호흡으로 콘과 콘 사이를 뛰어 끝까지 갔다가 돌아온다.
5. 위 두 동작을 1세트로 정하고 1세트에 한 바퀴, 2세트에 두 바퀴를 돌고 오는 형식으로 진행한다.

▸ **Caution**
- 점프할 때 코어 활성화를 높여 체중이동을 하면서도 흔들리거나 넘어지지 않게 잡아준다.
- 필라 런 할 때 같은 편의 손과 발이 나가지 않도록 리듬과 템포에 집중한다.
- 발바닥은 앞꿈치로 지면에 최대한 짧은 시간 동안 닿고 바로 점프할 수 있도록 한다.
- 지면을 지지하는 다리는 반드시 최대한 다 신전하여 최대 힘을 쓸 수 있도록 한다.
- 일정한 리듬과 템포, 움직임을 유지하기 위해 코어는 지속적으로 활성화시킨다.
- 뒤꿈치는 항상 들고 있는다.

▸ **Target Muscle**
- 비복근
- 슬괵근
- 내전근
- 가자미근
- 대퇴사두근
- 복횡근

▸ **Main Effects**
- 스텝으로 우리 신체의 리듬과 템포 조절 능력을 향상시켜 원하는 타이밍에 원하는 힘을 자유자재로 조절할 수 있다.
- 스텝으로 리듬과 템포를 조절함과 동시에 협응력, 순발력, 민첩성, 심폐지구력, 근지구력을 향상시킨다.
- 사이드 스텝에 무게를 더하여 끝지점에 도착했을 때 하체로 버티고 밀어주는 힘을 향상시킨다.

7 콘 래터럴 점프(연속)

지도법 • 수행자가 넘어질 때를 대비해서 수행자의 이동 속도와 경로에 맞춰 이동하며 정확한 동작과 박자를 구두로 지도한다.

응용도구 • 운동 리듬 & 템포 조절

▸ **Ready Position**
1. 한 발로 서고 다른 다리는 허리 높이까지 고관절과 무릎을 접어 올린다.
2. 두 팔은 다리 모양에 맞춰 달리기 자세를 만든다.

▸ **Sequence**
1. 호흡을 들이마시며 서있는 다리로 앞으로 숙이며 앉고, 들고 있는 다리는 뒤로 보낸 뒤 두 팔도 앞뒤 위치를 바꿔준다.
2. 내쉬는 호흡에 옆으로 점프하며 준비 자세로 착지한다.
3. 동작을 반복한다.

▸ **Caution**
• 착지할 때 반드시 앞으로 숙여 자세를 낮추며, 착지하여 둔근으로 큰 충격을 잡아줄 수 있도록 한다.
• 착지할 때는 반드시 발바닥의 앞부분부터 착지하도록 한다.
• 점프할 때 코어 활성화를 높여 체중이동을 하면서도 흔들리거나 넘어지지 않게 잡아준다.
• 일정한 리듬과 템포, 움직임을 유지하기 위해 코어는 지속적으로 활성화시킨다.

▸ **Target Muscle**
• 족저근막
• 가자미근
• 대퇴사두근
• 복횡근
• 비복근
• 슬괵근
• 내전근

▸ **Main Effects**
• 스텝으로 우리 신체의 리듬과 템포 조절 능력을 향상시켜 원하는 타이밍에 원하는 힘을 자유자재로 조절할 수 있다.
• 스케이트 선수들과 같이 대각의 힘을 이용한 옆으로 움직이는 동작은 순발력, 점프력, 체중이동, 밸런스, 코어 강화에 도움을 준다.

8 콘 래터럴 점프 & 홀드

지도법 • 수행자가 넘어질 때를 대비해서 수행자의 이동 속도와 경로에 맞춰 이동하며, 정확한 동작과 박자를 구두로 지도한다.

응용도구 • 운동 리듬 & 템포 조절

▸ **Ready Position**
1. 한 발로 서고 다른 다리는 허리 높이까지 고관절과 무릎을 접어 올린다.
2. 두 팔은 다리 모양에 맞춰 달리기 자세를 만든다.

▸ **Sequence**
1. 호흡을 들이마시며 서있는 다리로 앞으로 숙이며 앉고, 들고 있는 다리는 뒤로 보낸 뒤 두 팔도 앞뒤 위치를 바꿔준다.
2. 내쉬는 호흡에 옆으로 점프하며 준비 자세로 착지 후 3초 동안 버틴다.
3. 동작을 반복한다.

▸ **Caution**
• 착지할 때 반드시 앞으로 숙여 자세를 낮추며, 착지하여 둔근으로 큰 충격을 잡아줄 수 있도록 한다.
• 착지할 때는 반드시 발바닥의 앞부분부터 착지하도록 한다.
• 점프할 때 코어 활성화를 높여 체중이동을 하면서도 흔들리거나 넘어지지 않게 잡아준다.
• 일정한 리듬과 템포, 움직임을 유지하기 위해 코어는 지속적으로 활성화시킨다.

▸ **Target Muscle**
• 족저근막   • 가자미근   • 대퇴사두근   • 복횡근
• 비복근   • 슬괵근   • 내전근

▸ **Main Effects**
• 스텝으로 우리 신체의 리듬과 템포 조절 능력을 향상시켜 원하는 타이밍에 원하는 힘을 자유자재로 조절할 수 있다.
• 스케이트 선수들과 같이 대각의 힘을 이용한 옆으로 움직이는 동작은 순발력, 점프력, 체중이동, 밸런스, 코어 강화에 도움을 준다.
• 착지 후 멈추는 동작은 안정성 강화에 특화 되어있으며 템포가 급한 사람들에게 힘을 충분히 모아줄 수 있는 박자감을 만들어준다.

9 익스코 무릎 꿇고 정면 스텝 좌우 스윙

지도법 • 수행자 뒤에서 리듬과 템포를 맞춰주며 정확한 회전을 할 수 있도록 상체 움직임을 보조하며 지도한다.

응용도구 • 연습스윙 도구, 골프 클럽

▸ Ready Position
1. 두 다리로 무릎을 꿇고 똑바로 선 상태에서 Xco를 몸 앞으로 자연스럽게 뻗어준다.

▸ Sequence
1. 좌우로 한 번씩 왕복하며 일정한 리듬과 템포를 형성하고, 왼발을 앞으로 스텝 딛으며 체중을 실어줌과 동시에 상체는 왼쪽으로 회전한다.
2. 회전 동작이 끝 지점에 도달한 후 돌아올 때 하체가 움직이는 박자에 맞춰 상체도 우측, 좌측 순으로 회전한 후 다시 오른발을 디디며 상체는 우측으로 회전한다.

▸ Caution
• 상체가 하체보다 급해지기 쉬운 동작이므로 반드시 하체가 움직이는 박자에 맞춰 상체를 회전한다.
• 고관절은 외·내회전 가동성이 커야 무릎을 꿇은 제한된 공간에서 다리가 지면에 걸리지 않는다.

▸ Target Muscle
• 전신

▸ Main Effects
• 무릎을 꿇고 런지하듯 앞으로 스텝을 밟는 동작은 제한된 공간에서 코어와 하체의 많은 움직임을 요구한다.
• 제한된 공간에서 일정한 리듬과 템포에 맞춰 많이 움직일수록 민첩성, 순발력, 안정성이 향상된다.
• 하체를 움직이는 리듬과 템포에 맞춰 상체를 회전하여 몸통의 안정성과 회전력을 향상시킨다.

10 익스코 스탠드 스플릿 스텝 좌우 스윙

지도법 • 수행자 뒤에서 리듬과 템포를 맞춰주며 정확한 회전을 할 수 있도록 상체 움직임을 보조하며 지도한다.

응용도구 • 연습스윙 도구, 골프 클럽

▶ Ready Position
1. 똑바로 다리를 모아 선 상태에서 익스코를 몸 앞으로 자연스럽게 뻗어준다.

▶ Sequence
1. 좌우로 한 번씩 왕복하며 일정한 리듬과 템포를 형성하고, 왼발을 앞으로 런지하듯 스플릿 스탠스를 만들며 체중을 실어줌과 동시에 상체는 왼쪽으로 회전한다.
2. 회전 동작이 끝 지점에 도달한 후 돌아올 때 하체가 움직이는 박자에 맞춰 상체도 우측, 좌측 순으로 회전한 후 다시 오른발을 디디며 상체는 우측으로 회전한다.

▶ Caution
• 상체가 하체보다 급해지기 쉬운 동작이므로 반드시 하체가 움직이는 박자에 맞춰 상체를 회전한다.
• 스플릿 스탠스를 만들 때 상체가 너무 앞으로 숙여지지 않도록 중립자세를 지키며 운동한다.
• 회전할 때 팔로만 스윙하여 치킨 윙, 좁은 아크, 불필요한 사이드 벤드가 나오지 않도록 한다.

▶ Target Muscle
• 전신

▶ Main Effects
• 런지하듯 스텝을 밟는 동작은 코어와 하체의 많은 움직임과 근력을 요구한다.
• 일정한 리듬 & 템포에 맞춰 많이 움직일수록 민첩성, 순발력, 안정성이 향상된다.
• 하체 움직이는 리듬 & 템포에 맞춰 상체를 회전하여 몸통의 안정성과 회전력을 향상시킨다.

11 허들 싱글레그 스텝 넘기

지도법
- 수행자가 잘 따라올 수 있도록 동작을 같이하여 구령을 붙이며 동작을 따라할 수 있도록 한다.
- 수행능력이 더딘 사람의 경우, 매 스텝마다 구분동작으로 나눠 한 동작씩 연결해 나간다.

응용도구
- 폼롤러
- 허들 대신 사용 가능한 막대 형태

▸ Ready Position
1. 허들을 오른발 앞에 대퇴골 길이만큼 간격을 두고 선다.

▸ Sequence
1. 왼발은 줄넘기 하듯 지속적으로 점프한다.
2. 점프는 오른다리를 허들을 넘길 때와 넘긴 후 착지할 때 한다.
3. 이 동작을 짧은 호흡 속도에 맞춰 진행한다.

▸ Caution
- 부상 예방 및 정확한 동작 수행을 위해 수행자의 운동 능력에 맞춰 허들 높이를 맞춰 실시한다.
- 허들을 넘길 때 상체를 너무 숙이지 않도록 코어 활성도를 유지한다.
- 호흡 속도에 맞춰 동작을 하여 일정함을 유지한다.

▸ Target Muscle
- 족저근막
- 비복근
- 가자미근
- 대퇴사두근
- 중둔근
- 장요근
- 복횡근

▸ Main Effects
- 스텝으로 우리 신체의 리듬과 템포 조절능력을 향상시켜 원하는 타이밍에 원하는 힘을 자유자재로 조절할 수 있다.
- 연속으로 태권도 발차기 하듯 고관절의 강력한 움직임 및 체중심을 잡는 코어 강화와 방향 전환을 향상시킨다.
- 고관절의 민첩성, 순발력, 체중 이동을 향상시킨다.

12 스플릿 스탠스 앞발 콘(허들) 넘기

지도법 • 수행자 옆에서 넘어지지 않도록 어깨 또는 허리를 잡을 준비를 하며, 일정한 속도로 구령을 붙이며 운동 속도를 제어한다.

응용도구 • 콘 • 불가리안 스탠스

▸ **Ready Position**
1. 콘 또는 낮은 허들 옆에 스플릿 스탠스로 선다.
2. 두 팔은 달리기 자세를 만든다.

▸ **Sequence**
1. 허들 옆에 위치한 다리가 넘어갈 때 호흡을 들이마신다.
2. 다시 원위치할 때 내쉰다.
3. 필요에 따라 리듬과 템포를 조절하며 반복한다.

▸ **Caution**
• 뛰어넘을 때 허들이나 콘에 걸리지 않도록 앞발로 확실히 점프한다.
• 두 팔은 뛰는 다리에 맞춰 달리기하듯 앞뒤로 지속적으로 흔든다.
• 같은 발과 같은 손이 나가지 않도록 한다.

▸ **Target Muscle**
- 족저근막
- 비복근
- 대퇴사두근
- 대둔근
- 가자미근
- 전경골근
- 중둔근
- 장요근

▸ **Main Effects**
• 스텝으로 신체의 리듬과 템포 조절 능력을 향상시켜 원하는 타이밍에 원하는 힘을 자유자재로 조절할 수 있다.
• 짧은 거리를 낮고 가볍게 차 올리며 다리를 빠르게 움직이는 동작으로서 민첩성, 순발력, 체중이동, 방향전환, 코어 강화에 도움을 준다.

참고문헌

Arndt, A., Hultman, A., Garcia, M., & Lundberg, M. (2023). The relationship between ground reaction forces, foot positions and type of clubs used in golf: A systematic review and meta-analysis. Applied Sciences, 13(12), 7209.

A McHardy, H Pollard Muscle activity during the golf swing British Journal of Sports Medicine Volume 39, Issue 11 2005;39:799-804

Barclay JK, McIlroy WE. Effect of skill level on muscle activity in neck and forearm muscles during the golf swing. In: Cochran A, ed. Science and golf: proceedings of the World Scientific Congress of Golf. London: E & FN Spon, 1990:49-53.

Bradley JP, Tibone JE. Electromyographic analysis of muscle action about the shoulder. Clin Sports Med1991t;10:789-805.

Carter, J. E. L., & Heath, B. H. (1990). Somatotyping: Development and applications. Cambridge: Cambridge University Press.

Cochran, A. J., & Stobbs, J. (1986). The search for the perfect swing. London: J. Cape / Triumph Books.

Cole MH, Grimshaw PN (2008) Electromyography of the trunk and abdominal muscles in golfers with and without low back pain. J Sci Med Sport 11(2):174-181

Cotterill, S. T. (2010). Pre-performance routines in sport: Current understanding and future directions. International Review of Sport and Exercise Psychology, 3(2), 132-153. https://doi.org/10.1080/1750984X.2010.488269

Erik Dalton; Massage & Movement Therapy for Golf Injuries. https://blog.erikdalton.com/

Hosea TM, Gatt CJ, Galli NA, et al. Biomechanical analysis of the golfer's back. In: Cochran A, ed. Science and golf: proceedings of the World Scientific Congress of Golf. London: E & FN Spon, 1990:43-8.

https://forums.golfwrx.com

https://hackmotion.com/golf-swing-positions

http://www.golfloopy.com/overview-of-the-perfect-golf-swing/

Jobe FW, Moynes DR, Antonelli DJ. Rotator cuff function during a golf swing. Am J Sports Med1986;14:388-92.

Jorgensen, T. P. (1999). The physics of golf (2nd ed.). New York: Springer. https://doi.org/10.1007/978-1-4612-1466-8

Marta S1, Silva L, Castro MA, Pezarat-Correia P, Cabri J. Electromyography variables during the golf swing: a literature review. J Electromyogr Kinesiol. 2012

Dec;22(6):803-13. doi: 10.1016/j.jelekin.2012.04.002.

Meister, D. W., & Ladd, A. L. (2011). Rotational biomechanics of the elite golf swing. The American Journal of Sports Medicine, 39(2), 430–437.

Mike Sogavoy Golf Academy; Tiger Woods Vs. Phil Mickelson (Swing Vs. Swing Analysis / Kiwicoach Tips).

Nesbit, S. M., & Serrano, M. (2013). A three dimensional kinematic and kinetic study of the golf swing. Sports Biomechanics, 12(2), 127–148.

Nesbit, S. M. (2005). A three-dimensional kinematic and kinetic study of the golf swing. Journal of Sports Science and Medicine, 4(4), 499–519.

Nathan Martin (2022), Tiger Woods' ALIF Procedure: Causes and Results (https://ideaexchange.uakron.edu/honors_research_projects/1626)

Nesbit, S. M., & Serrano, M. (2005). Work and power analysis of the golf swing. Journal of Sports Science and Medicine, 4(4), 520–533.

Petersen, D. R., McNair, P. J., & Kabel, J. (2005). The role of biomechanics in maximising distance and accuracy of golf shots. Sports Medicine, 35(10), 835–855.

Pink, M., Jobe, F. W., & Perry, J. (1990). Electromyographic analysis of the shoulder during the golf swing. The American Journal of Sports Medicine, 18(2), 137–140. https://doi.org/10.1177/036354659001800206

Steven M Nesbit (2005), A Three Dimensional Kinematic and Kinetic Study of the Golf Swing. J Sports Sci Med.Dec 1;4(4):499–519Titleist Performance Institute (TPI). (2019). The linear kinematic sequence.

USGA & R&A. (2024). Equipment Rules. United States Golf Association and The R&A. https://www.usga.org

USGA. (2024). Driver MOI and CT limit regulations. United States Golf Association. https://www.usga.org

Vickers, J. N. (2012). Neuroscience of the quiet eye in golf putting. International Journal of Golf Science, 1(1), 2–32. https://doi.org/10.1123/ijgs.1.1.2

Vine, S. J., & Wilson, M. R. (2011). The influence of quiet eye training on putting performance under pressure. Psychological Science, 22(4), 397–402. https://doi.org/10.1177/0956797610397665

Watkins RG, Uppal GS, Perry J, et al. Dynamic electromyographic analysis of trunk musculature in professional golfers. Am J Sports Med1996;24:535-8.

www.golfloopy.com/golf-swing-drill-sequence-simple

저자 소개

이재구 박사

성균관대학교 대학원 체육학과(이학박사)
한양대학교 대학원 의학과(의학박사)

학술논문: 국제 발표 30여 편, 국내 발표 120여 편
주요 저·역서: 알기 쉬운 인체해부학, 퍼스널트레이닝과 운동처방, 운동기능해부학, 운동생리학

현) 삼육대학교 체육학과 교수
현) 국민체육진흥공단 혁신위원
현) 더코리아스포츠포럼 사무총장
현) NCSF KOREA 협회장
전) 공군사관학교 전임강사
전) 대한체육회 국가대표경기력향상위원회 위원
전) 대한철인3종협회 경기력향상위원장
전) 서울특별시 체육회 부회장

조정우 (Coachcho)

PAUL&CHO GOLF FITNESS,GOLF ACADEMY CEO
(하남본점, 잠실점, 옥수점, IN JAPAN)
미 US NCSF 국제 퍼스널 트레이너, 국제운동처방사(미국 NCCA 인증)
NCSF-korea golffitness instructor
US Registry of Exercise Professionals
Europeactive Accreditation(european stendards europe active)
미 US NCSF 한국 교육이사
NCSF-KOREA GOLF FITNESS 교육이사
대한민국 최초 GOLF FITNESS 레슨
미국 PGA COACH
미국 LPGA COACH
KPGA 1부 투어프로 COACH
KLPGA 1부 투어프로 COACH
KJGA 주니어 COACH

현) KPGA 장동규 프로, 아시안투어. KPGA 이승택 프로
현) KLPGA 1부 투어 정희원 프로, 최가빈 프로, 마서영 프로 등
전) 미국 PGA 이경훈 프로 개인 COACH
전) 미국 LPGA 고진영 프로, 리디아고 프로, 류해란 프로,
 아야코 우애하라 프로, 최운정 프로, 제니퍼장 프로,
 허 무니 프로, 진 양 프로, 경 킴 프로 등.
전) KLPGA 정희원 프로, 박지영 프로,
 임진희 프로 등 1부 투어 200명 이상 COACH
전) 아시안투어. KPGA 문경준 프로,
 일본 JGTO. KPGA 김형성, 류현우 프로,
 KPGA 정지호 프로 KPGA 함정우 프로,
 황재민 프로, 서형석 프로 등 100명 이상 COACH

허형석 (Paul)

폴앤조 골프피트니스 잠실점 팀장
미국 Rockwall High School 졸업
미국 Irvine Valley College 졸업
NCSF 국제퍼스널트레이너, 국제 운동 처방사
NCSF GOLF FITNESS INSTRUCTOR
DAUN PILATES INSTRUCTOR
TPI lv1
스포츠 테이핑
KSPGA 세미프로

현) 폴앤조골프피트니스 잠실점 팀장
전) 미국 락월 하이스쿨 골프팀 선수
전) 미국 얼바인 밸리 대학 골프팀 선수
전) 미국PGA 이경훈 프로 트레이너
전) JGTO 류현우 프로 트레이너
전) KPGA 김병준 프로, 주흥철 프로, 박일환 프로,
 황재민 프로 트레이너
전) KLPGA 박지영 프로, 강예린 프로
현) 김민선7 프로
전) 미국 LPGA Lydia Ko, Muni He, 최운정 프로,
 Jing Yan Ayako Uehara, Jennifer Jang Kyung Kim 등
 다수의 골프트레이너
KPGA 1부 프로 골프트레이너
KLPGA 1부 프로 골프트레이너
KJGA 주니어선수 골프트레이너
중국 쿤밍 Elite 골프아카데미 골프피트니스 트레이너